내가 너를
온전하게 하리라

내가 너를 온전하게 하리라

지은이 | 차상기
펴낸이 | 원성삼
책임편집 | 홍순원
본문 및 표지디자인 | 표소영
펴낸곳 | 예영커뮤니케이션
초판 1쇄 발행 | 2018년 9월 28일
등록일 | 1992년 3월 1일 제2-1349호
주소 | 04018 서울시 마포구 동교로 55 2층(망원동, 남양빌딩)
전화 | (02)766-8931
팩스 | (02)766-8934
홈페이지 | www.jeyoung.com
ISBN 978-89-8350-999-4 (03230)

본 저작물은 저작권법에 의하여 한국 내에서 보호를 받는 저작물이므로
무단 전재와 무단 복제를 금합니다.

값 16,000원

이 도서의 국립중앙도서관 출판예정도서목록(CIP)은 서지정보유통지원시스템 홈페이지
(http://seoji.nl.go.kr)와 국가자료공동목록시스템(http://www.nl.go.kr/kolisnet)
에서 이용하실 수 있습니다.(CIP제어번호: CIP2018029091)

 모든 인간은 하나님의 형상을 닮은 존귀한 존재입니다. 사람은 인종, 민족, 피부색, 문화, 언어에 관계없이 모두 다 존귀합니다. 예영커뮤니케이션은 이러한 정신에 근거해 모든 인간이 존귀한 삶을 사는 데 필요한 지식과 문화를 예수 그리스도의 사랑으로 보급함으로써 우리가 속한 사회에 기여하고자 합니다.

내가 너를
온전하게 하리라

콜링 갓(Calling God)의 기적

차상기 지음

추천사

존경하는 차상기 박사님은 제게 은사(恩師)이십니다. 벌써 15년이 훌쩍 지났지만, 당시 박사님으로부터 배운 홍채진단법과 전해환원수 치료, 소금 치료, 수지침 등은 지금도 제 사역에 아주 중요하게 사용되고 있습니다. 뿐만 아니라 차상기 박사님께서 들려주신 신앙의 간증들은 오늘날 제가 도농선교회의 선교사로 살게 한 중요한 도전이 되어 주었습니다. 한 사람의 헌신된 신앙의 삶이 다른 사람의 삶과 사역에 얼마나 큰 영향을 미치는지를 알고 싶다면 저와 차상기 박사님을 예로 들면 좋을 정도입니다.

그렇게 제 삶에 큰 족적을 남겨 놓은 차상기 박사님이 오랜 병마와의 싸움을 끝내고 다시 큰일을 시작하게 되어 하나님께 진심으로 감사드리고 또 박사님께 축하드립니다. 그는 한때 국민건강증진을 위해서 한국 최고의 건강검진센터를 설립했습니다. 그 센터에서 노인들을 위해 무료 건강검진을 실시했던 것은 지금도 전설로 회자될 정도입니다. 또한 「건강나라」라는 잡지를 편찬하고 『물과 소금』이라는 책을 발간해서 돈이 없어 병원 치료를 못 받는 가난한 국민들이 병을 예방할 수 있도록 일깨웠습니다. 또한 신학교에 '전인치유' 과정을 개설해서 말씀과 대체의학을 접목한 전인치유 선교사역을 가르침으로써 많은 제자들이 해외 선교지 및 국내 지방 사역 시 실제적이고 효과적인 사역을 할 수 있도록 도우셨습니다.

그런데 이 책을 읽으면서 저는 '내가 알던 큰 스승 차상기 박사님이 맞는가?' 하는 의아함이 들 때도 있었습니다. 그의 기구하고 가슴 아픈 사연들을 읽을 때마다 마치 제 형제의 눈물을 대하듯 마음이 저몄습니다. 동시에 그를 그 고통들 가운데 연단하시고 더 좋은 것으로 채워 주셨던, 당신의 의료 선교사로 만들기 위해 계획하시고 성실하게 일하신 하나님을 만나서 감사하게 되었습니다.

차상기 박사님의 『내가 너를 온전하게 하리라』는 단순히 차상기 박사님의 삶의 여정을 회고하는 자서전에 그치지 않습니다. 그 속에는 보잘 것 없는 한 사람을 당신의 일꾼으로 삼아 잃어버린 많은 자녀를 부르셨던 하나님의 역사가 담겨 있습니다. 깨어진 그릇을 온전하게 하시는 토기장이의 손길이 느껴집니다. 그 간절한 사랑의 소원이 읽는 분들의 마음을 동일하게 어루만질 것을 확신합니다.

부디 앞으로 차상기 박사님께서 하고자 하는 사역을 잘 감당하시기를 기도합니다. 하나님께서 이제까지 하셨던 것처럼 그 발걸음을 지키시고 함께해 주실 것을 믿습니다.

최원수 장로_한국도농선교교회 본부장, 명예 선교학 박사

추천사

먼저, 차상기 선교사라는 한 개인의 삶에 역사하신 하나님의 이야기가 자신의 고백에만 머물러 있지 않고 이렇게 한 권의 책이 되어 세상 밖으로 나와 많은 이들과 만나게 됨을 축하하며, 그의 몸도 마음도, 인격도 삶도, 온전하게 하신 전인치유의 하나님을 증거하는 도구가 될 것을 확신하기에 감사하며, 현재 출석하고 있는 교회의 담임 목사로서 기쁘게 그리고 자랑스럽게 이 책을 추천합니다.

『내가 너를 온전하게 하리라』는 책 제목에서도 알 수 있듯이, 이 책은 하나님께서 어떻게 한 사람을 고치시고 새롭게 하시고 온전케 하셨는지, 그 과정에서 깨어지는 아픔은 또 얼마나 고통스러웠는지, 그러면서도 변치 않은 한결같은 그의 꿈으로 인해 얼마나 많은 사람들에게 선한 영향력을 끼쳐왔는지 어린 시절부터 지금에 이르기까지 그의 모든 조건과 상황과 환경을 통한 하나님의 세밀하신 간섭하심과 인도하심에 대해 솔직하고도 담백한 필치로 서술한 간증과 복음과 사랑이 담긴 믿음의 책으로서, 이 책 안에는 불우한 유년시절과 질풍노도의 학창시절의 고뇌와 아픔, 의심과 반항, 아름다운 추억과 애증이 담겨 있고, 교만과 좌절, 사업의 성공과 실패, 육신의 질병으로 인한 투병생활에서 경험한 기적 등, 실로 드라마틱한 인생 여정이 소개되고 있습니다.

그는 임상병리사이고 한의사이며, 또 상담학박사이고, 목사이지만 그 모든 것이 자랑이 아니라, 오히려 버려야 할 연약함으로 고백하며, 하나님의 말씀으로 온전하게 된 하나님의 아들 차상기를 즐거워하며, 하나님께서 자신의 삶을 통해 비전을 세우시고 이루실 것을 믿으며 계속해서 전인치유 의료 선교의 꿈을 꾸며, 마음에 품은 십대 비전(164-167쪽)을 향해 나아가는 의료 선교사로서, 실로 갈렙처럼 그 열정이 식지 않는 하나님나라 비저너리(visionary)입니다.

지금도 하루의 첫 시간을 새벽기도로 열고, 도봉시장을 중심으로 거리에서나, 병원에서나, 어디에서든지 만나는 사람들에게 주일설교 CD와 교회주보를 전달하며, 수고하고 무거운 짐을 지고 허덕이는 이들에게, 또 마음 아파 무너져 내리는 이들에게, 육신의 질병으로 괴로워하는 이들에게, 오직 예수 그리스도를 전하는 복음전도자의 삶을 살아가는 하나님나라 동역자입니다.

이 책에서 우리는 확실한 복음 위에 선 그의 믿음과 소망과 사랑을 만날 수 있습니다. 특히 소명의식이 확고한 그의 비전을 볼 수 있고, 회한이 남지 않는 삶에 대한 간절한 외침을 들을 수 있고, 기적적으로 젊은 청년의 신장을 이식받은 자의 감사와 사명의 열정을 느낄 수 있습니다. 이 모든 것이 그를 그답게 만들어 오신 놀라우신 하나님의 사랑과 은혜이기에, 이 책을 읽는 이들마다 그가 만난 하나님을 동일하게 만나게 될 것입니다.

모쪼록 이 책을 통해 많은 이들이 하나님의 사랑을 깨닫고 예수 그리스도를 만나 성령 안에서 진정한 자유와 평안과 기쁨을 누리는 진정 복된 삶을 살아가게 되기를 소망하며, 모든 문제에 대한 답이 바로 예수 그리스도임을 말하는 그의 사명적 삶에, "소명자(召命者)가 사명자(使命者)가 되고 사명자가 수명자(壽命者)가 된다(사명자는 그 사명을 이루기까지 죽지 않는다.)."는 말로 격려하며, 자신은 잊혀져도 주님만이 영원히 남게 되기를 소망하는 한 신실한 동역자를 생각하며 쓴, 제 아내의 시 "그대와 그들"이라는 시로, 이 책의 사명과 하나님의 소원이 된 그의 꿈을 축복합니다.

그대 얼굴
그들 기억에서 희미해진다 해도
그대 미소
그들 얼굴에 배어나고

그대 목소리
그들 가까이 들리지 않는다 해도
그대 남긴 다정한 말
그들 입술에 남을 것이요

그대 체취
세월 속에 묻힌다 해도
그대 뿌린 사랑의 향기
그들 삶에서 뿜어나고

그대 모습
시야에서 멀어진다 해도

그대 따뜻한 손길
그들 인생 마지막까지
섬김의 꽃을 피울 것이라오

설령 그대는 서서히
그들 기억 밖으로 사라진다 해도
그대가 온 맘으로 사랑한
그 주님의 미소는
그 주님의 말은
그 주님의 향기는
그 주님의 손길은
영원히 그들에게 남아
또 하나의 그대가 될 것이라오

그것만이
그대가 베푼 사랑에 대한
그들의 가장 숭고한 보답일 것이오

그것이
그들을 향한 그대의 소망이기에 ...
-Esther-

포기하지 않는 그의 꿈과 열정에 도전을 받으며

조병재 목사_도봉성결교회 담임

추천사

예수님께서 세상에 오신 세 가지 목적은 가르치심, 전파하심, 고치심이다. 예수님께서 사람을 고치심은 영혼과 육신의 동시 치유의 목적을 가지고 계셨다. 사람은 영혼과 육체가 하나인 '영육합일체'이므로 어느 하나의 치유로는 온전할 수 없는 것이 사람의 치유이다. 그래서 예수님이 세상에 계실 때에 병든 자를 고치시는 일을 중요한 사역으로 하셨다.

성경 복음서는 예수님의 기적 35가지를 소개하고 있다. 그 가운데 9가지 기적은 '자연기적'이라 부르며 예수님께서 천지를 창조하신 창조주이심을 증명하는 기적이다. 나머지 26가지 기적은 '치유기적'이라 부르며 예수님께서 인간을 구원하러 오신 구세주이심을 증명하는 기적이다. 영혼의 구원자이신 예수님께서 인간의 육신 치유를 통해 온전한 구원자이심을 증명하신 것이다.

나는 오랫동안 북한지원사업의 대표로 북한을 여러 번 방문하였다. 지원 사업 가운데서 의료지원 사업을 주로 하였기에 그 분야에 약간의 눈을 뜨게 되었다. 북한의료지원 사업을 하면서 한국 땅에 왔던 초기 선교사들이 교회를 세우고, 학교를 세우고, 병원을 세웠던 선교사역을 상당히 이해하게 되었다. 기독교역사연구소의 통계에 따르면 1884년 첫 선교사 알렌이 들어온 때부터 1945년 해방이 될 때까지 우리나라에 1,500여 명의 외국선교사가 입국하였다. 한국에 입국한 최초의 선교사가 의료 선교사였다는 것은 참으로 특이한 일이다. 초기 한국선교사들의 사역은 예수님의 공생애 사역과 같이 가르치는 일과 선포하는 일과 치유하는 일이었던 것이다.

야고보는 "너희 중에 병든 자가 있느냐 그는 교회의 장로들을 청할 것이요 그들은 주의 이름으로 기름을 바르며 그를 위하여 기도할 지니라(야고보서 5:14)."고 한다. 고대사회의 기름은 약을 의미한다. 병든 자에게는 약을 바르고 기도도 하라는 뜻이다. 복음과 의료는 가장 효과적인 치유 방법인 것을 성경도 가르친다. 프랜시스 맥넛은 "의술과 약도 하나님의 기적의 일부분이다"라고 하였다. 하나님은 의술을 통하여 하나님의 복음의 사역을 펼치시는 것이다.

저자는 복음과 의술을 동시에 알고 있기에 가장 효율적인 복음 사역자이다. 의술을 통해 복음을 전파하고 있으며, 복음을 통해 의술을 펼치고 있다. 하나님은 그의 삶을 통하여 하나님의 복음의 의미를 영글어 가게 하셨다. 그리고 그의 사역을 통하여 하나님의 복음의 열매를 거두게 하셨다. 복음이 얼마나 위대한 생명인가를 차상기 선교사를 통하여 새삼 알게 되었고, 의술이 얼마나 값진 생명 장치인가를 이 책을 통하여 알게 되었다. 손에 잡으면 놓지 못할 귀한 삶이 담긴 이 책을 꼭 일독하시기를 기쁜 마음으로 권한다.

이성희 목사_연동교회 위임 목사, 대한예수교장로회 증경총회장

추천사

차상기 선교사님의 자서전은 다른 자서전들과 달리, 실패 뒤에 성공한 삶으로 끝나는 것이 아니라, 인생의 아픔을 통해서 하나님이 주시는 진정한 치유가 무엇인지를 보여 줍니다.

선교사님의 어린 시절은 평범했지만, 예수님에 대한 호기심을 그칠 줄 몰랐습니다. 하나님은 그 소년의 꿈속에 들어오셔서 삶을 드라마틱하게 이끌어 가셨지만, 가장 잘 나가던 지점에서 그를 무너뜨리셨습니다. 사람들 사이에서 칭찬이 자자하고, 수입이 좋았던 병원이 한순간에 무너지고 아내와의 불화로 이혼의 아픔을 겪게 됩니다.

이쯤 되면 자신의 삶을 포기할 만도 한데, 선교사님은 그곳에서 다시 하나님을 붙잡게 됩니다. 그리고 그 일로 인해서 두 가지의 큰 깨달음을 얻게 됩니다. 하나는 하나님께서 자신을 여전히 붙잡고 계시다는 사실이고, 다른 하나는 하나님이 그에게 원하시는 것이 "의료 선교"라는 사실입니다.

이 자서전은 실패 뒤에 찾아오는 성공의 찬란한 빛을 보여 주려는 것이 아니라, 실패 뒤에도 여전히 우리의 삶을 이끌어 가시는 하나님을 볼 수 있도록 인도합니다. 포기란 삶의 고난과 환란으로 인해서 찾아오는 것이 아니라, 하나님을 잃어버렸을 때 찾아온다는 사실을 다시 한번 기억나게 합니다.

인생길에 포기하고 싶은 일을 경험하는 분이 있다면, 나의 삶을 향한 하나님의 계획을 알고 싶은 분이 있다면 이 책을 꼭 읽어보시기 바랍니다.

전기철 목사_강남새사람교회 담임

추천사

'기적'이라는 단어를 인류가 사용하게 된 것은 분명 태초에 하나님께서 창조의 역사를 시작하신 데서 비롯된 것이라고 믿어 의심치 않습니다. 아침에 떠오르는 태양으로부터 황혼 그리고 모습을 드러내는 밤하늘의 달과 별 등 모두가 기적의 증표가 아닐 수 없습니다. 자연만 그런 것이 아니라 사람에 대해서도 그렇습니다. 인류가 대를 이어 역사를 기록하며 살아온 시대마다 하나님께서 하신 모든 일들은 기적이 아닌 것이 없습니다.

나아가 하나님께서는 오늘 우리 앞에 차상기 선교사님을 통해 당신의 섭리를 드러내셨습니다. 이분의 삶의 역경의 면면을 보건대, 하나님의 기적의 증표가 고스란히 나타납니다. 하나님께서는 첨단 의학조차 초월하여 기적의 손길을 베푸셨습니다. 차상기 선교사님이 육신의 질고로 쉼 없는 삶을 살 때, 그것을 연단의 과정으로 바꾸어 오늘 복음의 증거자로 세우신 것입니다.

따라서 저는 이 귀한 간증집을 통해 절대자이신 우리 하나님을 자신의 지식과 경륜 그리고 상식에 가두고 사는 모든 그리스도인과 세상 사람들이 '지금도 분명히 살아 계셔서 인류를 위해 역사하시는 하나님! 모든 생명을 고귀하게 가꾸고 지켜 나가시는 위대하신 하나님! 모든 자연의 법칙을 주관하시는 권능자이신 하나님! 역사를 통해 구원을 완성하시는 승리의 하나님!'을 또렷이 만날 수 있기를 소망합니다.

임동진 목사_탤런트, 전 열린문교회 담임 목사, 현 극단 예맥 대표

차례

추천사 · 4

프롤로그 _ 콜링 갓(Calling God)의 기적 · 18

1부 나의 소원, 하나님의 소원 · 23

1. 내가 태어난 그때
2. 지킬박사와 하이드
3. 가정, 사업, 꿈
4. 시련이 찾아오다
5. 회심
6. 신학공부, 지식이 아닌 지혜다
7. 나의 소원, 하나님의 소원
8. 기적을 경험하게 한 투병
9. 너는 혼자가 아니야
10. 하나님의 비전은 나이에 반비례하지 않는다

2부 그리스도를 좇아 천국까지 · 169

1. 예수 믿어, 이 친구야!
2. 의료 선교의 길
3. 전인치유의 하나님

3부 사랑하는 이에게 • 199

1. 부모님께 드리는 편지
2. 사랑하는 아들, 딸에게 보내는 편지
3. 가족을 사랑하세요
4. 이웃을 사랑하세요
5. 예수님을 믿으세요
6. 소명자가 됩시다

4부 차상기 의료 선교사의 건강 Q&A • 285

1. 무엇을 먹을까? 무엇을 마실까?
2. 대체의학이 궁금해요

에필로그 _ 온전하게 하시는 하나님 • 310

프롤로그

콜링 갓(Calling God)의 기적

나는 선교사입니다. 처음 의료 선교사로서 노인의료 선교를 시작한 때가 1989년이니, 30년이나 되었습니다. 그런데 정말 제가 선교사가 된 것은 불과 몇 년 되지 않은 듯합니다.

"콜링 갓(Calling God)"은 CTS 기독교 TV의 한 프로그램입니다. 기도가 필요한 사람들, 고민을 함께 나누고 같이 기도하여 하나님의 치유하심을 간구하려는 목적으로 만들어진 프로그램입니다. 나의 이야기가 그 프로그램에서 소개되면서 비로소 나는 '회복'하시는 하나님, '전인치유'의 하나님을 온전히 경험하고 또 전할 수 있게 되었습니다.

하나님께 기도하는 것은 하나님의 부르심에 대한 응답입니다. 즉, 내가 기도하고 싶을 때, 내가 필요하니까 할 수 있는 것이 기도가 아니라 하나님께서 나를 불러 하나님의 말씀과 선한 계획을 일러주시고 그것을 하게 하실 때 내가 응답하는 것이 바로 기도입니다. 그러므로 내가 기도하면 하나님은 하나님의 부르심에 응답한 나를 외면하실 수 없습니다. 인생의 시련이 닥칠 때, 도저히 감당할 수 없을 것 같은 아픔이 계속될 때, '절망'이라는 단어가 나를 꼼짝할 수 없게 옭아맨 순간이라도 이겨낼 수 있는 것은, 바로 그 순간에 나를 부르고 계신 하나님께 응답하면 하나님께서 내버려두지 않으시기 때문입니다.

내 인생은 아픔과 고통의 연속이었습니다. 하나님께서 나를 만나주지 않으셨다면, 지금쯤 이 세상의 가장 어둡고 낮은 곳에서 절망하고 있었을 것이 분명합니다. 하지만, 나는 온전히 치유하시고 회복하시는 하나님을 만났습니다. 가진 것 없이 가난하고, 오랜 투병으로 연약한 육신만 남았지만, 내가 세상에서 가장 행복한 선교사라는데 의심의 여지가 없습니다. 나는 마치 하박국 선지자가 노래하듯, 구원의 하나님으로 인해 기뻐하고 또 기뻐합니다.

> 비록 무화과나무가 무성하지 못하며 포도나무에 열매가 없으며 감람나무에 소출이 없으며 밭에 먹을 것이 없으며 우리에 양이 없으며 외양간에 소가 없을지라도 나는 여호와로 말미암아 즐거워하며 나의 구원의 하나님으로 말미암아 기뻐하리로다(하박국 3:17-18).

남들은 아픈 몸을 이끌고 전도하는 내가 대단하다고 말합니다. 하지만, 나는 나의 힘으로 전도하는 것이 아닙니다. 오히려 하나님께서 주신 이 놀라운 기쁨을 이웃에게 전하는 행복을 누리는 것입니다. 아멘!

이 책을 쓰게 된 것은 부족하기만 한 내 삶의 이야기가 오히려 하나님의 놀라운 은혜를 드러내는 좋은 도구임을 알려 주셨기 때문입니다. '동병상련(同病相憐)'이라는 말처럼, 내가 아파보니 아픈 사람들의 마음을 알게 되었고 장애인이 되고 보니 비로소 장애인 분들이 눈에 들어왔습니다. 또한 아들을 먼저 하나님께로 보내고 보니 자녀 잃은 부모의 고통을 알 수 있었습니다. 또한 그렇기 때문에 그런 아픔을 가진 분들에게 꼭 필요한 분이 바로 '하나님'이신 것을 저는 확신합니다. 그래서 나는 내 인생을 예쁘게 포장하여 자랑하려고 하지 않았습니다. 내게는 세상이 말하는 큰 성공의 경험도 없습니다. 롤러코스터를 타듯 굴곡진 인생을 살았고, 야곱처럼 험악한 세월을 보냈습니다. 하지만 분명한 사실 하나는, 하나님이 나를 통해 이루신 일들이 한 생명을 살리고 그로부터 만인을 살리는 역사의 한 물줄기였다는 것입니다. 그 하나님의 역사를 고백하기 위해 이렇게 펜을 들었습니다.

나는 지금도 하나님께서 주신 꿈을 갖고 있습니다. 젊은 날 의료선교사로 일할 때부터 지금까지 하나님은 일관되게 당신의 선한 계획을 꿈꾸게 하셨습니다. 그 꿈을 이루기 위하여 필요한 사람을 만나고 공부도 하고 사업도 하고 간증을 합니다. 심지어 아픔도 그 꿈을 이루기 위한 한 과정일 뿐입니다. 그 꿈을 내게 주신 하나님께 감사합니다.

이 책을 읽는 모든 분들이 그 하나님을 만나시길 바랍니다. 그리고 당신을 부르시는 하나님의 음성에 응답하시기 바랍니다. 몸과 마음, 삶을 온전히 바꾸시는 하나님의 은혜를 경험하고 간증하시기를 진심으로 기도합니다.

2018년 9월
차상기 선교사

1부
나의 소원, 하나님의 소원

01

내가 태어난 그때

불우한 유년시절

나는 충청남도 천원군 목천면 천정리 221번지[1]에서 일곱 형제 중 다섯째로 태어났습니다. 아버지(차재흥)와 어머니(공상희)는 평소 사이가 좋지 않으셨다고 하는데, 아버지가 정통 유교의 엄격한 가부장적 문화를 신봉하신 탓에 어머니는 고된 노동과 자녀양육으로 애쓰셔야 했습니다. 연이어 아이를 낳고 매일 농사일을 하고, 한량처럼 나도는 남편의 구박을 온몸으로 견디시던 어머니는 결국 내가 네 살 때, 막내(상칠)를 출산하시고는 바로 하늘나라로 돌아가셨습니다. 실은 그래서 어머니에 대한 자세한 기억이나 추억이 별로 없습니다. 오로지 형님들이나 친척들에게서 전해 들은 것이 전부입니다. 그분

---

[1] 내가 태어날 당시에는 천안은 행정구역상 군(郡)으로 구분되었습니다. 1963년 천안읍과 환성면이 합쳐지면서 천안시로 승격되었습니다. 현재 충청남도 천안시 동남구 목천읍 천정2길 36-1.

들은 어머니가 골고다에서 예수님의 한 편에 매달렸던 강도처럼, 마지막 순간에 외삼촌이신 공재정 목사님의 품에서 주기도문을 외우시고 예수님을 영접한 뒤 소천하셨다고 말해 주었습니다. 늦은 감이 없지 않았지만, 예수 믿는다는 말을 꺼낼 수조차 없는 유교 집안에 시집와서 마지막 순간까지 가족들을 위해 헌신하셨던 어머니이시기에, 난 천국에서 반드시 만나 뵐 수 있을 거라고 확신하고 있습니다.

아무튼, 어머니가 일찍 소천하신 탓에 나는 어머니에 대한 기억이 별로 없습니다. 다만, 성정이 괄괄한 아버지에 비해 어머니는 한없이 자애로운 분이었다고 전해 들었습니다. 그래서 난 어려서부터 아버지보다는 어머니를 닮게 해 달라고 기도드리곤 했습니다.

아버지는 가족들에게, 특히 우리 형제들에게 매우 엄격하셨습니다. 하지만, 엄격함의 내용은 학교생활이나 가정생활에서가 아니라 언제나 아버지께 순종하라는 것뿐이었습니다. 나이가 많고 적음도 상관이 없었습니다. 어린 아들들이 무엇을 먹는지 무엇을 입는지 도무지 관심조차 없으셨고, 오직 아버지께 고분고분한 모습을 원하셨습니다. 간혹 술이 거나하게 취하시면 기대 이상의 용돈을 주시기도 했지만, 그것은 그야말로 '생색내기'에 불과했습니다. 오히려 술에 취해 길에 누워 계신 아버지를 우리 형제가 모셔오기가 일쑤였습니다. 어머니가 계시지 않아서, 간신히 스스로 앞가림을 할 수 있었던 큰형을 제외하면 모두 아버지의 헌신적인 보살핌이 절실한 우리 형제들이었지만, 아버지는 도무지 어린 자녀들에게, 우리 가족에게 관심이 없었습니다. 오로지 술을 즐기셨고, 또 여자를 찾았을 뿐입니다. 말인즉 "우리 형제들을 위해 '새어머니'를 얻기 위한 것이다."라는 구실이었지만, 그렇게 들어온 새어머니들 중 단 한 분도 1년을 넘기지 못했습니다. 불과 몇 개월을 버티면 그나마 다행이었습니다. 자살하신 분도 있었고, 굿판에 나갔다가 신내림을 받고 집을 나간 분도 있었습니다. 정상적이지 않은 관계에서 출발한 탓에 늘 끝이 좋지 않았습니다. 하지만, 새어머니들만 탓할 수 없었습니다. 우리 가정 형편을 고려해 보면, 지금 생각해도 어처구니없는 조건일 뿐입니다. 아들 형제만 일곱에 늘 술을 마시고 폭력도 서슴지 않는 남자를 믿고 살 여자가 과연 있을까요? 아무튼 여러 명의 새어머니를 맞을 때마다, 나는 낳아 주신 어머니에 대한 그리움이 더욱더 깊어졌습니다.

그렇고 보니 아버지의 눈을 피해 교회에 나가서 친구들과 어울릴 때가 가장 행복했습니다. 마침 O만수라고 하는 동네 형이 안식교를 개척하여 교회를 세웠는데, 당시에는 교단이나 교파를 잘 알지 못해서 그저 교회로 인식하고 동네 친구들과 매일 모여 놀기에 바빴습니다. 교회 마당에 모여서 친구들과 땅따먹기, 자치기 등의 놀이를 하다가 여름에는 밭에 나가 수박이나 참외를 서리하기도 하고 냇가에서 고기를 잡기도 했습니다. 간혹 만수 형을 통해 성경말씀을 반강제로 들어야 했지만, 그래도 말씀을 듣고 나면 옥수수나 감자 같은 먹을 것을 얻을 수 있었기에 크게 불평하지 않았던 것 같습니다. 오히려 골리앗을 이긴 다윗 이야기나 기드온과 300 용사의 이야기를 들으면서 저도 모르게 아버지를 이기고 싶다는 욕망에 사로잡히

기도 했습니다. 우스갯소리 같지만, 그래서 기도를 열심히 했던 기억도 있습니다. 신기했던 것은 어머니가 교회에 나가는 것을 그렇게 싫어했던 아버지가 우리 형제들이 교회에 나가는 것을 막지는 않으셨다는 점입니다. 어쩌면 우리가 자라는 데 필요한 것들을 교회에서 배울 수 있다고 믿으셨는지도 모르겠습니다.

아무튼, 조금 자란 후, 아직은 어린 나이라고 해도 가정 일을 도와야 했기에, 나는 소 먹일 풀을 베고, 땔감으로 쓸 나무를 찾아 산에 오르기도 하고, 아버지와 새벽마다 논밭에 나가 일해야 했습니다. 매일 고된 일에 시달리다보니 유일한 안식이 친구들과 어울리는 것이었습니다. 하루 일을 마치고 저녁마다 모여 우리는 화투를 쳤습니다. 그러면서 자연스럽게 술도 배우게 되었습니다. 요즘 같으면 학원을 다니며 좋은 고등학교, 대학교에 진학하기 위해 애쓸 나이에 나는 노동자와 같은 삶을 살았던 것입니다.

꿈을 갖다

신계초등학교[2]에서 나를 포함한 5명이 천안중학교 입학시험을 치렀습니다. 당시 중학교 입시는 지금의 대학 입시만큼이나 치열했는데, 인문계를 지원하던 상업계를 지원하던, 진학을 희망하는 학생에

---

2 요즘 초등학교를 당시에는 '국민학교'라고 불렀습니다. 1941년 일본강점기에 일본 왕의 칙령에 의해 설립된 교육기관인데, 1996년부터 민족정기회복 차원에서 '초등학교'로 변경되었습니다.

비해 워낙 학교 수가 적고 보니 자연스럽게 입시경쟁이 심화되었던 것입니다. 불우한 가정환경으로 공부에 매진하지는 못했지만, 또 개구쟁이여서 종종 말썽을 일으켰지만, 나름 영특한 머리로 학업 자체에 뒤떨어짐이 없다고 자부한 탓에 낙방은 생각해 본 적이 없었습니다. 그런데 결과는 예상과 너무 달랐습니다. 평소 나보다 공부를 못하던 친구 두 명이 떡하니 합격한 반면, 나와 다른 한 친구는 보기 좋게 낙방하고 말았습니다.

천안중학교를 진학한다는 것은 도시로 유학한다는 것을 의미했을 뿐만 아니라 미래 좋은 고등학교로의 진학을 의미했습니다. 때문에 서울의 명문대학으로 가는 엘리트 코스인 천안중학교 진학의 실패는 큰 낙담을 주었습니다. 가족들의 실망도 이만저만이 아니었습니다. 아버지는 대충 중학교를 찾아다닌 후 농사나 지으라며 윽박지르셨습니다. 최선을 다해 열심히 공부하지 않았던 탓에 다른 이를 원망할 것은 없었지만, 분명 나보나 못해 보이던 친구들이 합격하니 억울한 마음마저 들었습니다. 어쩔 수 없이 시골 목천에 새로 생기는 목천중학교로 입학했습니다. 학교까지 제때에 다니는 버스를 탈 수 없어서 늘 마라톤 연습하듯 뛰어다니거나 가끔 형님들 자전거를 빌려 타고 통학해야 했습니다.

처음에는 공부하는 것이 대체로 즐거웠습니다. 패배감에서 비롯된 승부욕으로 난 매일 수업시간에 집중하기 위해 무던히 애를 썼습니다. 하지만, 다른 친구들은 그렇지 못했습니다. 딱 중학교까지 다닐 요량인 듯, 한 데 뭉쳐서 이리저리 다니며 동네 왈패노릇을 흉내

내곤 했습니다. 그런 친구들이 나를 무척 신기하게 여긴 것은 어찌 보면 당연한 일입니다. 그래서 친구들은 내게 모르는 것을 묻기도 하고, 일부러 싸움도 걸고 하며 내 주변을 맴돌았습니다. 그리고 결국 그 친구들과 어울리면서부터 중학교 생활에 큰 변화가 왔습니다.

학교에서 장난이 심했던 탓에 선생님들께 꾸중을 듣기도 했고, 함께 통학하던 친구 류재설, 박경식 등과 산딸기를 따거나 길가 밭에서 고구마나 감자를 캐먹으며 놀러 다녔습니다. 자연스럽게 공부와는 멀어졌고, 천안중학교 진학 실패의 좌절감은 오랜 기억처럼 잊혔습니다. 그러던 차에 신계리 감리교회 담임이신 외삼촌 공재정 목사님이 크리스마스를 맞아 부르셔서 선물이나 받으려고 교회에 갔습니다. 외삼촌은 나를 따로 불러 선물을 주며 말했습니다.

"예수님께서 세상에 오신 것은 너를 너무 사랑하시기 때문이야. 마치 네 어머니가 너를 사랑했듯이 말이다. … 네가 예수님을 기억하고, 또 네 어머니의 사랑을 기억해서 매일 지금보다 더 행복할 수 있도록 노력하면 좋겠구나."

아버지로부터 호된 꾸중을 듣는 데 익숙했던 나는 외삼촌의 따뜻한 이야기를 듣고 마음에 큰 감동을 받았습니다. 어린 나이였지만 다시 실패하고 싶지 않았습니다. 고등학교에 진학하고 더 큰 꿈을 위해 서울로 올라가고 싶어졌습니다. 의대에 진학해서 의사가 되고 싶었습니다. 의사가 되어 엄마처럼 아파서 죽어야 하는 사람들을 치료해 주고 싶었습니다. 학교 뒤 치암산과 집 근처 흑성산을 바라보면서 '저 산처럼 든든하고 큰 의사가 돼야지.'라고 생각하자 다시 공부할 마음이 생겼습니다. 불과 고교입시를 몇 달 남겨두지 않은 상황이었지만, 각오를 단단히 하고 공부에 임했습니다. 실제로 당시 전기가 들어오지 않아서 어두운 호롱불보다 더 밝은 달빛 아래에서 책을 읽기도 했습니다. 담임선생님은 내 성적으로는 천안농업고등학교에 가는 게 좋겠다고 권유하셨지만, 나는 굳이 천안공업고등학교를 가겠다고 고집했습니다. 의대에 진학하려면 농업고등학교보다 공고가 훨씬 유리하다는 판단에서였습니다. 일찍부터 고등학교 입시를 준비해 온 다른 친구들이 과외공부까지 하는 마당에, 뒤늦게 그것도 문제집 한 권이 없어서 선생님과 동네 선배 임상준 형에게 책을 얻어 공부해야 했습니다. 지원자가 너무 많아 경쟁률이 높아지자 여러 친구들이 시험 자체를 포기하기도 했습니다. 친했던 친구 박동서 역시 천안농업고등학교 진학으로 방향을 바꿨습니다. 담임선생님도 걱정하시며 이제라도 생각을 바꾸라고 했습니다. 하지만, 포기할 수 없었습니다. 또다시 아버지로부터 '무지렁이답게 살아라.'라는 말을 듣고 싶지 않았습니다. 한 달여 남은 시간동안 정말 온 힘을 다해 죽어라고 공부했습니다. 우리 중학교에서 모두 10여 명이 천안공고 입학시험을 치렀는데 전기과에 합격한 신상록과 기계과 합격한 나까지, 딱 두 명만 합격의 기쁨을 누렸습니다. 담임 이준복 선생님은 처음에는 너무 놀라셨고, 나중에는 좋아서 우리 집 막내 상칠이에게 나를 자랑하시기도 했다고 합니다.

그렇게 최선을 다한 덕분에 나는 당시 천안의 명문 가운데 하나인 천안공업고등학교 기계과에 진학할 수 있었지만, 정작 고등학교 시절 내내 순탄하지 않았습니다. 처음에는 누구나 그렇듯이 막 세상에 대해 관심을 갖기 시작한 청소년의 시기였기에 무엇을 하든 '열정과 패기'만으로 다 할 수 있을 것 같았습니다. 하지만, 나중에 의대 진학이 수월하지 않음을 알게 되면서 다시 방황이 시작되었던 것입니다. 그래서 친구들과 어울려 천안 시내가 좁다며 휘젓고 다니기도 했습니다만, 하나님께서는 나를, 내 소원을 기억하고 계셨습니다. 고등학교를 졸업하기 전에 하나님께서 나를 만나 주셨고, 구령의 열정에 불타오르게 하셨습니다.

나중의 이야기입니다만, 그때 모든 계획을 사람이 세우는 듯하지만, 그 모든 계획을 이루시는 분이 하나님이심을 미리 알았다면 얼마나 좋았을까요?

> 사람이 마음으로 자기의 길을 계획할지라도 그의 걸음을 인도하시는 이는 여호와시니라(잠언 16:9).

02

지킬 박사와 하이드

예수님이 누구신데요?

목천중학교에 입학하여 친구 김승현과 함께 문예부원으로 활동할 때입니다. 당시 책이 많지 않았던 터라 그나마 문예부원이 되어야 소설이나 시를 접할 수 있었습니다. 그 전에 시(詩)를 쓰는 법을 배운 적이 없는데도 불구하고 나름 시를 지어 낭송하곤 했기에 문예부에 들어가서 평소 보고 싶어 했던 책을 읽는 것은 큰 즐거움이었습니다. 박목월, 조지훈 등의 시는 막 문학의 세계에 접어든 나에게 완전히 새로운 세계를 보여 주었습니다. 당시 문예부를 담당하셨던 안초근 선생님은 국어과 선생님이셨는데, 유독 나를 주의 깊게 살펴보시면서 이런 저런 이야기를 많이 들려주셨습니다. 서로를 한눈에 알아본 문인들이 각자의 시를 낭독하며 평을 하고, 술 한 잔을 나누는 이야기는 은근히 미래 내 모습인 듯 상상할 때도 있었습니다.

어느 날 윤동주의 "별 헤는 밤"이라는 시를 읽고 함께 토론할 때였습니다. 일찍 어머니를 잃고 어머니에 대한 그리움이 깊던 나였기에 시인이 어머니를 그리워하며 쓴 이 시를 참 좋아했습니다. 그런데 시의 의미를 생각하다가 잠시 '죽음'에 대해 고민하게 되었습니다. 고민 중에 비슷한 질문을 안초근 선생님께 했는지는 잘 기억이 나지 않는데, 선생님께서 엄청 진지하게 저를 앞에 두고 예수님에 대해 설명하시는 것 아닙니까!

"상기야, 죽음에 대해서는 오직 예수님만이 설명해 주시고 또 해결해 주실 수 있어. 우리가 본질적으로 죽을 수밖에 없는 죄인이거든. 때문에 그 죄를 해결하기 위해 예수님께서 세상에 오신 거야."

솔직히 그 말이 전혀 이해되지 않았습니다. 어머니가 어떤 분인지 잘 알지 못했지만, 어머니가 죽은 것은 수명이 다해서이지 죄 때문이라고 생각할 수 없었습니다. 다른 죽음들도 그렇고, 특히 어린 아이들의 죽음은 제게 무언가 반발심마저 갖게 해 주었습니다.

"선생님, 사람이 완전히 선할 수는 없다고 생각해요. 하지만, 죄 때문에 죽는 게 아니라 수명이 다해서 죽는 것 아닌가요? 더구나 예수님이 2천 년 전에 이스라엘에 있었고 십자가에 달려 죽으신 것 역시 사실이라고 해도, 저는 그분이 제 죄를 대신지고 돌아가셨다는 것을 이해할 수가 없어요. 예수님께서 왜 내 죄를 대신 져야 하나요? 내 죄는 내가 해결하면 되지 제 죄와 상관없는 그분에게 비겁하게 전가시켜야 해요?"

사실, 예수님이나 성경 속 인물들에 대해서는 가끔 출석한 신계감리교회에서 외삼촌의 설교를 통해 들었습니다. 설교를 들을 때뿐이었지만, 나름 선하게 살려고, 의롭게 살려고 노력한 사람이라고 생각했었습니다. 병자를 치료하고, 기적을 행했다는 장면에서는 '거짓말'하고 비웃기도 했지만, 십자가에서 죽는 장면에서는 '비장함'과 비슷한 감정을 느끼기도 했습니다. 워낙 외삼촌이 진지해서 그랬는지도 모릅니다만, 아무튼 그때까지만 해도 예수님에 대해, 또 죄의 문제에 대해 그리 깊게 생각해 본 적이 없었습니다. 그런데 안초근 선생님의 말씀대로면 '불공평'한 것이 한두 가지가 아니었습니다. 당장 내 눈에는 어머니보다 아버지가 훨씬 죄인으로 보였습니다. 그런데 왜 어머니가 먼저 돌아가셔야 했는지 설명할 수 없었습니다. 마음속에 갈등이 일었습니다. 그런데 신기한 것은 마냥 부정하고 반발하는 대신 무엇인가에 대한 갈증을 느끼기도 했다는 사실입니다. 마음속에 내재한 여러 상처들이 떠오르면서 어떻게든 해결할 수 있다면 좋겠다는 바람이 생겼습니다.

어쩌면 그때 제 마음속에는 두 가지 서로 다른 질문이 있었던 것 같습니다. 하나는 "예수님이 누구신데요?(부정)"라는 질문입니다. 아주 부정적인 측면에서 '예수'라는 이방 사람을 의심했던 것입니다.

좋은 말로 사람들을 교회로 꾀어 가는 사기꾼으로 여겼는지도 모르겠습니다. 충고는 늘 "착하게 살아라.", "정직하게 살아라.", "믿음을 가져라."라고 말씀하시던 외삼촌 공재정 목사님으로 충분하다고 생각했습니다. 소설도 아니고, 보리떡 다섯 개와 물고기 두 마리로 5,000명을 먹였다는 성경의 이야기를 듣고 실소(失笑)했던 기억도 떠올랐습니다. 사람들을 선동하다가 죽음을 맞으면서 그를 수단으로 삼으려는 제자들에 의해 '성자(聖子)'가 된 것 같았습니다. 그래서 부정하고 싶었습니다. 그런데, 또 다른 질문이 생겼습니다. 사실 그 하나도 역시 "예수님은 누구신데요?(긍정)"라는 질문이었습니다. 하지만 방향은 정반대였습니다. 이미 밝힌 대로 나는 상처가 많은 어린이였습니다. 중학생이라고 해도 14-15살에 불과한 아이가 어머니도 없이 자라는 것은 큰 상처입니다. 평소에는 호인이신데, 술만 드시면 나타나는 폭언과 폭력도 싫었고, 매번 바뀌는 새어머니로 인해 가정생활 자체가 극도로 불안했기 때문입니다. 중학교 입시를 실패하고 시골 목천으로, 그것도 신생학교의 1회 입학생으로 중학교를 다니게 된 것도 상처였습니다. 무엇인가 제 삶에 강력한 변화가 생길 수 있다면, 그 변화가 내 삶을 바꿀 수 있는 것이라면 좋겠다는 막연하지만 강한 바람이 마음속 깊은 곳에 자리하고 있었습니다. 그런데 예수님이 나를 자유롭게 한다고 하니 궁금했습니다. 가난하고 힘 약한 나 같은 사람들을 위해 오셨다고 했습니다. 그 예수님을 알면 행복할 것도 같았습니다.

    결국 긍정이든 부정이든, 이유는 달라도 질문은 한 가지였습니다.

"예수님이 누구신데요?"

질풍노도의 학창 시절

목천중학교 3년 동안 재미있는 일이 많았습니다. 예수님에 대해 처음으로 진지하게 고민하게 된 문예반 활동은 지금까지 내가 책을 읽고, 글을 쓰고, 말씀을 전하는 데 필요한 사고력을 배우는 시작이었습니다. 친구들과 어울려 체육시간에 도시락을 몰래 먹다가 걸려 혼나기도 했고, 같은 반 여학생 도시락을 다 먹어버린 후 '엄마, 나 시집보내줘'라는 문구를 넣어두기도 했습니다. 몸이 자라면서 힘도 세져서 저수지 뱃사공을 하며 힘이 세기로 유명했던 친구 이종구와도 막상막하로 팔씨름을 할 정도였습니다. 거칠 것이 없었던 것 같습니다.

특별히 미술과목을 담당하셨던 서경원 선생님을 짝사랑한 것은 즐거운 기억 중 하나입니다. 청소년기에 '첫(짝)사랑'을 경험하지 못하면 불행일 수 있습니다. 몸도 마음도 부쩍부쩍 자라던 시기여서 처음 이성을 느끼고 생각하는 시기이기도 하니까 말입니다. 선생님은 말수가 적고 대신 늘 화사하게 미소를 지어주는 분이셨습니다. 미술선생님답게 짙은 화장이 아닌데도 누구보다 단아하고 예뻐 보였습니다. 빛이 났습니다. 선생님과 결혼하는 꿈도 여러 번 꾸었습니다. 미술시간에 칭찬받고 싶어서 그림을 따로 그려볼 정도로 열심도 냈습니다. 문제는 선생님을 좋아하는 경쟁자들이 너무 많다는 사실이었습니다. 심지어 내 짝꿍도 대놓고 "선생님을 사랑한다."며 나를 자극했습니다. 다른 시간에는 왈패처럼 굴던 친구들조차 미술시간에는 순한 양처럼 돌변했습니다. 지금 생각해 보면 웃음이 절로 납니다. "떡 줄 사람은 생각도 없는데, 김칫국만 마신다."는 속담이 딱 맞는 얘기입니다. 아무튼, 짝사랑으로 끝나고 말았지만, 사랑하면 착한 말과 행동을 한다는 것을 그때 배운 듯합니다.

 즐거운 기억만 있는 것은 아닙니다. 중학교 시절 한 번의 사건으로 나는 영어와 아예 담을 쌓고 말았습니다. 사건인즉, 영어시간에 친구들과 함께 '라면땅'을 먹다가 호랑이로 악명 높은 곽동만 선생님께 딱 걸린 겁니다. 라면이 무척 귀하기도 했지만, 짭조름한 스프에 딱딱한 라면을 묻혀 씹는 맛은 그야말로 환상적이었기에 우리는 그만 수업시간에 무리수를 둔 것입니다. 곽동만 선생님은 나와 친구들을 앞으로 불러내어 몇 마디 꾸짖는가 싶더니 뺨을 때리기 시작했습니다. 한 대, 두 대…. 열 대쯤 맞았을 때, '이제 그만 때리겠구나.' 생각했는데, 오산이었습니다. 때리다 지칠 만도 한데, 곽동만 선생님은 수업도 뒤로 하고 우리 세 사람을 때리는 데 온 힘과 시간을 낭비했습니다. 아마도 지금 시대에 그렇게 때렸다가는 당장 면직되고 경찰에 불려가서 조사받을 일이었겠지만, 우리는 어디에 따로 하소연할 곳도 없었습니다. 볼에서 피가 날 지경으로 맞은 나는 '잘못했다.'는 생각보다 '이렇게 맞을 일인가?' 하는 억울함에 분노했습니다. 그리고 다시는 곽동만 선생님과 눈도 마주치기 싫었습니다. 결국 영어 수업시간을 일부러 빼먹은 적도 많았습니다. 영어공부는 일절 생각도 안 했습니다. 그러니 시험 때마다 영어 과목은 빵점을 받았습니다. 처음에는 미안해하는 듯했던 곽동만 선생님도 얼마 지나지 않아 아예 포기한 듯 나를 건들지 않았습니다. 이 한 번의 상처는 평생 나를 괴롭힌 영어에 대한 좋지 않은 추억의 시작입니다. 먼 나중의 이야기지만 죽기보다 싫어하던 영어를, 그것도 미국 본토와 괌에 살면서 사용했으니 얼마나 힘들었겠습니까? 또한 얼마나 큰 은혜라고 할 수 있겠습니까?

아무튼, 그렇게 좌충우돌하며 중학교 시절을 보내고, 3학년이 되어서 간신히 미래에 대한 소망을 가진 나는 한 달간의 목숨을 건 노력 끝에 명문 천안공업고등학교 기계과에 진학했습니다. '의사가 되겠다.'라는 소망이 있었기에 불가능을 넘어선 것이었는데, 정작 문제는 공업고등학교에 진학한 후에 불거졌습니다.

내가 대학입학시험을 치르던 1975년에는 예비교사와 본고사로 나뉘어 두 번 시험을 봤습니다. 예비고사는 지역별로 학생들이 모여 자격시험을 보고, 거기에서 일정한 성적을 받은 학생들이 각 대학에 지원하여 대학별 본고사를 보는 것입니다. 문제는 공업고등학교의 교과목이 일반 인문계 고등학교와는 매우 달라서, 일반 고등학교에 다니는 학생들이 국어, 영어, 수학, 과학, 사회 등의 일반 과목을 공부할 때, 우리는 선반, 배관, 가공, 제도 등 학교 졸업 후 취업하여 산업현장에서 사용할 기술에 대한 이론과 실습 위주의 교육을 받았기 때문입니다. 즉, 예비고사를 보는 것 자체에는 제한이 없었지만,

처음부터 대학 입시를 준비해 온 인문계 학생들과 경쟁은 불가당(不可當)한 것이었습니다. 비록 1976년 8월 문교부가 실업계 고등학교 졸업생들에게 대학진학의 혜택을 넓혀 주기 위하여 '대학진학 예비고사령'을 재정, 예비고사에 실업계 4개 계열을 신설하여 별도로 합격자를 사정토록 함으로써 실업계 학생들의 대학진학의 문을 넓히기는 했지만, 그건 다음 해의 일로 당시에는 짐작도 못했던 일이었습니다. 결국 내가 의과대학에 들어가려면 학교 교과와 전혀 다른 과목들을 과외로 죽을 둥 살 둥 공부해야만 하는데, 사실 과외를 받을 형편도 되지 않았습니다. 어릴 적부터 '의사가 되겠다.'라는 꿈을 꾸었기에 고등학교 3년 내내 내 생활기록부에는 미래 희망직업으로 '의사'가 기록되어 있습니다. 지금 생각해보면 선생님들이 내 소원을 두고 얼마나 어이없는 표정을 지었을까 싶습니다. 물론, 하나님께서 그 '불가능'을 '가능'으로 만들었지만 말입니다.

아무튼, 입시 제도를 제대로 알지 못했던 탓에 그 꿈은 시작도 하기 전에 날아가 버린 듯했습니다. 중학교 입시를 실패했을 때는 도전이라도 해볼 수 있었고, 고교입시 때는 불가능을 가능으로 바꾼 기적도 경험했지만, 대학 입시는 아예 먼나라 얘기인 듯했습니다. 마음속에 분노가 일었습니다. 그 울분을 풀기 위해 나는 공부가 아닌 운동으로 눈을 돌렸습니다. 태권도와 유도를 배우고, 이러 저리 돌아다니며 싸움도 하고 동네 담장을 다 때려 부수기도 했습니다. 기계과 전공이어서 학기마다 실습을 나갔는데, 일은 하는 둥 마는 둥 하다가도 일과만 끝나면 학교 근처 할머니 집에 가서 막걸리 마시고 친구들과 어울려 돌아다녔습니다. 헛된 영웅심에 남의 집 광에 들어가 쌀을 훔쳐 내오기도 하고, 학교 선배 이재달과 짜고 아버지에게 공납금 3,000원을 8,000원이라고 속인 후 5,000원을 유흥비로 탕진하기도 했습니다.

그런데 우스운 것은 마음속 분노로 방황하면서도 그 모습을 가족들에게 보여 주기 싫었던 것입니다. 아버지의 실망과 꾸지람도 싫었습니다. 또한 학교에서도 선생님들에게 문제 학생으로 찍히기 싫어서 조용히 지냈습니다. 아니 오히려 봉사반에 가입해서 학교 구석구석을 청소하기까지 했습니다. 그래서 졸업할 때까지 가족들과 선생님들은 학교 안과 밖에서 내 모습이 완전히 달랐다는 사실을 짐작도 못했을 것입니다. 그리고 그러한 이중적 삶이 내게 묘한 쾌감을 주기도 했습니다. 마치 유명한 뮤지컬의 주인공인 "지킬 박사와 하이드"의 주인공이 된 듯 착각하며 살았던 것입니다.

천안침례교회 수돗물-마중물

고등학교 2학년이 되었지만 뚜렷하게 달라질 것이 없었습니다. 매일 매일을 그냥 찬밥으로 끼니를 때우듯 그렇게 보내는 중에, 담임을 맡으셨던 김민영 선생님이 저를 부르셨습니다. 국어를 가르치셨던 선생님은 내가 중학교 때 문예반을 했던 것을 알고 있었는지 처음부터 내게 호감을 표하셨습니다. 늘 온화한 미소로 대해 주시는 선생님께 나도 마음을 열었던 탓에 답답한 마음을 토로했습니다. 그랬더니 선생님께서 예상 밖의 단호하고 확신에 찬 어투로 나를 초대하셨습니다. 그렇게 처음 천안침례교회에 가게 되었습니다.

친구들과 함께 천안침례교회에 예배를 드리러 간 날을 잊을 수가 없습니다. 어릴 때부터 몇 번이나 예배를 드린 경험이 있어서 대수롭지 않게 갔는데, 피아노를 치는 여학생이 눈에 들어왔습니다. 보일 듯 말 듯 엷은 미소를 띠고 예배 가운을 입은 단아한 모습으로 피아노를 치는데, 예쁘기도 했지만 뭐랄까 신비로운 느낌이 들었습니다. 한눈에 반했다는 표현이 맞을 것 같습니다. 교제하고 싶은 마음에 선생님과 목사님께 사정하여 교회 종탑방에서 기거할 수 있게 허락을 받았습니다. 목사님은 처음 찾아온 학생이 예수님을 믿겠다면서 교회에 기거하게 해 달라고 하시니 오히려 반색을 표하셨습니다. 피아노 반주를 하던 그 여학생은 바로 목사님의 딸로, 이름은 김영애라고 했고 복자여고 1학년이어서 내게 '오빠'라고 불렀습니다. 그후 몇 년간 영애와 교제하면서 결혼까지 생각하기도 했지만, 미국의 한 교회로 청빙된 목사님을 따라 영애가 미국으로 이민을 떠나면서 우리는 헤어지고 말았습니다. 사실, 미국으로 함께 가자며 영애와 목사님은 내게 권했지만, 이미 밝힌 대로 곽동만 선생님으로부터 수십 대의 따귀를 맞은 뒤 나는 '영어'라는 말에도 극도의 거부반응을 보이곤 했기에, 미국행은 애초에 불가능한 것이었습니다.

아무튼 영애를 빌미로 시작된 천안침례교회에서의 생활은 제 삶을 근본적으로 바꾸는 계기가 되었습니다. 마중물이라는 말이 있습니다. 옛날 수동 펌프를 사용할 때, 먼저 펌프에 물을 붓고 그 기압차에 의해 물을 끌어올렸는데, 그 물을 '마중물'이라고 합니다. 그래서 어떤 일들이 일어나기 위한 단초가 되는 사건이나 행동을 종종 여기에 비유하곤 합니다. 내게 있어 마중물은 단언컨대 '천안침례교회'라고 할 수 있습니다.

어느 날 목사님은 사도행전 9장 1-22절의 말씀으로 설교하셨습니다. 유명한 사울의 회심 사건입니다. 목사님은 사울이 어떤 사람이었는지를 먼저 설명해 주셨습니다. 그리고 사울이 어떻게 바울이 되었는지를 하나하나 자세히 풀어 주셨습니다. 갑자기 가슴이 뜨거워지기 시작했습니다. 사울을 만나서 바울이 되게 하신 예수님을 만나면 분노로 가득 찬 내 마음도 변화될 수 있을 것 같았습니다. 그렇게 생각하고 기도를 하는데 눈물이 났습니다. 분명히 내 안에 계신 성령님께서 마음을 어루만지고 있다는 것을 느꼈습니다. 그리고 그날 나와 비슷한 경험을 한 친구들과 함께 예수 그리스도를 구주로 고백하게 되었습니다. 나중의 얘기지만, 내가 미국에서 공부하게 되었을 때 난 주저하지 않고 영어 이름을 "Paul Cha"로 정했습니다. 그것은 내 첫 회심의 사건이 바로 사울의 회심으로부터 시작되었기 때문일 겁니다.

예수님을 믿게 되면서 제 삶은 완전히 다른 것이 되었습니다. 그저 영애와의 교제 때문에 교회에 다니던 모습은 사라졌습니다. 함께 회심한 9명의 친구들(권용목, 황택순, 김화성, 윤준희, 최주현, 지용근, 박정서, 이병헌)과 천안 시내를 돌아다니면서 노방전도를 했습니다. 이

전에는 싸움을 하거나 담장을 부수는 횡포를 했었는데, 이제는 복음을 들고 찬양을 하며 사람들에게 예수님을 전하기 시작한 것입니다. 매일 즐거움이 넘쳤습니다. 학습을 받고 침례를 받아 정식 교인이 되면서 어쩌면 전도자의 삶이 내게 펼쳐질 수 있겠다는 생각이 들었습니다. 그리고 그 막연했던 기대는 오늘날 제 삶의 전부가 되어 있습니다. 여호와 이레!

천안침례교회 고등부 학생회

대학에 가다

예수님을 만나서 꿈과 같이 기쁜 삶을 살기 시작한 지 얼마 되지 않아 아버지가 돌아가셨습니다. 당시 아버지는 66세로 많은 나이가 아니었지만, 지병이던 당뇨병에 위암마저 더해지면서 결국 견디지 못하고 소천하셨습니다. 나는 아버지를 위해 하나님께 기도했습니다. 언제나 애증으로 남아 있던 아버지셨지만, 회심 후 나는 아버지의 삶을 이해하고 인정하고 또 긍휼히 여길 수 있게 되었기에 나는 아버지에게 이 복음을 전해야 했습니다. 하지만 시간이 너무 짧기만 했고 아버지는 끝까지 완고하셨습니다. 결국 아버지는 예수님을 영접하지 않고 돌아가셔서 지금도 내 마음에 큰 아픔이 되었습니다.

아버지는 돌아가시기 직전에 나를 불러 놓고 "네가 평소 원하던 대로 의사가 되면 좋겠다. 최선을 다해라."라고 유언을 남기셨습니다. 아버지의 장례를 치르고, 잠깐 동안 간절한 기도를 들어주지 않은 하나님을 원망하는 마음도 들었지만, 아버지의 유언은 어릴 적 내가 가졌던 꿈을 기억나게 했습니다. 지금은 불가능의 늪에 빠져서 죽어 있는 그 꿈을 건져서 되살리는 기적을 이루어야겠다고 결심했습니다. 실제로 술과 여자를 매우 좋아하셨음에도 불구하고 아버지가 의사[3]로서 사람들에게 베풀었던 인술은 어린 내게 자랑이고 자부심이었습니다. 아버지처럼 의사가 되면 사람들에게 복음을 전할 때에도 더 효과적일 수 있겠다는 생각도 했습니다. 그러나 현실의 벽은 높기만 했습니다. 공부해야 할 것이 너무 많았습니다. 하지만, 해낼 수 있다는 믿음을 가지고, 아니 해내야 한다는 책임감을 가지고 시간을 쪼개며 공부했습니다. 그리고 드디어 예비고사를 치르게 되었습니다.

---

3 아버지는 일제에 의해 자행된 '대동아전쟁(大東亞戰爭, 태평양전쟁이 공식 명칭. 1941년 12월 7일-1945년 8월 15일)'에 징집되어 동남아 여러 나라에서 복무했습니다. 당시 포로로 잡힌 미군 의사들에게 서양 의술과 영어를 배워 동네에서 한지의(限地醫)로 일하셨습니다. 나중에 작은 형이 약종상 면허를 따면서 '대왕당 약방'을 운영하면서 자전거를 타고 군 내부 곳곳을 다니며 진료하셨습니다.

예비고사 전날, 천안공업고등학교에서 대학진학을 목표로 함께 공부했던 친구들이 모여 대전으로 가서 고사장 인근 한 여인숙에 묵었습니다. 설레기도 했고 두렵기도 했습니다. 준비한 것이 모두 나오라고 기도도 하고, 서로 "너는 잘 볼 거야!"라며 격려하기도 했습니다. 그런데, 그날 밤 연탄가스가 새는 것을 알아차린 사람은 아무도 없었습니다. 새벽녘에 숨이 막히는 것을 느껴 일어났다가 어지러움과 함께 구토증세가 있었습니다. 이미 상당량을 마신 듯 나는 몸을 제대로 가누지 못했습니다. 한두 친구도 같이 일어나서 아직 일어나지 못한 친구들을 깨우고 있었습니다. 우리는 비틀거리며 간신히 밖으로 나왔습니다. 다른 방에서 잠자던 분들도 몇 명이 나온 듯했지만, 그마저도 확실히 기억하지 못할 정도로 우리는 연탄가스(일산화탄소) 중독 증세에 시달렸습니다. 달려온 주인아저씨가 약국에서 응급처방을 받아 사온 약을 주기에 받아먹고 어찌어찌 정신을 차렸지만, 이미 그날은 악몽 그 자체였습니다. 가뜩이나 어려운 예비고사였습니다. 준비도 부족했습니다. 거기에 연탄가스에 중독된 채로 변변한 치료도 없이 바로 시험을 치렀으니, 그 결과야 뻔했습니다. 의과대학은커녕 4년제 전후기 대학의 일반학과에 가기에도 모자란 성적표를 받고서 잠시였지만 낙심한 마음을 감출 수 없었습니다. 하지만, 그대로 포기할 수는 없었습니다. 아쉬운 마음을 감추고 혹시나 하는 기대를 갖고 서울보건전문대에 원서를 냈지만, 역시나 낙방하고 말았습니다. 억울한 마음이 더했습니다. 그래서 나는 수원에서 임상병리사로 일하고 있던 작은 형을 찾아갔습니다. 형에게 솔직한 내 상황을 알리고 도움을 청했습니다.

"형, 나는 아버지의 유언을, 아니 내 소원을 이루고 싶어요. 의대에 가야하는데 이번 시험은 좀 어렵게 되었습니다. 딱 한 해만 제대로 공부해 보고 싶어요. 도와 주세요."

어리게만 여기고, 늘 말썽만 피우던 동생으로만 생각했던 내가 그렇게 말하는 것이 신기했던지 빤히 내 얼굴을 쳐다보던 형이 내게 말했습니다.

"상기야, 네 각오가 참 대단하고 좋다. 그런데 살짝 방향을 좀 바꿔보면 어떻겠니? 내과, 외과 등 전통적인 의사가 되는 것도 좋긴 한데, 현실적으로 쉽지 않은 도전이야. 대신 임상병리사에 도전해 보면 어떻겠니? 아직 우리나라엔 임상병리사에 대한 인식이 낮은 편이지만, 선진국에선 임상병리사의 중요성을 제대로 인식하고 있고, 우리나라도 점차 그렇게 될 거야. 당장에도 임상병리사들이 절대 부족해서 병원에서의 대우 역시 전문의에 못지않고 …."
"형, 그런데 임상병리사도 의사인가요?"
"그럼, 의사지. 병을 치료하는 사람만 의사인건 아니야. 병을 진단하기 위한 검사, 조치, 연구 등을 하는 사람이 의사가 아니면 뭐겠니? 그런 편견을 깨뜨리기 위해서라도 네가 임상병리사가 되면 좋겠다."

　형의 말을 듣고 '임상병리사'에 대해, '임상병리학과'에 대해 조사했습니다. 그리고 형의 말대로 앞으로 임상병리사의 중요성이 더욱 커질 것이라는 사실을 알 수 있었습니다. 더욱 다행인 것은 대부분의 임상병리학과가 전문대학교에 설치되어 있어서 아직 내게 기회가 남아 있다는 사실이었습니다. 나는 형에게 도움을 청해서 내가 지원할 수 있는 학교를 찾았습니다. 바로 '동남보건전문대학교'였습니다. 1973년 문교부로부터 학교법인 동남학원의 설립 인가를 받고 1974년에 첫 신입생을 맞은 이 학교는 물리치료학과, 방사선과, 임상병리학과, 식품가공학과, 영양과의 다섯 개 학과에서 신입생을 모집하고 있었습니다.

　그렇지만, 나는 내신과 대학별고사 모두 부담이 아닐 수 없었습니다. 고교시절 '지킬박사와 하이드'처럼 학교 안에서와 밖에서 내 삶이 다르기는 했지만, 나름 열심을 다해 학교생활을 했지만, 고3때 대학을 가겠노라고 고집하고 취업을 거절했더니, 담당 선생님이 실습점수를 최하점을 주어 내신에 상당한 부담을 안게 되었던 것입니다. 또한 그동안 예비고사를 열심히 준비하기는 했지만, 국영수 위주의 대학별고사는 아무래도 부담이 아닐 수 없었습니다. 예비고사 후 낙심하여 잠깐이지만 다음 기회를 노리자라고 마음먹고 방심한 것도 사실이었습니다. 방법이 없을 때, 내게 유일한 길은 '기도'뿐이었습니다. 나는 하나님께 매달리기로 했습니다. 내게 닥친 불가능을 가능하게 하실 수 있는 분은 오직 하나님 한 분밖에는 없었습니다. 나는 의사가 되어 인술을 펼치며 하나님의 복음을 전하는 '의료 선교사'가 되겠다는 꿈을 처음으로 하나님께 고백했습니다. 그리고 그 꿈을 이루기 위한 첫단추를 주님께서 꿰어주시기를 간구했습니다. 매일 종탑방에 나를 가두고 공부와 기도에만 매달렸습니다. 대학별고사가 당장 내일로 다가오자 두려움이 더욱 커졌습니다. 예상문제를 풀다가 마음이 답답해서 하나님께 기도드렸습니다.

"하나님, 지혜를 주세요. 기억나게 해 주세요. 제가 하나님의 일꾼으로 살 수 있도록 역사해 주세요. … "

기도하는 중에 잠이 들었는데, 어디선가 따뜻한 음성이 나를 사로잡았습니다.

"시험문제를 보아라."
"네? 시험문제요?"
"보고, 풀고, 기억해라."

의아한 가운데 제 눈에 선명하게 시험문제들이 보였습니다. 평소 같으면 도무지 해결할 수 없는 문제들도 있었는데, 꿈속에서였기 때문인지 풀이가 척척 되었습니다. 기분 좋게 모든 답안을 적었는데, 잠이 깨었습니다.

'그럼, 그렇지. 꿈은 반대라고 하던데, 오늘 일진이 안 좋으려나 보다.'

너무도 또렷하게 남은 기억 때문에 오히려 더욱 실망과 당혹감을 감출 수 없었습니다. 그런데, 기적이 일어났습니다. 시험장에 들어가서 시험지를 받아 든 순간 비명을 지를 뻔했습니다.

'어, 이거 어제 꿈에서 본 시험지잖아!'

떨리는 마음을 감추고, 꿈속에서 했던 것처럼 차분하게 문제를 하나하나 풀었습니다. 시험을 마치고 나와서 나는 '합격'을 확신할 수 있었습니다. 그리고 예상대로 우수한 성적으로 동남보건전문대학교 임상병리과에 입학하게 되었습니다. 하나님께서 내게 처음으로 응답하셨기 때문에 나는 대학에 합격한 기쁨보다 더 큰 기쁨을 얻었습니다. 나는 대학에 입학하자마자 문예부에 들어 활동하다가 문예부장이 되어 교지를 만들었고, 또 수원백내과에 실습생으로 취직하여 일찍부터 임상병리사로서 실전 의술을 배우며 열심히 공부했습니다. 신앙생활도 열심을 다했습니다. 가끔 수원침례교회를 찾아 김장환 목사님의 설교를 듣고 감동했고, 1978년에는 세계적인 전도자 빌리 그래함 목사님의 수원 전도 집회에 참석하여 소명 받은 전도자로서 서원(誓願)하기도 했습니다. 그렇게 성실하게 지낸 결과 1978년, 입학한 지 2년 만에 임상병리사 국가고시에 합격했습니다. 불가능해 보였던 의사의 꿈을 이루게 된 것입니다. 할렐루야!

한참 후 이 간증을 할 때마다 어떤 분들은 내가 본 환상에 대해 의심을 표하기도 합니다. 하지만, 나는 어떤 거짓이나 속임수도 없이 온전하게 고백합니다. 하나님께서 나를 위해 세우신 계획을 위해, 나를 일꾼으로 쓰기 위해 부르신 것입니다. 하나님께서는 언제나 그렇게 하나님의 선한 계획을 위해 사람을 부르시고, 세우시고, 훈련시키시고, 또 좋은 것으로 채워 주십니다. 하지만, 그러한 하나님을 배신하고 방황하는 것은 언제나 우리의 교만과 탐욕 때문입니다.

교만은 하이드를 깨우고

학교를 졸업하고 임상병리사 면허를 취득한 1978년 8월, 나는 공군에 지원하여 군복무를 시작했습니다. 임상병리사였기 때문에 일반 사병으로 입대했지만, 바로 의무병이 되어 공군 의무대에서 근무하기 시작했습니다. 더구나 지난 2년간 수원백내과에서 실전 업무를 배웠던 탓에 모든 것이 우습게 여겨질 정도로 쉬웠습니다. 그게 화근이었습니다. 나는 나도 모르게 교만에 빠지고 말았습니다. 군의관 선생님이 저의 경력과 실력을 높이 사서 간단한 수술을 돕도록 기회를 주기도 했었는데, 나는 그 기회를 자랑의 무기로 삼았습니다. 나보다 실력이 모자란 선임병들을 무시하는 것은 일상이었고 간호장교들에게조차 양보하지 않았습니다. 그러다가 술을 마시기도 했고, 그게 심해져서 일과 중에도 술을 마시고 사고를 내기도 했습니다. 평소 인자한 성품에 남을 치료하며 도우셨던 아버지가 술을 드시기만 하면 폭력적으로 변해서 나는 크면 절대 술을 마시지 않겠다고 그렇게 다짐했었는데… . 고교시절 낙심하며 지낼 때 배운 술이 군에 와서 심해졌습니다. 다행히 약사였던 큰형님의 인맥으로 군기교육대나 군형무소에 들어가는 불상사를 피하기도 했고, 또 워낙 힘도 세고 깡패기질이 다분해 보였던 탓인지 선임병들도 함부로 대하지 않았기에 3년 만기제대까지 무사히 군 생활을 했습니다만, '주(酒) 병장'이라는 별명이 말해 주듯 당시 내 모습은 '가관이었다.'라는 말로 밖에는 설명할 방법이 없었습니다.

   신앙생활도 여지없이 흐트러졌습니다. 부대교회를 찾는 것은 오로지 잠을 자기 위해서였습니다. 가끔 부대 밖 일반교회를 몰래 찾았는데(들켰다면 탈영이 될 큰 사고입니다.), 그마저도 신앙심 때문이 아니라 대학시절 함께 다니다가 진주로 전학하여 만날 수 없었던 여학생을 찾아 나섰던 것이었습니다. 어찌됐건, 말씀과 기도는 더 이상 내게 남아 있지 않았습니다. 하나님의 은혜도 다른 사람의 것이었습니다. 하이드와 같은 모습으로 변해버린 내게 남은 것은 교만과 탐욕뿐이었습니다. 알코올로 술을 만들어 마시기도 하고, 약을 몰래 내다 팔기도 했습니다. 못된 짓은 다 했던 것 같습니다. 더 이상 희망이 없어 보일 정도였습니다.

   하지만, 그런 어리석은 나를 하나님은 결코 내버려두지 않으셨습니다. 하나님은 그 배신의 죄를 사랑으로 덮어 주시고, 나에게 큰 은혜를 베푸셨습니다. 물론 그 사실을 깨달은 것이 먼 나중 일이라는 사실 하나가 아쉽기만 합니다.

가정, 사업, 꿈

승승장구한 직장생활

공군(296기)에서 만기 전역한 후 송정동에 위치한 혜명임상병리과 의원(진송자 원장)에서 처음 직장생활을 시작했습니다. 물론 대학시절 이미 수원백내과에서 실습생으로 일한 경력이 있기는 했지만, 임상병리사로서 첫걸음을 떼는 것이었기에 나름 긴장할 수밖에 없었습니다. 일반적으로 임상병리사는 질병의 예방이나 치료를 돕기 위해 환자의 혈액, 소변, 체액, 신체의 여러 조직들을 가지고 여러 가지 검사를 수행해서 이를 분석하고 질병의 원인을 찾아내는 일을 합니다. 또한 검사에 필요한 여러 가지 시약을 조제하고 검사 과정을 정확하게 기록해서 의사에게 알려 주기도 합니다. 때문에 임상병리사는 병 예방에 있어서 가장 중요한 역할을 담당하는 '의사'인데도 불구하고 한국 사회에서 임상병리사에 대한 인식은 상당히 열악하기만 합니다. 당시에는 오늘날 상식이 된 '조기검진, 조기치료'의 인식도 없어서, 임상병리과의원이나 임상병리사에 대한 처우나 인식이 낮을 때입니다.

때문에 당시 혜명의원은 이러한 임상병리과의원의 한계를 벗어나서 종합검진센터로 발전하려는 원대한 계획을 세우고 있었습니다. 하지만 종합검진센터로 발돋움하기 위해서는 돈과 인력뿐만 아니라 여러 의료기기를 적절하게 갖춰야만 하는데, 당시 혜명의원에 그 일을 감당할 사람이 없었습니다. 진송자 원장님은 신참이기는 했지만, 수원백내과와 군병원에서 일한 내 경력을 높이 평가하여 나에게 이 일을 맡아보면 어떻겠냐고 물으셨습니다. 당시 나는 밥은 먹는 대로 소화하고 지식은 배우는 대로 습득하며, 5시간 운동도 마다하지 않을 만큼 젊고 패기가 넘쳤습니다. 당연히 하겠다고 했습니다.

가장 먼저 보건복지부에서 규정한 종합검진센터 기준안을 받아서 분석하고, 혜명의원의 현재 여건에 기초한 기본계획을 수립하였습니다. 그리고 이어 기존 종합검진센터들을 방문하여 꼭 필요한 진료과목과 그에 필요한 장비들, 그리고 인력에 대한 조사를 진행했습니다. 여기까지 불과 2-3개월 정도밖에 걸리지 않았을 만큼 열심을 다했습니다. 하지만, 주변의 무관심은 큰 어려움이었습니다. 간간히 일의 진행을 점검하는 원장님을 제외하면 다른 임상병리사 선생님들이나 간호사 선생님들 중 누구도 협력은커녕 관심을 갖지도 않았습니다. 아마 대부분은 내가 그렇게 몇 개월쯤 떠들다가 그만두고 말거라고 과소평가했던 것이 분명합니다. 하지만, 나는 그 일들이

고되기는 했어도 정말 재미있었습니다. 건강검진센터를 준비하면서 얼마나 많은 질병들이 조기에 발견되지 않아 우리 이웃들을 괴롭히고 심지어 죽음에 이르게 하는지를 정확하게 알게 되었습니다. 사실 거의 모든 질병이 조기에 발견되기만 하면 완치율을 비약적으로 높일 수 있다는 것을 깨닫게 되면서 임상병리사로서 나 자신에 대한 자긍심마저 고취되었습니다.

아무튼 그렇게 하나하나 배워가며 준비한 끝에 1981년 7월 혜명종합검진센터가 출범하게 되었습니다. 한동안 의심의 눈초리로 구경만 하던 선생님들조차 보건복지부의 승인이 난 시점부터는 지지를 보내며 적극 협조해 주었습니다.

혜명건강검진센터에 환자들이 몰려와서 정상 궤도에 이를 즈음, 나는 안양동산외과로 이직하게 되었습니다. 이른바 '스카우트'를 받은 겁니다. 직책이 임상병리실장으로 혜명건강검진센터에서 일할 때보다 급여나 근무환경이 모두 좋았습니다. 건강검진센터를 찾는 이들은 다양한데 반해 동산외과에는 외상환자들이 많아서 업무가 단출했지만 오히려 집중적으로 외상환자들에 대한 정보들을 접할 수 있었기에 재미있었습니다.

그런데 문제는 늘 이렇게 승승장구하는 상황에서 발생합니다. 처음에는 병원에서 인력이 부족한 탓에 간단한 수술보조업무를 맡았습니다. 그런데 점점 횟수가 늘고 비슷한 처치를 반복하다보니 마음속으로 '나도 충분히 할 수 있겠다.'라는 교만이 자랐습니다. 더구나 열심히 배우는 자세에 대해 김규환 원장님의 칭찬을 자주 듣게 되면서 나는 스스로 점점 임상병리사가 아닌 외과 의사처럼 행세하곤 했습니다. 나중에 이러한 제 교만은 아내의 허영과 맞물려 많은 사람들 앞에서 크게 망신을 당하게 되는 원인이 되었습니다. 그나마 다행인 것은 그렇게 외과 의사인 척 행세하면서 중요한 수술이나 처치를 맡아 하지 않은 것과 간간히 했던 간단한 처치가 비교적 정확한 것이어서 환자들에게 해를 끼치지 않았다는 사실입니다.

한편, 긍정적인 요소도 있었는데, 직장생활을 하던 내가 병원을 인수하여 병원장이 된 것은 이때의 경험이 밑바탕이 된 것입니다. 노인복지를 위해 무료진료를 한 것도, 한의학을 공부하고 중증환자들을 치료할 수 있었던 것도 인체를 제대로 공부하고 외상에 대해 이해하면서 비롯된 것입니다.

그렇게 따져 보면 분명히 하나님께서는 내가 교만함으로 눈이 먼 상황에서도 처음 약속을 기억하고 계셨습니다. 내가 의료 선교사로 살아가기 위해 무엇을 해야 할지 모르고 있을 때, 그렇게 가르쳐주고 계셨던 것입니다.

결혼, 둘이 아닌 하나

안양동산외과에서 임상병리사로 일하면서 승승장구하던 내게 여러 곳에서 중매가 들어왔습니다. 가정을 이룰 때가 되기도 했지만, 나름 전도유망한 청년이고 보니 여러 집에서 나를 사윗감으로 생각했던 모양입니다.

하지만, 나는 그때까지만 해도 고교시절 첫사랑인 김영애 자매를 잊지 못하고 있었습니다. 왜냐하면 김영애 자매가 아버지를 따라 미국으로 갔지만, 계속 연락을 하고 있었고 우리는 서로 자신이 있는 곳으로 와서 함께 하면 좋겠다고 설득하고 있었기 때문입니다. 당시 나는 영어를 포기한 사람으로 도저히 미국에서 살 수 없을 것 같았습니다. 반대로 영애 자매는 한국에서도 충분히 살 수 있을 것 같았습니다. 하지만, 요지부동이었습니다. 서서히 관계가 약해지고 있음을 직감했습니다. 답답하고 화도 났습니다. 하지만 그럼에도 불구하고 나는 영애 자매를 쉽게 포기할 생각이 없었습니다. 그래서 토플(TOEFL) 시험을 치르기도 했습니다. 하지만 결과는 썩 좋지 않았습니다.

마지막으로 학교를 통해 미국으로 유학 가는 방법이 있지 않을까 싶어 관련 서류를 떼러 모교를 찾아가던 길이었습니다. 마침, 유학을 염두에 두고 성적증명서 등을 떼러 학교로 가는 한 자매를 만나서 이런 저런 얘기를 나누게 되었습니다. 처음에는 홀로 미국으로 유학을 계획하는 여학생이 신기했고 또 그 자매를 통해 미국 유학을 준비하는 방법을 배우려고 했던 것인데, 대화를 나누다 보니 전혀 예상치 못한 일이 발생하고 말았습니다.

자매는 동남보건전문대학교 위생과를 졸업한 재원으로 나보다는 1년 후배였습니다. 학교 가는 길에 우연히 만나서 한 번 대화했는데, 금세 친해졌습니다. 그러다가 내가 군에 입대하고 나니 몇 번 면회를 오기 시작했습니다. 타국으로 홀로 떠나는 유학에 대해 부모님과 마찰을 겪는 중에 내가 건넨 몇 마디 말이 큰 위로가 되었던 것입니다. 사실, 나도 미국 유학을 포기한 (이면에는 첫사랑을 포기한 실연의 상처까지 보탠) 상태였기 때문에 결국 나를 위로하는 말을 자매에게 건넨 것이지만, 오히려 그랬기 때문에 더 진정성이 있게 들렸는지도 모르겠습니다. 여하튼 그렇게 우리는 하나 둘 인연을 쌓았고, 조금씩 서로를 향해 마음을 열었습니다. 그러던 중 자매가 엉겁결에 집에서 대형 사고를 치고 말았습니다. 사연인즉 이렇습니다.

(이건 결혼 후에나 안 사실입니다만), 자매의 아버지는 토건업을 하시는 분으로 제법 큰 부를 쌓고 있었습니다. 그래서 자매에게 여러 집안에서 중매가 들어왔는데, 자매는 처음에는 어린 나이에 결혼이 웬말이냐며 거부하다가 나중에는 유학을 핑계로 맞선 자체를 거절했던 겁니다. 그러다가 유학이 현실적으로 난항에 부딪히면서 더 이상 맞선을 거절할 수 없게 되자 결혼을 전제로 만나는 상대가 있다고 말해버린 겁니다.

좀 어이없기도 했지만, 그냥 외면할 수 없어서 자매를 돕기 위해 교제하는 남자친구로 가장하고 자매의 아버지와 이모부를 만나러 나갔습니다. 그리고 최대한 정중하고 진중한 태도로 어른들의 이야기를 듣고 또 묻는 말에 답변을 했습니다. 젊고 건강하고, 반듯한 사고를 가진 데다, 임상병리사로 병원에서 근무하니 어른들은 나를 몹시 마음에 들어 했습니다. 그렇게 면접 아닌 면접을 보고나서 일단락되는 줄 알았는데, 그게 아니었습니다. 그때부터 자매의 부모님과 이모부 내외는 나와 언제 결혼할 거냐고, 할 거면 빨리 하라고, 괜찮은 청년이니 놓치지 말라고 자매를 향해 성화(成火)하기 시작했던 겁니다. 집안의 반응을 듣고, 한편으로는 어이가 없었지만 한편으로는 반갑기도 했습니다. 어쨌든 나를 높이 평가해 주는데 싫지 않았습니다. 또한 내심 자매에게 호감을 갖고 있던 터여서 나는 진지하게 고민할 수밖에 없었습니다.

하지만, 꽤 오랜 시간 만났지만, 정작 모르는 것도 많았습니다. 그래서 이제껏 몰랐던 자매의 집을 한 번 방문하겠다고 했더니, 극구 손사래를 하는 것이 아닙니까? 그날 난 자매와 헤어진 후 몰래 뒤를 따라 집으로 향했습니다. 자매는 옥수동 언덕의 한 집으로 들어갔습니다. 겉보기에 넉넉하지 않은, 오히려 가난하다는 게 맞을 만큼 허름했습니다. 가만히 다가가서 들여다보니 자매의 집이 분명했습니다. 가만히 생각에 잠겼습니다.

> '이렇게 어려운 형편인데도 항상 밝게 웃고, 자신의 미래를 위해 유학을 꿈꾸고, 또 나를 만날 때면 걱정하지 않도록 최선을 다해 섬겨 주었던 거였어?'

자매의 책임감, 성실함, 배려심 등 모든 게 사랑스럽게 느껴졌습니다. 미국에 있어 헤어진 영애보다 내게 더 맞는 사람이라는 확신이 들었습니다. 드디어 나는 결혼을 결심하게 되었습니다. 자매에게 결심을 말했더니 자매도 몹시 놀랐습니다. 나중에 물어보니 자기도 그런 생각을 안 해 본 것은 아니지만, 설마 오빠가 프러포즈할 거라고는 기대하지 못했었다고 합니다. 얼떨결에 내 청혼에 응한 자매를 데리고 정식으로 인사드렸습니다. 그때, 내가 많은 부분을 잘못 알고 있었던 것을 알았습니다. 자매의 아버지는 토건회사의 사장님으로 상당한 재력가였던 것입니다. 평소에도 검소하셔서 사치를 부리지는 않았지만, 그때는 마침 새로 집을 짓고 있어서 잠시 옥수동 고개에 허름한 집에서 살았던 것인데 나는 가난한 집으로 오해했던 겁니다.

아무튼, 결혼을 약속한 뒤 불거진 문제는 내가 교회에 다니지 않고 있었다는 점입니다. 고2 때 회심한 뒤 한때 하나님을 열심히 믿었지만, 군에서 나는 주(예수)님을 주(酒)님으로 바꿔서 방탕하게 살았습니다. 제대 후에도 병원에 취직하여 열심히 일했지만, 교회는 잘 나가지 않고 있었습니다. 마음속으로 살짝 부담이 되긴 했지만, 그래도 자매와 함께 행복한 가정을 꾸릴 욕심에 이것저것 따질 새가 없었습니다. 그래서 예비 장모님께 함께 교회에 나갈 것을 약속했습니다. 그리고 마침내 1983년 11월, 외삼촌 공재정 목사님의 주례로 우리는 결혼했습니다.

아내는 참 차분했고 이지적이었습니다. 만나서 대화를 나눌 때면 내 얘기를 들어주고 응원해 주는 모습에 나도 모르게 고마움을 느꼈고, 또 감동하기도 했습니다. 사실 나는 일찍 어머니를 잃고 아버지는 다섯 분의 새어머니를 맞아야 했기에, 여성에 대한 편견과 분노가 마음 한 구석에 자리하고 있었습니다. 아내는 그런 내 마음을 짐작한 듯 가장 바랐던 그 모습으로 내 앞에 있어 주었습니다. '현모양처(賢母良妻)!' 딱 그 말이 어울리는 사람이었습니다.

결혼 직전까지 나는 교회에 잘 나가지 않았었지만, 아내는 신앙심도 깊었습니다. 마치 고교시절 사귀었던 첫사랑 김영애를 다시 만난 듯했습니다. 나는 열렬히 사랑했고, 나와 아내를 쏙 닮은 아들과 딸을 얻었습니다. 결혼하면서 장모님과 약속한 대로 응봉동에 위치한 천성교회에 출석하면서 신앙생활도 시작했습니다. 모든 것이 순조롭기만 했습니다. 모든 행복이 하나님으로부터 받은 것이라고 생각해서 열심히 신앙생활을 했습니다.

당시 교회를 건축하는 데 앞장서게 된 일화가 있습니다. 천성교회 부목사였던 문재용 목사님이 나를 찾아와서 무좀을 치료받고 있었습니다. 몇 번 교제한 경험이 있어서 빈말로 "개척 안하시냐?" 물어봤는데, 묘한 표정으로 나를 쳐다보던 목사님은 한 달 후 집 앞에 교회를 개척했습니다. 그러고는 하나님이 집사님을 알게 하신 것이라며 함께 신앙생활하자고 하는 것이 아닙니까? 먼저 꺼내놓은 말도 있고 해서 결국 나는 이후 선목교회를 10여 년간 섬기게 됩니다. 그리고 그보다 앞서서 교회를 개척하여 얼마 지나지 않았을 때 우리 선목교회 가족들이 엄청나게 늘어났습니다. 이른바 '부흥'이 일어난 겁니다. 비록 장로는 아니었지만, 개척을 함께 한 집사로서 늘 솔선수범했던 나였기에 새 교회를 건축하자고 먼저 제안하고, 가장 먼저 내가 타던 고급 자동차 로얄 살롱을 팔아 600만 원을 헌금했습니다. 당시 그 돈은 적잖은 큰돈이었습니다. 그리고 우리 교회 교인들이 하나 둘씩 동참하여 새 교회를 아름답게 지어 봉헌했습니다.

병원을 인수하다

가정도 이루고 신앙생활도 안정되면서, 나는 내 꿈을 위한 도전을 해야겠다고 마음먹었습니다. 바로 내 병원을 갖는 것이었습니다. 하지만, 병원을 갖는 것은 그렇게 만만한 일이 아니었습니다. 임상병리의원만 해도 많은 돈과 인력이 필요한데, 정작 내가 희망한 것은 종합검진센터였기 때문입니다. 그렇다고 첫술에 배부를 수 없기에 나는 계획을 세웠습니다. 물론, 이때는 나름 신앙심이 깊을 때여서 나는 하나님께 겁 없이 서원기도를 드리곤 했습니다.

> "살아 계신 하나님 내게 복을 주셔서 허름하더라도 병원을 열 수 있도록 허락해 주세요. 병원을 주시면 제가 이웃들을 위해 정직하고 성실한 의사가 되어 병마를 쫓겠습니다. 그리고 그들에게 복음을 전하는 의사가 되겠습니다.…"

한참 지나서야 나는 이 서원대로 하나님께서 이루신 것을 깨닫고 감사하게 되었지만, 그 과정이 얼마나 힘들었는지는 말로 할 수 없습니다. 또 건강검진센터를 열기도 했지만, 내가 생각했던 '의료 선교사'의 모습이 하나님께서 바라시는 모습과 다르다는 것도 나중에서야 깨닫게 되었고요. 그래서 하나님의 성실하심과 놀라운 계획을 깨달았을 때 감동하고 감사하면서도 '서원은 함부로 하는 것이 아니야.'라고 독백하기도 했습니다.

아무튼, 나는 무턱대고 병원을 설립하기보다는 기존 병원을 인수하는 것이 좋겠다고 생각했습니다. 기도하며 물색한 끝에 1982년, 불광동에 위치한 동서의원을 인수하게 되었습니다. 작은 규모였지만 동네 주민들에게 이미 알려져 있어서 크게 어려움 없이 병원을 운영할 수 있었습니다. 처음부터 임상병리의원에 만족할 생각이 없었기에 나는 당시 뜻이 맞는 의사 선생님들을 찾았습니다. 그때 만난 사람들이 바로 김유국 원장(가정의학전문의)과 이판규 원장(가정의학전문의)이었습니다.

시련이 찾아오다

성공 그리고 실패

  전 세계에서 현존하는 가장 큰 나무는 미국 캘리포니아에 있는 세쿼이아 국립공원의 '제너럴 셔먼 트리'라고 합니다. 이 나무는 높이가 83.8미터에 둘레만 31.3미터에 달하고 나이는 무려 2,300-2,700살로 추정한다고 합니다. 이 나무의 주변에는 비슷비슷한 나무들이 자라고, 다양한 동식물들이 기생하여 울창한 숲을 이루고 있습니다. 사진으로만 봐도 그 넉넉한 푸르름에 기분 좋은 미소가 그려집니다. 어른들이 흔히 어린이들에게 '거목이 돼라.'는 덕담을 하곤 하는데, 그것은 숲의 기둥이 되는 이런 거목처럼 큰 꿈을 꾸라는 이야기입니다. 하지만, 거목의 참뜻을 고민해 봐야 합니다.

  나도 '거목'이 되려는 꿈을 갖고 있었습니다. 어릴 적 '아버지처럼 아픈 사람들을 치료하는 의사가 되겠다.'라는 꿈을 가졌었고, 임상병리사가 된 후에는 '종합검진센터를 설립해서 사람들이 조기에 진단받고 손쉽게 병을 치료할 수 있도록 돕겠다'라는 꿈을 가졌습니다. 그래서 그 꿈을 이루기 위해 차근차근 준비했습니다. 임상병리사로서 갖춰야 할 지식에만 만족하지 않고, 다양한 의학상식들을 공부했습니다. 내과 외과의 기본지식들은

『신비의 물과 소금요법』 출판기념회

물론이고 대체의학에 대한 관심도 높았습니다. 예를 들어 소금요법이나 홍채진단과 같은 민간치료법은 최근에 와서야 그 효용성에 대해 과학적으로도 상당한 진전을 이루었지만, 당시에는 몇몇 전문가들만 여기에 관심을 갖고 있었습니다. 나는 이때의 관심과 노력으로 1993년 4월에 『신비의 물과 소금요법』(태웅출판사)와 KBS "무엇이든 물어 보세요"에 출연하고, 2005년 『생명의 물, 신비의 물, 전해환원수』라는 책을 펴낼 만큼 전문가적 식견을 갖추게 되었습니다. 그리고 그러한 대체의학과 의학적 지식을 토대로 여러 사업을 벌이기도 했습니다. 아무튼, 그러한 꿈들의 첫 단추가 바로 종합검진센터였습니다.

1982년부터 1988년까지 약 7년간 경영하던 동서의원을 친구에게 매각하고, 은행융자를 받아서 옥수동에 한국의원 부설 한국종합건강진단센터를 설립했습니다. 그리고 파산한 건강관리센터의 직원들을 재고용하고, 리스로 고가의 장비들을 구입하여 최적의 진단센터를 조성하였습니다.

사실 예방의학은 세대를 불문하고 모두에게 꼭 필요한 것입니다. 어떤 병이든 중증에 이르도록 내버려두면 가장 큰 손실은 환자가 스스로 지게 되어 있습니다. 감기와 같은 일상적인 병도 폐렴으로 심화되어 사망에 이르기도 합니다. 반면, 어떤 병이라도 초기에 진단하고 적절한 치료를 받으면 손쉽게 나을 수 있습니다. 때문에 대형병원들에서도 예방의학을 무엇보다 강조합니다.

그래서 우리가 내건 캐치 프레이즈(catch phrase)는 "조기진단. 조기발견, 조기치료"였습니다. 전문의만 4명을 두고, 임상병리사와 간호사 등 직원이 15명이나 되는 중견 건강검진센터를 단번에 설립했으니, 의욕과 열정만큼은 이미 대한민국 제일이라고 해도 과언이 아니었던 겁니다. 나는 성공을 확신했습니다.

그런데 6개월이 지나도 좀처럼 내원하는 환자들이 늘지 않았습니다. 뭔가 큰 착오가 있는 듯해서 주변에 자문을 구했더니, "서민들이 아파도 돈이 없어 병원에 못가는 현실인데, 누가 안 아픈데 병원을 찾겠느냐?"며 되묻는 것입니다. 아뿔싸! 시대를 앞서도 너무 앞서서 간 것이 문제였던 겁니다. 애초에 빚으로 시작했던 탓에 원금은 고사하고 이자마저 빚으로 가중되면서 곧 직원들에게 월급조차 제때

줄 수 없게 되었습니다. 잠이 오지 않았습니다. 여기 저기 수소문하여 돈을 빌어다가 월급을 주기에도 급급했습니다. 급기야 나는 새벽에 교회에 나가 기도하기 시작했습니다.

"하나님, 한 번만 도와주세요. 이 병원이 정상화될 수 있도록 길을 열어 주세요. 이 병원을 통해 가난하고 불쌍한 이웃들이 도움을 받을 수 있도록, 이 병원을 살려 주세요. 하나님께서 그렇게 하시면, 저도 '슈바이처 박사'처럼 의료 선교사가 되어 소외되고 병든 자를 찾아서 고쳐주는 주의 종이 되겠습니다."

하나님께서 기도에 응답하신 결과였을까요? 분명히 그랬습니다. 사람들의 인식이 예방의학에 미치지 않아서 우리 병원은 고사 직전에 이르렀었는데, 하나님께서 예방의학이 꼭 필요한 대상을 깨닫게 해 주셨고 또한 파트너로 일할 수 있도록 길을 열어 주셨습니다. 그 대상은 바로 '(사)한국경로복지회'였습니다.

병원 사진

노인들은 어느 질병

04 시련이 찾아오다 67

에든 가장 취약한 분들입니다. 체력의 약화로 몸의 각 기관이 면역력, 회복력이 젊은이들에 비해 현저히 떨어집니다. 때문에 노인들은 평소에도 많이 아프고 힘들다는 말씀들을 하십니다. 하지만, 문제는 몸이 아픈데도 적절한 진료와 치료를 받을 수 있는 병원이 마땅치 않다는 사실입니다. 대형 병원은 대기도 많지만 비싼 특진료가 붙기 때문이지요. 동네 병원들의 사정도 크게 다르지 않았습니다. 환자 수가 곧 이익이라는 셈법 때문에 노인들은 그다지 환영받지 못했습니다.

우리 병원은 한국경로복지회와 손잡고 서울경로복지회 부설 노인 무료 전문병원으로 지정되었습니다. 그리고 매일 100-150여 명에 이르는 노인들을 무료로 진료했습니다. 그런데 여기에서 의구심을 갖는 분들이 생길 것 같습니다. 바로 가뜩이나 병원 운영에 어려움을 겪고 있었는데 무료 병원으로 지정된 것이 어떻게 도움이 될 수 있는가 하는 의문일 겁니다. 나와 병원 식구들도 처음에는 마지막으로 좋은 일을 해보자는 결단이었습니다. 즉, 병원을 제대로 홍보하기 위해서 시늉이 아닌 실제적인 도움을 이웃에게 베풀자는 고육지책이었습니다. 그런데 뜻밖의 수입이 발생했습니다. 즉, 노인들의 무료진료에 대해 의료보험공단에서 의료보험 수가(酬價)를 지불해준 것입니다. 우리 병원에는 내과, 방사선과, 가정의학과의 전문의가 있었고, 또 일반의가 두 명 근무했습니다. 때문에 단순한 건강진단이 아닌 진료로 구분되어 혜택을 누리게 된 것입니다. 그 금액은 당시로서는 생각도 못했던 거금으로 2,500만 원이나 되었습니다. 나는 그 돈으로 직원들에게 밀린 월급을 지불할 수 있었고, 필요에 맞게 약을 구매하고 진료 등 운영에 필요한 비용을 처리하고도 매월 500만 원의 순이익을 얻었습니다. 뿐만 아니었습니다. 단순히 경영상의 순이익이 발생한 것보다 더 큰 성공이 연이어 다가왔습니다. 종교 언론을 필두로 여러 언론에서 우리 병원을 (정확히 말해서, 원장인 나를) 주목했습니다. 작은 동네 건강검진센터에서 매일 100-150여 명에 이르는 노인들을 무료로 진료한다는 것은 그때 당시, 아니 지금도 보기 드문 일일 겁니다. 주변의 관심과 칭송, 그리고 격려가 쏟아졌고, 예방의학에 관심을 가진 많은 사람들이 찾아와서 정말 눈코 뜰 새 없이 바쁘게 일해야 했습니다. 점차 병원의 재정이 안정되면서 나는 노인복지를 위한 여러 사업에 더욱 관심을 쏟게 되었습니다.

하지만, 노인복지사업에 대해 전문지식이 없었던 탓에 크게 어려움을 겪는 것으로 시작했습니다. 한번은 W단체의 OOO씨가 롯데백화점에서 노인복지를 위한 자선행사를 갖자고 제안해 왔습니다. 여운계 선생님의 소개로 찾아온 데다가 평소 내가 관심을 가졌던 일이었기에 기꺼이 참여했습니다. OOO씨는 자선행사를 위해 내게 많은 물품을 지원받아 가면서 명목상 비용 50만 원을 제공했는데, 나중에 알고 보니 그는 롯데백화점으로부터 이미 수천만 원의 지원금을 받았습니다. 그 사실을 모른 채 지원한 나는 '좋은 일'만 한 꼴이 되고 만 것입니다. 화가 났지만, 어찌되었든 간에 내가 한 일은 하나님이 선용하실 것이라고 믿었습니다. 나는 그렇게 마음을 정리하는데, 여운계 선생님이 더 화를 냈습니다. 아마도 내게 미안한 마음이었던 것 같습니다. 그 일을 계기로 여운계 선생님은 내게 많은 도움을 주셨습니다.

　1990년, 한강 고수부지에서 크게 '장수한마당축제'를 열었는데, 여운계 선생님이 손수 나서서 여러 남녀 탤런트들을 동원하여 이 행사를 지원해 주셨습니다. 각 노인복지회관 등에 통지하여 노인들 1,000여 명을 초청하고 무료진료, 위로 공연, 선물 증정 등 갖가지 행사를 치렀습니다. 언론에 대서특필될 정도로 이 행사는 대성공을 거두었습니다. 그렇게 하나님은 노인복지에 대한 내 열정을 귀하게 사용하셨습니다. 나는 하나님이 주신 사명을 최선을 다해 완수해야 했습니다. 그래서 '노인상담전화'를 개설했고, '서울경로대학'과 '노인문제연구소'를 설립하여 운영했으며, '노인패션쇼', '효도 한마음 디너쇼', '노인효도관광' 등 다양한 행사들을 직간접적으로 지원했습니다. 그 덕에 한때 내가 활동하던 사진이 중학교 2학년 도덕 교과서에 등장하기도 했습니다.

노인을 위한 의료 봉사 (1997년 중학교 도덕2 교과서)

김혜자, 여운계, 정영숙, 유인촌, 황신애, 오현경, 노주현, 정보석, 김주승, 손영춘, 선우재덕, 김보미, 이민우, 임채원, 이혜근, 백일섭, 김용림, 신신애, 김학래, 남윤정, 박병호, 음정희, 변소정, 신영희, 장미자, 이호연무용단, 원미연, 김민우, 김보화, 조춘, 최선자, 허윤정, 최재성, 남능미, 빅순애, 김을동, 윤유선, 전원주, 정은수, 견미리, 강부자, 정훈희·김태화 부부듀엣, 사물광대, 장혜리, 김혜수, 김혜선, 조갑경, 최승만, 박상원, 정명재, 김지애, 김완선, 이덕화, 이경규, 김동철, 최성수, 태진아, 설수진, 정승호, 김화영, 마상원팝오케스트라, 소리사랑회, 최양순무용단, 이효정, 김창숙, 강석호, 박강성, 주병선, 방주연, 이철식, 백남봉, 김수희, 유동근, 정재진, 배종옥, 송기윤, 최수종, 이동준, 문오장, 김미화, 최란, 고은아, 왕영은, 이런 분들이 제가 주최한 롯데·현대·쁘렝땅 백화점 "자선바자회"와 그랜드하얏트서울호텔 "효도 한마음 디너쇼" 행사에 참여하셨고, (사)서울경로복지회, 경로의원 운영에 적극적으로 동참해주셨습니다. 이 지면을 통해 다시 한번 깊은 감사를 드립니다.

"인생사 새옹지마(塞翁之馬)"라는 말이 있습니다. 중국의 고서『열자(列子)』에 등장하는 고사에서 비롯된 말인데, 내용을 한 줄로 요약하면 "인간의 길흉화복(吉凶禍福)은 예측할 수 없다."라고 할 수 있습니다. 대개 어른들이 보다 어린 사람들에게 격려할 때 이 말을 사용하면서 좋은 일도 나쁜 일도 다 생길 수 있으니 매 순간 열심히 살자는 조언을 남기곤 합니다. 이 새옹지마와 같은 뜻은 아니지만 대체로 함께 사용되는 말이 '호사다마(好事多魔)'입니다. 이 말은 "좋은 일에는 꼭 방해되는 것이 따른다."라는 뜻을 갖고 있습니다. 내가 이 두 사자성어를 말하는 것은 지금부터 나의 실패를 이야기할 것이기 때문입니다.

한국종합건강진단센터의 원장으로서 나는 큰 성공을 거두었습니다. 대기업처럼 돈벼락을 맞은 것도 아니고 대통령과 같은 명예를 얻은 것도 아니었지만, 어릴 적부터 바라던 '의사'로서 내 병원을 설립하고 노인들을 위한 무료진료를 하는 등 복지사업에도 크게 기여하고 있었습니다. 좀 형식화된 측면이 없지 않았지만, 교회에도 열심히 출석하면서 예배봉사를 마다하지 않았기에 부족함이 없었습니다. 아내와 두 자녀와도 더없이 행복한 나날을 보내고 있었습니다. 때문에 그러한 내 삶이 그렇게 한순간에 무너질 것이라고 생각해 본 적이 한 번도 없었습니다. 나는 마치 욥과 같았습니다.

어느 날 갑자기 의료보험공단에서 우리 병원에서 신청한 의료 수가의 거의 전부를 반려하는 초유의 사태가 불거졌습니다. 개정된 의료법에 따라, 병원에 재활의학과와 정형외과 전문의사가 없기 때문에 진료비에 대한 의료보험료를 청구할 수 없다는 것이었습니다. 신청한 의료보험 수가는 2,500만 원에 달했지만, 정작 의료보험공단에서 지급하겠다고 통보한 금액은 고작 총액의 2%인 500만 원밖에 되지 않았습니다. 결국 노인 무료 진료를 중단할 수밖에 없는 지경에 이르고 말았습니다. 연일 여러 언론에서 우리 병원을 보도하기 시작했습니다. 다행히 소식을 들은 후원회원님들을 비롯한 사회 각계에서 도움의 손길이 이어졌지만, 그것만으로 견디기에는 턱없이 부족했습니다.

다시 직원들의 급여를 제때에 지불하지 못하게 되었습니다. 전에 비슷한 경험이 있었음에도 불구하고 이번에는 더 심각하다고 생각했는지 직원들은 단체로 노동청에 임금체불 문제로 나를 신고했습니다. 대부분의 직원들이 한때 문 닫는 병원에서 일하면서 실직할 뻔했던 것을 내가 받아들여 더 좋은 환경에서 근무할 수 있게 도왔던 것은 오래된 기억도 아니고 아예 다른 나라, 다른 사람들의 이야기였습니다. 마음에 크게 상처를 입고 말았습니다.

한 번 무너지기 시작한 둑은 결코 막을 수 없는 것이 자연의 이치인 듯합니다. 잘해 오던 복지사업도 문제가 생기기 시작했습니다. 여운계 선생님의 도움으로 여러 탤런트들과 함께 추진했던 압구정 현대백화점에서의 바자회가 큰 손실만 남긴 채 실패로 끝났습니다.

연이어 김혜자 선생님과 함께 계획했던 쁘렝땅 백화점[4]에서의 바자회도 실패하고 말았습니다. 이 두 건의 바자회의 경우 행사의 규모 자체가 컸고 취급 물품들도 고가여서 알고 지내던 기획사에 관리 운영을 맡겼는데, 그게 실수였습니다. 처음 바자회의 목적은 고객들에게 좋은 상품을 염가에 공급하고 대신 기업은 홍보효과를 얻고 판매수익은 노인복지사업에 사용한다는 것이었지만, 기획사는 제일 먼저 자신들의 수익을 챙겼습니다. 바자회 입장권을 발행하여 수익을 챙기는 데만 급급했습니다. 바자회를 정상적으로 관리하고 또 마

---

4 쁘렝땅 백화점은 동아 백화점이 프랑스 오 쁘렝땅 사(社)와 계약을 맺고 서울특별시 중구에 개점한 백화점이다. 한때 서울 최고의 백화점으로 명성을 떨쳤으나 영업 부진으로 1997년 폐점했다.

무리하지도 않았습니다. 결국 나는 참여 업체와 백화점으로부터 원망과 함께 그들의 손실마저 떠안아야 했습니다. 후회막급(後悔莫及)이었지만 어떤 조치를 취하기엔 너무 늦은 상황이었습니다. 앞이 막막했습니다.

  시간이 지날수록 재정적 어려움이 가중되었고, 믿었던 사람들에게 배신당한 마음은 쉽게 회복될 기미가 보이지 않았습니다. 그리고 끝내 내 일생의 염원이자 상징이었던 병원이 내 손을 떠나 갈릴리의료 선교회로 넘어가고 말았습니다. 그렇게 나는 파산했습니다. 인생의 실패자가 되고 말았습니다. 그런데 아픔은 여기서 끝나지 않았습니다. 내 인생 최대의 위기는 이제 막 시작이었던 겁니다.

가정을 잃다

> 바리새인들이 예수께 나아와 그를 시험하여 이르되 사람이 어떤 이유가 있으면 그 아내를 버리는 것이 옳으니이까 예수께서 대답하여 이르시되 사람을 지으신 이가 본래 그들을 남자와 여자로 지으시고 말씀하시기를 그러므로 사람이 그 부모를 떠나서 아내에게 합하여 그 둘이 한 몸이 될지니라 하신 것을 읽지 못하였느냐 그런즉 이제 둘이 아니요 한 몸이니 그러므로 하나님이 짝지어 주신 것을 사람이 나누지 못할지니라 하시니 (마태복음 19:3-6).

사업에 실패했을 때도, 내 육신이 병들어 죽음의 위험에 이르렀을 때도, 나는 절망하지 않았습니다. 숨겨둔 재산이나 어려운 상황을 능히 감당할 만한 깊은 신앙심이 있었기 때문은 아닙니다. 단지 그때까지 살면서 워낙 이런 저런 고비를 많이 겪었던 탓에 막연하게나마 '하늘이 무너져도 솟아날 구멍이 있다'라는 말을 믿었던 것 같습니다. 하지만, 성경에서 이 구절을 읽을 때마다 나는 내 인생 최대의 슬픔이 떠오릅니다. 나는 그 슬픔을 홀로 견뎌내지 못했습니다. '절망'했고, '좌절'했습니다. 그것은 바로 가정을 잃은 슬픔이었습니다.

아내와 나는 비슷한 성품과 가치관을 가진 이른바 '찰떡궁합'의 관계는 아니었습니다. 아내는 다섯 자매의 맏딸로서 항상 가족을 돌봐야 한다는 책임감이 강했고, 어떤 일이든 주도적이었습니다. 교회나 사회생활을 하면서 늘 당당하고 싶어 했습니다. 언젠가 해프닝으로 마무리되기는 했지만, 지기 싫어하는 아내의 욕심 때문에 임상병리사인 나를 외과 의사로 둔갑시킨 일도 있었습니다. 교회에서 사회에서 여러 모임을 만들어 주도했는데, 사회 각계의 지도층 부인들과 모임을 가지면서도 겁 없이 회장을 맡기도 했습니다. 반면 나는 노인복지사업과 같은 사회사업을 즐겨하며 어떤 일을 해도 전면에 나서기보다는 묵묵히 내가 감당할 수 있는 의료분과의 일만 맡곤 했습니다. 물론 젊은 시절 교만의 정점에 서 있기도 했지만, 그때에도 내 분야에서 과시하는 정도였지 업무관련성이 없는 다른 사람들을 만나서는 으레 조용히 지내곤 했습니다.

그렇게 완전히 다른 우리 두 사람이었지만, 결혼 10년간 서로를 챙겨주며 행복하게 지냈습니다. 아들 진환이와 딸 지혜를 얻고 우리 부부는 정말 행복한 가정을 평생 가꿀 수 있을 거라고 굳게 믿었습니다. 그런데 그 확신은 전혀 예상하지 못한 곳에서 깨지고 말았습니다. 그 시작은 처가에서였습니다.

얼마 전부터 장인께서 갑작스레 소화불량으로 식사도 자주 거르시며 고생하고 계신다는 얘기를 아내로부터 전해 들었습니다. 그래서 몇 번 소화제를 가져다 드렸습니다. 평소 술과 담배를 즐기셨던 것도 아니어서 잠깐 그럴 수 있다고 대수롭지 않게 생각하고 있었는데, 명절에 얼굴을 뵙고 나서야 위에 상당한 이상이 있다는 것을 알아챌 수 있었습니다. 명색이 사위가 한국 최고의 건강검진센터 원장인데 그냥 두고만 볼 수 없어서 병원에 나와서 진단을 일단 해 보자고 권했습니다. 그런데 요지부동입니다. 그저 괜찮다고 하십니다. 도리어 아내가 진작 신경 쓰지 않았다면서 불평만 했습니다.

권하고 청한 끝에 검진센터로 모셔서 검진해 봤더니 아무래도 위에 대한 정밀검사가 필요해 보였습니다. 아내에게 조심스레 "장인어른 위에 문제가 좀 있는 듯해. 당신이 모시고 서둘러서 큰 병원으로 가 봐요."라고 말했습니다. 아내는 내 말을 듣고 장인어른을 원자력병원으로 모시고 갔고, 얼마 지나지 않아 위암 3기라는 충격적인 진단을 받게 된 것입니다. 나는 당장 수술하셔야 한다고 권했습니다.

"장인어른의 상태를 보건데, 지금이라도 당장 수술을 하는 게 좋을 듯합니다. 위암 3기가 간단한 병은 아니지만, 의술이 발달해서 극복 못할 병도 아니니까 서둘러서 치료하고 관리 잘 하면 완치할 수 있을 겁니다. 빨리 OO대학병원에 입원하시고 치료를 시작하시지요."

하지만, 장인어른은 집안에 내력이 있었습니다. 선대로부터 암병에 걸려 죽었다면서 마치 수술하면 바로 죽을 듯 두려움에 사로잡혔습니다. 당시 상황이 그리 절망적인 것이 아니었는데도, 당장 치료하면 완치의 가능성이 훨씬 높았음에도, 도무지 말을 듣지 않았습니다. 그러고는 장모님과 함께 기도로 치료하겠다면서 전국의 기도원을 전전하기 시작했습니다. 그렇게 6개월 정도 지나서 더는 손을 쓸 수 없는 지경에 이르러서야 수술할 수 있겠냐고 물으니, 그 답답함과 안타까움이란 말로 할 수 없을 지경이었습니다. 결국 장인어른은 얼마 버티지 못하시고 소천하셨습니다.

생전 장인어른은 처가에서는 하나님과 같은 존재였습니다. 처가의 유일한 남자로서 장모님과 5명 딸의 우상과 같은 존재였습니다. 돈도 잘 버는 능력자였고, 자상한 성품으로 언제나 가족들을 따뜻하게 돌봤고, 또 유일한 남자여서 집안 곳곳을 직접 수리하며 늘 만능 기술자로 든든했던 분이었습니다. 그런 우상이 사라지자 아내를 포함한 처가 식구들은 깊은 슬픔에 잠겼습니다. 그런데 얄궂게도 그 슬픔이 곧 나를 향한 분노로 변하기 시작했습니다.

"자네가 좀 더 일찍 그 양반을 살펴 줬더라면 그렇게 쉽게 보내지 않았을 텐데."

"우리가 고집했어도 당신이 의사니까 더 강력하게 주장해서 병원 치료를 받게 했어야죠."

  도저히 납득할 수 없는 비난과 원망들을 장모님으로부터 아내와 처제들까지 모두 내게 쏟아 놓았습니다. 마침 나도 잘 되던 병원이 어려워지면서 가뜩이나 신경 쓸 일이 한두 가지가 아니었는데, 가족들이 위로는 고사하고, 더욱 나서서 비난하는 것이 적잖이 못마땅했습니다. 더구나 내 말을 듣지 않고 기도로 치료하겠다고 했던 것도 본인들이면서 말입니다. 억울한 마음에 나도 큰소리를 내고 말았습니다.

"아니, 장인어른 돌아가신 게 내 탓입니까? 더구나 내가 수술하자고, 병원치료 받자고 할 때 그 말을 무시하고 기도로 낫게 하겠다고 한 사람들이 누군데 지금 내게 화를 내는 겁니까?"

  이 일을 기점으로 나와 아내의 관계는 조금씩 멀어지기 시작했습니다. 처가댁 다른 식구들과의 관계는 그야말로 최악으로 치달았습니다. 장인이 돌아가시면서 당장 경제적인 어려움을 겪기 시작했기 때문입니다. 내가 병원이 어려워 직접 처가를 지원할 수 없게 되자 아내는 스스로 돈을 벌어 보겠다고 나섰습니다. 아내는 부동산 관련 일을 하려고 했습니다. 일전에 부동산 업계에서 일하던 둘째 동서와 함께 한남동 근처에 빌라를 지어 분양하는 등 제법 성과를 거두기도 했습니다. 그래서 나선 것인데, 한 번에 큰돈을 벌기위해 무리하면서 문제가 생겼습니다. 땅을 매입하고 고급 빌라를 지어 채 분양하기도 전에 IMF 사태가 일어난 것입니다. 가뜩이나 비싼 땅에 고급 빌라를 지어 가격은 높은데, 정작 분양신청이 부진하면서 미리 빌려 쓴 돈을 제때 갚을 수 없게 된 것입니다.

결국 빌라를 헐값에 분양해야 했고 큰 손실을 입게 되었습니다. 이 일로 처가는 다른 곳으로 이사해야 했습니다. 억울한 것은 그렇게 큰일을 벌이면서 내게 한마디 상의도 없었던 아내가 정작 손해를 보고 나서는 나를 원망했다는 사실입니다. 아내는 자신이 그렇게 큰 사고를 치게 된 것이 경제적으로 무능한 나로 인해서라는 식이었습니다. 사실, 병원이 어려워지기 전만 해도 그런 불평이 있을 리 없었습니다. 사회적 체면과 허영이 좀 있기는 했지만, 충분히 경제적으로 사회적으로 내세울 게 있었기 때문입니다. 물론 그럴 때에도 가끔 사고가 있었습니다. 한 번은 임상병리사인 나를 경희대학교 의과대학을 졸업한 전문의로 둔갑시키는 통에 곤란을 겪기도 했습니다.

그런 아내는 장인어른의 죽음, 가정의 빈곤, 남편의 실패 등 모든 것이 받아들이기 어려운 악몽이었을 것입니다. 심정적으로는 이해하지만, 그 아픔이 가족을 책임져야 한다는 맏딸로서의 책임감과 뒤섞이면서 돌이킬 수 없는 일이 벌어지고야 말았습니다.

어느 날 법원으로부터 내게 강제경매에 관한 통지서가 도착했습니다. 당시 나는 고향에 아버지로부터 물려받은 토지가 있었습니다.

8,900평에 달하는 산으로 형제들과 공동으로 상속받은 것인데, 이 산이 경매된다는 것이었습니다. 자세히 사정을 알고 보니, 일전에 내가 사채업자 김영진씨에게 병원 운영비로 500만 원을 빌려 쓴 적이 있었는데, 이 사람이 홍OO 원장으로부터 '내가 병원을 팔고 도망쳤다.'는 잘못된 소식을 듣고 국세청을 통해 내 재산을 조회한 후 드러난 토지에 대해 가압류와 강제 경매의 절차를 밟았던 것입니다. 나는 너무 놀라서 형제들에게 이 사실을 알렸지만, 다른 형제들은 수수방관만 했고 결국 부동산에 나름 일가견이 있는 아내에게 도움을 청했습니다. 아내는 동서(이종찬)에게 돈을 빌려 일단 사채를 갚고, 그 대신 동서가 가압류하면, 법원의 강제 경매를 통한 제3자 인수를 막을 수 있을 거라고 알려 줬습니다. 그러고는 후일 가족 간 모의를 통한 거래이기에 발생할 수 있는 이런 저런 위험들을 미리 막으려면 우리 부부가 한동안 서류상 이혼을 하는 게 좋겠다고 하였습니다. 마음이 급했던 나는, 아니 아내를 진심으로 믿었던 나는 그 말을 따라 출생지인 목천면 면사무소를 찾아가서 담당자인 중학교 동창 정홍근에게 관련 서류를 받고 곧장 천안 직산에 있는 지방법원내 가정법원에 갔습니다. 그리고 이혼전담 판사에게 우리 부부가 서로 성격이 안 맞아 이혼한다고 진술했더니, 판사는 가타부타 말 한마디 없이 바로 이혼 판결을 내렸습니다. 졸지에 이혼했습니다. 가정이 깨졌습니다.

그런데 더 큰 음모는 그 후에 드러났습니다. 즉, 아내는 이미 부동산 관련 일을 하면서 만난 사람과 불륜을 맺고 있었던 겁니다. 장인

어른의 죽음으로부터 나와 갈등을 빚고 있었던 데다가 내가 병원 운영이 어려워지면서 이전과 같이 경제적인 여유를 허락하지 못하자 다른 남자의 유혹에 넘어간 것이었습니다. 경제적인 여유를 결코 포기 못한 욕심 때문이면서 정작 내세운 이유는 가족을 위한 희생이었습니다. 어처구니가 없었습니다. 이해해 보려고 노력하고 가정을 회복하기 위해 이곳저곳을 찾았습니다. 아내를 만나 사정도 해 보고, 처가의 식구들을 만나 도움을 청해 보기도 했습니다. 하지만, 모두가 이미 남이 되어버렸습니다.

얼마 후 아내는 그 남자를 좇아 필리핀으로 이민을 가 버리고 말았습니다. 어린 두 아이들은 잠시 외할머니의 손에 자라다가 결국 제 엄마가 있는 필리핀으로 떠났습니다. 생명보다 귀한 아이들의 얼굴도 볼 수 없게 된 것입니다.

할 수 있는 일이 아무것도 없었습니다. 머리가 백지상태가 된다는 것이 무엇인지 그때 처음 알았습니다. 도무지 정신을 차릴 수 없었습니다. 아니 맨 정신으로 살 수가 없었습니다. 거의 매일 술을 마셨고, 술에 취해 잠이 들어야 간신히 안식이 있었습니다. 그런데 이미 더는 잃어버릴 것이 없는 나에게 더 큰 상처가 된 것은 처가의 사람들, 두 아이들, 그리고 다른 주변인들까지도 그 모든 불행의 책임이 전적으로 내게 있는 것으로 알고 있었다는 사실입니다.

아버지가 물려주신 땅도 잃어버리고, 단란했던 가정도 깨지고, 사랑했던 아내는 다른 남자를 따라 외국으로 떠났습니다. 심지어 금쪽같은 아들과 딸이 아빠가 자신들을 버렸다고 원망하면서 엄마와 새

아빠를 따라갔다는 것을 알게 되면서 나는 마치 삶의 끝자락에 선 사람처럼 넋을 잃고 말았습니다. 일방적으로 버림받았다는 좌절감에 질식할 것 같았습니다. 잠시라도 고통을 잊을 수 있다면 무엇이라도 할 수 있을 것 같았습니다. 실패감과 공포로 잠을 이룰 수 없어서 매일 술을 마셨습니다. 취하지 않고서는 잠을 잘 수도 없었고, 현실을 마주대할 용기도 내게는 없었습니다. 조금만 더 그러한 상태가 지속되었다면 분명히 내 인생은 거기서 끝나버렸을 것입니다. 하지만, 사랑의 하나님은 나를 결코 사망의 골짜기에 홀로 남겨 두지 않으셨습니다.

쓴 뿌리를 제거해야

욥기를 묵상할 때면, 나는 늘 한 구절을 먼저 읽습니다.

> 어찌하여 고난당하는 자에게 빛을 주셨으며 마음이 아픈 자에게 생명을 주셨는고(욥기 3:20).

재산도 잃고, 자식도 잃고, 자신의 건강마저 잃어버린 욥이 스스로 저주하는 대목이 욥기 3장입니다. 그리고 그 3장에서도 욥의 마음이 가장 함축적으로 드러나는 구절이 바로 이 20절이라고 생각합니다. 도저히 헤어 나올 수 없을 것 같은 고난에 빠진 사람은 하나님의 빛을 보는 것 자체가 더한 고통이 되기도 합니다. 마음이 아픈 사람은 오늘 하루를 살아갈 수 있는 그 귀한 생명조차 버거운 짐으로 느껴질 수 있습니다.

일생의 소원이었던 병원을 남에게 넘겨 주고, 또 다른 하나의 꿈이었던 가정마저 잃은 내 처지는 욥과 조금도 다르지 않았습니다. 아무 것도 할 수 있는 것이 없어서, 그저 죽고 싶어서 찾은 곳이 '오산리기도원'입니다. 기도원에서 가장 깊숙한 기도굴을 찾아 들어갔습니다. 그곳에서 나는 내게 빛을 주시고 또 생명을 주신 하나님을 원망하며 기도했습니다. 잠시 말씀을 읽고 묵상할 때면 조금 진정되는 듯하다가도 기도할 때만 되면 마음속 울분이 터져 나왔습니다. 내가 병원도 잃고 가정도 잃게 된 것이 모두 사채업자에게 내가 도망쳤다고 거짓 정보를 흘린 홍OO 원장 탓인 것 같았습니다. 그가 만약 내 눈앞에 있다면 당장이라도 그를 죽일 수 있을 것 같았습니다. 그만큼 그가 밉고 또 그에게 화가 나 있었습니다.

그렇게 한 2주 정도 기도굴에서 눈물 흘리며 기도했지만, 하나님으로부터 아무런 응답이 없었습니다. 마음속 울분과 증오와 절망은 조금도 사라지지 않았습니다. 허탈했습니다. 몸도 마음도 거의 탈진한 상태로 기도굴을 나와 본당으로 걸어가다가 '상담실'이라는 푯말이 눈에 띄었습니다. 갑자기 의욕이 솟구쳤습니다.

'그래, 한번 따져봐야겠어. 저 방에 있는 목사님은 내 처지를 두고 뭐라고 할까? 그는 목사이니까 하나님께 더 빨리 응답을 들

을 수 있겠지?'

문을 열고 들어가니 김상호 상담 목사님이 반갑게 맞아 주었습니다. 이전에 한 번도 만나보지 못한 사람이었는데, 그의 미소 띤 얼굴과 따뜻한 음성은 오래도록 잊은 듯 낯설기만 한 감정을 느끼게 했습니다. '평화!' 네, 딱 그것이었습니다. 어쩌면 그날의 상담은 그 순간 결정된 것이었는지도 모르겠습니다. 아니 분명 그랬습니다. 나는 1시간이 넘도록 혼자 그간 있었던 일과 마음속에 쌓아둔 증오와 분노, 억울함과 절망을 토해냈습니다. 그렇게 순종하고 그렇게 열심히 살았는데, 철저하게 침묵하며 외면하고 있는 하나님을 원망하기도 했습니다. 목사님은 한마디도 하지 않고 들어 주었습니다. 간간히 그의 온화한 미소를 띄기도 했지만, 미소 대신 공감하고 있는 그의 표정에 더 신뢰를 갖게 되었습니다. 길고 긴 하소연이 끝나고, 김 목사님이 내게 한 첫 말은 이랬습니다.

"차상기 집사님이 이 시대의 욥이라는 생각이 듭니다."

순간 그 뜻을 이해 못해 실망하고 당황한 듯한 내 표정을 보고, 상담목사님은 차분하고 확고한 음성으로 재차 내게 '욥'에 대하여 묵상해볼 것을 권면했습니다. 흔히 '아무런 이유 없이'라고 생각하는 욥의 고난, 혹은 '하나님과 사탄의 대결'로 마치 고래 싸움에 새우 등 터지듯 당한 욥의 고난이 아니라 '쓴 뿌리를 제거'함으로써 진정한 하나님의 의인으로 거듭나는 욥의 일생에 대해 묵상해 보라고 했습니다. 자기가 보기에는 이미 내 인생이 그렇게 하나님의 인도하심 가운데 있는 것 같다고 격려해 주었습니다. 그는 내게 시편 37편을 읽어주면서 하나님께서 어떻게 '악인'을 심판하시는지 또 어떻게 '의인'에게 복을 주시는지를 가르쳐 주었습니다.

> 여호와께서 온전한 자의 날을 아시나니 그들의 기업은 영원하리로다(시편 37:18).

> 고난당하기 전에는 내가 그릇 행하였더니 이제는 주의 말씀을 지키나이다 ⋯ 고난당한 것이 내게 유익이라 이로 말미암아 내가 주의 율례들을 배우게 되었나이다(시편 119:67, 71).

얼마나 오랜 시간을 얘기했는지, 사실 기억에 남아 있지 않습니다. 내가 고백했던 시간, 불평했던 시간, 원망했던 시간보다 길지 않았지만, 난 그 시간을 결코 잊을 수 없습니다. 빛을 주셨기 때문에 고통스러운 것이 아니라 희망이 생겼습니다. 생명을 주셨기 때문에 마음이 아픈 자가 회복을 누릴 기회를 가지게 되었습니다.

그날 밤 나는 시편 37편을 거의 외울 수 있을 만큼 반복해서 읽고 묵상했습니다. 그리고 나를 기만하고 망하게 한 홍OO 원장, 나를 속이고 가정을 무너뜨린 아내, 아쉬울 때 찾아와서 간담상조(肝膽相照)하는 듯하다가 내가 어려워지니까 도리어 나를 고소한 직원들까지 모두를 용서하게 되었습니다. 아니, 당연히 내 권리라고 생각했던 그들에 대한 미움과 심판에 대해 '권리 없음'을 선언한 것입니다. 그렇습니다. 그들에 대한 처분은 온전히 하나님의 몫입니다. 비록 내가 그들 때문에 흥하기도 하고 망하기도 한 것처럼 보이지만, 실상 내 문제는 온전히 나로부터 비롯된 것(反求諸己)[5]이라는 사실을 처음으로 인정하게 되었습니다. 기도 중에 욥기의 한 구절을 펼쳐보라는 감동이 있었습니다.

> 그러나 내가 가는 길을 그가 아시나니 그가 나를 단련하신 후에는 내가 순금 같이 되어 나오리라(욥기 23:10).

지난 2주와는 전혀 다른 눈물이 터져 나왔습니다. 지난 40여 년간, 그와 비슷한 경험을 한 적이 없었습니다. 하나님께서 나를 기억하고 계셨고, 나를 인도해 주셨고, 나를 버리지 않으셨음을 깨닫게 되었습니다. 나는 그렇게 하나님을 만나고 '차바울'로 다시 태어나는 시간을 갖게 되었습니다. 여호와 라파[6]! 여호와 메카디쉬켐[7]!

여담이지만, 내가 후일 기독교 목회상담학으로 박사과정을 밟게 된 것은 아주 대조적인 두 번의 상담 경험 때문일 겁니다. 아내와 이

---

5 반구저기(反求諸己): 중국 고대 하나라를 다스리던 우임금의 아들 백계(伯啓)로부터 유래된 고사성어인데, "어떤 일이 잘못 되었을 때 남의 탓을 하지 않고 그 일이 잘못된 원인을 자기 자신에게서 찾아 고쳐 나간다."는 의미를 담고 있습니다.
6 치료하시는 하나님(출애굽기 15:26)
7 거룩하게 하시는 하나님(출애굽기 31:13; 레위기 20:8)

혼하게 만든 담임 목사님과의 어처구니없는 상담과 사망과 같은 절망 속에서 다시 살도록 건져낸 김상호 목사님과의 상담입니다. 그래서 기독교 상담을 공부하거나 또 실제 현장에서 하는 분들은 반드시 명심해야 합니다. 다른 누군가의 삶을 듣고 그에게 하나님의 이름으로 권면하는 것은 내 생각과 내 경험으로 하는 것이어서는 절대 안 됩니다. 오직 성령님의 인도하심에 따라 하나님께서 주신 지혜와 말씀으로 해야 합니다. 그 상담이 한 사람의 일생과 그로부터 연결된 많은 이들의 일생을 온전하게 만들 수 있고 반대로 망칠 수도 있기 때문입니다. 그리고 참된 용서는 십자가에 대한 반응입니다.

아버지의 눈물

어려서 어른들이 "사람이 되려면 부모가 돼라."고 말씀하시는 것을 들은 적이 있습니다. 아마도 거의 모든 사람들이 이 말에 수긍할 거라고 생각합니다. 부모가 되어 자녀를 양육하는 것은 갓난아기일 때부터 청소년기까지 국한되지 않습니다. 청년이 되고, 결혼하고, 장년이 되어도 부모는 늘 자녀를 위해 최선을 다합니다. 생김새와 상관없이 예쁘고, 능력과 상관없이 대단하며, 값을 매길 수 없을 만큼 귀한 존재가 바로 자녀입니다. 그래서 부모라면 언제나 자녀를 위해 기도합니다.

결혼하고 허니문 베이비로 얻은 아들 진환이가 태어나던 날을 기억합니다. 이미 수없이 봐 온 '그냥 애기'였는데, 진환이는 내게 '우주'였고, '창조'였습니다. 감히 고백하건대, 내가 세상에서 누렸던 가장 큰 기쁨의 순간은 바로 진환이가 태어나서 처음 내 품에서 울던 그때였을 겁니다.

진환이는 어려서부터 영특했습니다. 어른들의 어려운 말도 척척 이해했고 늘 밝게 친구들을 리드하면서 어울려 놀았습니다. 학업에도 소질이 있어서 전국에서 제일 공부 잘한다는 동산초등학교에서도 늘 1등을 맡아했습니다. 나는 내심 '저 녀석은 의사가 되면 되겠군'이라고 생각하기 시작했습니다. 내 어린 시절의 상황과 비교할 수 없이 좋은 환경, 건강한 가정, 거기에 영특함과 좋은 학업성적이 있으니 진환이가 마음만 먹으면 무엇이든 할 수 있을 거라고 믿었던 것입니다. 이 대목에서 실소(失笑)하는 분이 혹 있을지 모르겠습니다. 이제 초등학생인 아들을 둔 부모면 누구나 갖는 '소원'이라며 철없게 여길 분들도 있을 것 같습니다. 틀린 말이 아닐지도 모릅니다. 그 어린 나이에도 불구하고 진환이는 나를 똑바로 쳐다보며 '의사가 아닌 요리사가 되겠다'고 말하는 바람에 나와 갈등을 빚기도 했기 때문입니다. 하지만, 내가 아버지의 유언을 따라 33년 만에 의사가 되어 하나님이 주신 사명을 감당하듯, 나는 진환이가 의사가 되었을 거라고 지금도 확신하고 있습니다. 분명히 진환이가 불행을 견디고 살았더라면, 하나님이 그 아이를 데려가지 않으셨다면 말입니다.

아내와 이혼하고 우리 가족이 떨어져 살게 되면서 진환이는 불안해했습니다. 비록 외할머니와 이모들이 잘 대해주었지만 아빠가 엄마와 이혼했고, 대신 엄마가 다른 아저씨를 만나는 것을 알게 되면서 진환이는 모든 것에서 흥미를 잃고 말았습니다. 성적은 중하위권으로 떨어졌고 친구들도 멀리하면서 늘 방에만 갇혀 지냈습니다. 그때 진환이의 몸에도 이상증세가 나타났습니다. '안검하수(眼瞼下垂, ptosis)!' 이 증상은 대뇌, 눈돌림신경, 교감신경 등에서 발생한 병적인 변화가 원인이 되어 나타납니다. 그 자체로서도 문제여서 성형외과나 신경과에서 치료하지만, 정작 이 증상은 극도의 스트레스나 불안에서 비롯되어 중증 질병으로 가기 전에 나타나는 증상이기도 하다는 점에서 간과할 수 없습니다. 하지만, 진환이에게 아빠로서도 또 의사로서도 어떤 조치를 취할 수 없었습니다.

방황하던 진환이가 엄마와 새아빠를 따라 필리핀에 가서 대학을 다닌다는 소식을 듣고 얼마 지나지 않은 때입니다. 필리핀으로 간 지 5년 만에 폐렴합병증으로 사망했다는 청천벽력(靑天霹靂)과 같은 소식이 들려왔습니다. 20세기에, 의료 선진국은 아니어도 대부분의 의료체계와 약을 미국식으로 갖춰 놓은 필리핀에서 폐렴합병증으로 사망하다니, 도저히 믿을 수 없었습니다. 심지어 아빠가 한국에서 병원장을 지낸 의사인데 말입니다. 누구를 원망하고 탓할 생각조차 들지 않았습니다. 아득했습니다. 그저 나도 보지 않고 떠나버린 자식이 미웠습니다. 만날 수만 있다면 어떻게든 만나서 시원하게 욕이라도 하고 종아리를 때려 주기라도 하고 싶었습니다. 아니, 보고 싶었습니다. 눈에 넣어도 안 아플 진환이를, 다시 환하게 웃고 있는 내 아들이 너무 보고 싶었습니다. 다시 만날 수 있다면, 다시 안아 줄 수만 있다면, 아무리 자라서 몸이 나보다 크다고 해도 하루 종일 번쩍 안아들고 있을 텐데 말입니다. 4살 무렵 어머니를 잃었고 고3때 아버지를 잃었지만 그것과는 전혀 다른 고통이고 절망이었습니다. 채 피어보지도 못하고 스러진 생때같은 자식이 다시 살기만 한다면, 기꺼이 나라도 대신 죽어 줄 수 있을 텐데 ….

이후 미국에서 한국에서 또 다른 나라에서 의료 선교를 할 때마다 나는 진환이와 비슷한 또래의 아이들을 만나면 눈물이 먼저 흘렀습니다. 그래서 더 열심히 진료하고 약을 처방했습니다. 나와 같은 슬픔이 더는 세상에 없기를 바라는 마음으로 말입니다. 아마도 2,000년 전 이스라엘 한 골짜기에서 십자가에 달려 죽은 한 청년을 보면서 하나님도 같은 마음이셨을 것입니다. 그냥 있는 그대로 심판해도 되는 것을, 아니 그렇게 하는 것이 더 좋을 지도 모르는데, 굳이 죄를 대신하여 죽음으로써 인간들을 영원한 지옥의 형벌에서 구원하겠다고 아들이 기도할 때 하나님의 마음은 어떠했을까요? 그 아들이 십자가에 달려 피를 흘리면서 "어찌하여 나를 버리셨나이까?"라고 외칠 때 하나님의 마음은 어떠했을까요?

CCM 가수 유은성씨가 부른 "하나님 아버지의 마음"이라는 찬양이 있습니다. 그 한 구절을 조용히 따라 부릅니다.

> "… 나의 마음이 아버지의 마음 알아 내 모든 뜻 아버지의 뜻이 될 수 있기를 나의 온 몸이 아버지의 마음 알아 내 모든 삶 당신의 삶 되기를."

회심(回心)

나는 어릴 적부터 복음의 근처에 있었습니다. 비록 아버지는 하나님을 알지 못하셨지만, 어머니는 예수님을 영접하셨고, 외삼촌은 목사님이셨습니다. 동네 형이 설립한 안식교회에 출석하기도 했고, 크리스마스 때면 외삼촌 교회에 가서 예배하고 선물도 받고 맛있는 음식도 먹었습니다. 비록 지금은 "전설의 고향"에나 나올 만큼 오래된 얘기지만, 내 첫사랑도 교회에서 만났습니다. 하지만 내가 하나님을 만난 것은 내가 복음의 근처에 있었기 때문이 아니라 하나님이 내게 바라시는 바였기 때문입니다. 하나님이 나를 부르셨습니다.

풋내기의 고백

처음 예수 그리스도를 구주로 고백하고 하나님을 믿은 것은 고2

때입니다. 고등학교 2학년 때 담임선생님이신 김민영 선생님의 강권으로 간 천안침례교회에서 나는 하나님을 만났습니다. 처음에는 정말 가기 싫었습니다. 학교에서 나름 조심했는데, 왈패질을 하다가 선생님께 소문이 들어가는 바람에 선생님의 강권으로 나간 교회였으니, 즐거운 마음으로 갈 수는 없었습니다. 그러다가 교회에서 반주하는 김영애 자매가 마음에 들었습니다. 영애의 마음에 들기 위해 교회 활동에 열심을 보이자 영애는 나에게 '오빠'라고 부르며 잘 따랐고 우리는 곧 연인이 되었습니다. 그런데 영애는 내게 그저 예쁜 여자친구가 아니었습니다. 영애는 고3이면서 의사가 되겠다는 꿈을 접고 방황하던 내게 큰 꿈을 선물했습니다.

어느 날 영애가 내게 내민 책이 있습니다. 미국의 소설가 리처드 바크가 쓴 『갈매기의 꿈』[8]이라는 책이었습니다. 이 책은 1970년에 발표되어 전 세계 40여개 외국어로 번역되어 4,000만 권 이상 판매되었다고 합니다. 나중의 얘기지만, 우리나라에서도 이 책은 영화로도 제작되었을 만큼 크게 인기를 끌었습니다.

> 가장 높이 나는 새가 가장 멀리 본다.
> (The higher a bird flies, the farther it can see.)

이 말을 모르는 사람은 거의 없을 겁니다. 하지만, 이 말이 이 책

---

8 『갈매기의 꿈』, 리처드 바크 저, 문예출판사, 1973.

의 주인공인 조나단 리빙스턴 시걸이라는 한 갈매기가 한 말이라는 사실을 기억하는 사람은 많지 않습니다. 아무튼, 이 책을 읽으면서 나는 내가 지나가는 배에서 던져 주는 생선에만 관심을 갖고 그것을 받아먹기 위해 애쓰는 갈매기에 불과하다는 사실을 깨닫게 되었습니다. 비록 무모하고 비현실적인 꿈을 가졌다고 추방까지 당했지만, 결국 그 꿈을 완성한 조나단처럼 나도 하늘을 날고 싶다는 생각을 갖게 되었습니다. 사람들이 내게 불가능하다고 말하는 의사가 되는 꿈을 실현하고 싶다는 생각을 갖게 되었습니다. 물론, 아버지의 유언이 이러한 도전을 더욱 구체화하기는 했지만, 아무런 미래에 대한 새로운 의지를 선물해 준 것입니다.

그 즈음 나는 목사님으로부터 사도행전을 배우다가 바울을 알게 되었습니다. 사울이 바울이 된 그 사건을 들으면서 나는 하나님께서 나를 어루만지심을 느꼈습니다. 그리고 내 삶은 본격적으로 달라지기 시작했습니다. 함께 한 친구들과 침례를 받았고, 매일 교회에 모여 찬양하고 예배했고, 주말이면 천안시내로 나가 전도했습니다. 하지만, 무엇인가 갈급함이 내 마음속에 있었습니다. 마치 하나님께서 듣기 원하시는 고백이 있는데 그 고백을 내가 하지 않고 있다는, 그래서 하나님께서 아쉬워하고 계시다는 느낌이 나를 답답하게 만들곤 했습니다.

뜨거운 여름이 지날 즈음, 천안침례교회로 미국인 선교사들이 찾아와서 간증집회를 열었습니다. 그들의 놀라운 경험을 들으면서 나는 마음속에 뜨겁게 타오르는 무엇인가를 느꼈습니다. 그리고 그날

미국 선교사 콘(Corn) 목사와 함께 (천안침례교회에서)

비로소 하나님께서 내게 원하시는 것이 무엇인지 알게 되었습니다.

"하나님 제가 공부하여 의사가 되게 해 주세요. 사람들을 치료하여 건강하게 하는 유능한 의사가 되길 원합니다. 그런데 그냥 몸만 치료하는 의사가 아니라 마음과 영도 치료하는 의사가 되게 해 주세요. 슈바이처 박사처럼 하나님께서 돌보길 원하는 사람들을 찾아 돌보는 주님의 도구가 되게 해 주세요."

나는 그날 밤 집회에서 이렇게 기도드렸습니다. 서툴고 서툰 고백이었습니다. 하나님의 뜻이, 하나님의 계획이 무엇인지 정확히 모르면서 나는 그렇게 기도했습니다. 이후에 여지없이 방황의 시간들,

좌절의 시간들, 실패의 순간들이 내게 찾아왔지만, 이 풋내기의 고백은 이루어졌습니다. 그것은 내가 능력 있거나 끈기 있어서 가능했던 것이 아니라 하나님께서 이 고백을 바라셨고, 이 고백을 귀하게 여기셨고, 이 고백을 지켜주셨기 때문입니다. 내가 전인치유 의료 선교사가 된 것은 하나님의 부르심 덕분입니다.

의사가 아닌 의료 선교사

1982년 처음 동서의원을 인수하여 병원장이 된 이래 나는 재벌은 아니었지만 적잖은 돈을 벌게 되었습니다. 20대 중반에 불과했던 내가 병원을 운영하면서 당시로서는 가장 고급차인 대우자동차의 로얄 살롱을 타고 다녔으니 대략 짐작은 할 수 있을 겁니다. 7년여 지나서 1989년 동서의원을 매각하고 다시 한국종합건강진단센터를 설립하면서 나는 임상병리사들 사이에서는 거의 전설로 회자되기도 했습니다. 동남보건대학 임상병리학과 총동문회에서는 나를 찾아와 총동문회장을 맡아달라고 했고, 서울시임상병리사협회에서도 총무로 참여해달라고 요청해 올 만큼 이른바 잘나가는 임상병리사가 된 것입니다.

한국건강검진센터를 열었을 때만 해도 나는 실패를 모르는 젊은 의료인이었습니다. 하지만, 너무 시대를 앞서 나간 탓에 건강검진센터가 문을 닫을 위기에 처하게 되자 나는 하나님께 매달리며 서원했습니다. 슈바이처와 같은 의사 선교사가 되어 하나님의 잃어버린 영혼들을 찾아 고쳐주고 복음도 전하겠노라고 말입니다. 그런데 막상 하나님께서 내 기도에 응답해 주신 후 나는 무엇부터 해야 할지 몰라 우왕좌왕 하다가 금세 서원했던 것을 잊고 말았습니다. 의사로서 열심히 환자들을 돌보고, 병원을 운영하고, 무료진료소를 운영하고, 연예인들과 함께 바자회나 노인복지사업을 추진하는 것이 즐겁고 보람되었습니다. 노인대학을 만들어 지역 노인들이 무료함과 병에서 벗어나서 즐겁게 사실 수 있도록 돕기도 했습니다. 열심히 돈을 벌고 그것을 적당히 나누어 주며 살면 충분할 거라고 생각했습니다. 하지만, 이제와 생각하면 그건 그냥 교만일 뿐이었습니다.

그러던 중 교회 제직수련회에 참석하기 위해 광림수도원을 방문하게 되었습니다. 나름 교회의 기둥으로 성장하고 있던 때여서 나는 제직수련회에서 하나님이 함께하시는 사람이라는 것을 보여 주고 싶었던 것 같습니다.

제직수련회는 정말 뜨거웠습니다. 막 성장하는 교회에서 직분을 맡아 섬기는 사람들답게 기도시간 때마다 방언의 은사를 받는 이들이 생겼습니다. 하지만 내게는 아무런 변화가 없었습니다. 찬양을 불러도, 말씀을 묵상해도 하나님의 임재를 체험할 수 없었습니다.

그렇게 제직수련회가 진행되다가 마지막 날, 나는 한 권사님 옆에 앉아 있었습니다. 그런데 이분이 기도하실 때면 무엇인지 모를 뜨거운 기운이 전달되는 듯했습니다. 하도 신기해서 그분을 가만히 지켜보았더니, 알 수 없는 방언으로 기도하고 있었습니다. 한참 지나 눈을 뜬 권사님께서 응시하는 나를 보시더니, 빙그레 웃으며 같이 기도하지 않겠냐고 하십니다. 순간 나도 모르게 그러자고 대답한 뒤 마주 앉아 기도하는데, 마음 깊숙한 곳에서 성령님께서 역사하셨습니다. 그러고는 입을 열어 그동안 내가 지은 죄를 고백하게 하셨습니다. 제법 열심히, 성실하게 살아온 시간이라고 자부했었는데, 성령님께서 생각나게 하시는 기억은 전부 '죄'였습니다. 병원만 정상화되도록 도와주시면 아버지의 마음을 갖고 슈바이처 박사처럼 의사 선교사가 되겠다고 서원했던 기억이 환상처럼 떠올랐을 무렵, 나는 이번 제직수련회가 내게 왜 필요한지를 드디어 알게 되었습니다. 하나님께서는 내가 의료 선교사가 되기를 바라셨습니다. 그런데 내가 의사로서만 살려 하니까 내게 약속한 바를 회상하게 하신 것입니다.

제직수련회를 마치고 나와서 나는 곧바로 교회성장연구원의 정사무엘 학장님을 찾아갔습니다. 그리고 신학생으로 받아달라고 졸랐습니다. 정사무엘 목사님은 내 어릴 적부터 현재까지의 삶을 듣고서, 제직수련회에서 만난 성령님의 역사를 듣고서, 내게 기회를 주기로 마음먹었습니다. 등록금이나 입학시험도 없었습니다. 가을학기부터 신학생이 되어 공부할 수 있게 되었습니다.

뿐만 아니라 그해 가을에는 함께 일하던 월간「건강과 생명」의 차문환 주간을 통해 (사)한국기독교의료 선교협회[9](회장 차경섭 장로)의 선교훈련 과정에 들어가서 정식으로 의료 선교사가 되는 과정을 배

---

9 (사)한국기독교의료 선교협회 (http://www.medicalmission.or.kr/html/main.asp)

우게 되었습니다. 1969년 설립된 (사)한국기독교의료 선교협회는 1989년부터 2년마다 의료 선교대회를 열어오고 있습니다. 그리고 그 선교대회를 통해 국내외 의료 환경이 열악한 곳을 알리고 한국의 유능한 의료팀이 지원하여 섬길 수 있도록 돕고 있습니다. 이 협회에서 운영하는 '의료 선교 교육훈련' 프로그램은 전 세계적으로 한국의료 선교사의 필요와 요청에 부응, 신속하게 선교지에 파송될 수 있는 의료인을 양성하는 프로그램입니다. 교육기간은 1년으로, 매해 봄과 가을에 개강하며 학기마다 15주간 '성경', '선교신학', '타문화권 선교', '인성과 경건훈련' 등의 다양한 강의와 그룹 활동을 통해 훈련합니다. 주경야독하며, 신학과 선교학을 동시에 공부하고, 병원에서 일하는 등 시간이 빠듯한 생활에 지치기도 했지만, 결국 1년 뒤 이 과정을 수료함으로써 협회가 증명하는 공식 의료 선교사가 되었습니다.

이후 나는 사명감을 갖고 전국 지방을 돌면서 내가 배운 의학지식과 신학 지식을 체계화하여 전하는 의료 선교사의 사명을 감당했습니다. 물로 이 사역이 계속해서 잘 진행되었다면 더 좋았겠지만, 믿었던 선교사 친구에게 배신을 당하면서 모든 것을 내려놓아야 했습니다. 그러나 역전의 하나님은 번번이 내가 실패를 딛고 일어서도록 새로운 계획을 보여 주셨습니다. 2005년 나는 교회의 파송을 받아 괌 선교사로 나가게 된 것입니다. 그리고 괌에서 미국 본토 로스앤젤레스(Los Angeles)에 있는 사우스 베일로 한의과대학(South Baylo University) 한의학 석사과정에 진학하여 한의사로서의 역할을 감당하게 하셨습니다. 조기진단하고 예방하는 의사에서 본격적으로 치료하는 의사가 되게 하신 겁니다.

내가 만약 의사로서 하나님의 일을 하는 사람으로 만족했다면 나는 결코 의료 선교사가 되지 못했을 것입니다. 하지만, 하나님께서 부르신 대로 하나님의 사람이 되려고 순종하자, 하나님은 나를 선교사로 부르셨고, 임상병리사이자 한의사로 자라게 하셨습니다. 또한 목사가 되어 말씀을 전하게 하셨습니다. 하나님께서 계획하시고 주관하시지 않았다면 이런 기적과 같은 일이 연속적으로 일어날 리가 없습니다. 나는 하나님의 일꾼, 의료 선교사 차상기입니다.

세계를 품고 기도하다

전인치유를 경험하고, 그 중요성과 필요성을 인지하여 사람들에게 전하기 위해 지방을 돌며 치료하고, 신학교에서 강의하고, 또 여러 건강식품 사업도 시작했습니다. 늘 그랬듯이 나는 아주 당연하게 내 주변의 필요에 먼저 민감하게 반응했습니다. 가족, 친구, 교우, 교인, 그리고 한민족의 순서대로 말입니다. 하지만, 하나님께서는 이러한 사고를 여지없이 무너뜨리셨습니다.

1999년 서울신학교에서 평생교육원을 설립하고 전인치유학과를 개설했습니다. 당시 김수영 학장님을 면담하여 전인치유학과의 필요성을 말씀드렸고, 그 제안이 받아들여져서 나는 교수로 임용되어

학생들을 가르치게 되었습니다. 그런데 어느 날 한 학생이 내게 찾아와서 '단기선교 프로그램'을 보여 주며 함께할 수 없겠냐고 제안했습니다. 그 프로그램은 일본복음선교회(JEM)[10]에서 주관하는 것이었는데, 국내 대학생 및 직장인이 중심이 되어 약 6개월간 훈련받고 일본으로 가서 단기간 선교활동을 펼치는 프로그램이었습니다. 많은 분들이 아는 바대로 일본은 한때 우리나라에 오는 외국 선교사들이 반드시 거치던 선교의 교통로였습니다. 한글 성경을 최초 번역한 이수정씨도 일본에서 예수님을 만났습니다. 하지만, 오늘날 일본은 1%에도 못 미치는 인구만이 하나님을 믿습니다. 약 8,000개의 교회가 있다고 하는데, 그중 1,000-1,500여 교회는 목회자가 없는 무목교회입니다. 또한 일본인들은 20세기 최첨단 과학기술을 가진 나라의 국민답지 않게 모든 사물에 정령이 깃들어 있다는 다원주의 신앙을 가진 것으로도 유명합니다.

　전인치유 사역자로서 내가 큰 도움이 될 것 같으니 꼭 같이 가면 좋겠다는 그 학생의 요청은 내게 큰 감동이 되었습니다. 하지만, 당시 나는 여러 일을 하고 있었음에도 불구하고 여윳돈이 없었습니다. 신학교 교수로 가기 위해 나는 큰 보수를 약속한 제약회사의 제안을 거절했지만, 신학교에서 주는 급여는 말 그대로 시간강사 정도의 대우여서 생활하기에도 빠듯한 것이었습니다. 그런데 마음속으로 훈련을 신청하라는 강한 음성이 들렸습니다. 나는 순종했습니다. 내심

10　일본복음선교회(http://www.kjem.com/home/)

'이러다가 훈련만 받고 선교활동은 못 가는 건 아닐까?' 하는 염려도 있었습니다. 그런데 하나님께서는 내게 놀라운 방법으로 이 비용을 채우셨습니다.

일본 단기선교팀 등록 마감일을 며칠 앞두고 JEM의 양동훈 간사가 전화해서는 "차 교수님, 함께 가실 수 있는 거죠? 등록 마감이 코앞인데, 아직 등록하지 않으셔서 전화드렸어요."라고 물었습니다. 그런데 비용이 없어서 못 간다는 말을 하지 않는 나 자신이 신기할 정도였습니다.

"네, 간사님. 조만간 연락드릴게요. 하나님께서 제 부족함을 채워 주실 겁니다."

말은 막상 이렇게 했지만, 걱정이 이만저만이 아니었습니다.

다음날, 일전에 내게 찾아와 당뇨병을 고친 민영수 교수가 찾아왔습니다.

"차 교수님, 잘 지내시지요? 이번에 일본 단기선교를 떠나신다고 들었는데, 준비는 잘 되고 있나요?"
"아니, 민교수님이 그 사실을 어찌 아셨나요?"
"아, 조교가 가르쳐 주던데요. 교수님이 요즘 선교훈련 받느라 열심이시라고..."
"그랬군요. 하하. 들으신 바대로 훈련은 잘 받았습니다만, 사실

제가 비용을 마련하지 못해서 정작 등록은 미루고 있습니다."

"그래요? 얼마나 모자란데 그러세요?"

"창피하게도, 무일푼입니다. 100만 원 정도의 재정이 필요한데, 하나님이 도와주시길 기도하고 있습니다."

민 교수는 무언가 고심하는 듯하더니 "좋은 결과를 위해 기도하겠다."라며 자리를 떴습니다. 그리고 그날 오후 함께 선교훈련을 받은 방효일 선교사가 연락해 와서 민 교수와 나눈 이야기를 반복했습니다. 다음날, 나는 민 교수의 연락을 받고 통장을 확인하고서 놀람과 감사로 눈물이 났습니다. 민 교수는 내가 일본선교팀에 꼭 필요한 존재라면서 50만 원을 보내왔습니다. 그런데 그 아래, 다시 방효일 선교사의 이름으로 50만 원이 찍혀 있었습니다. 두 사람은 서로 모르는 사이인데, 마치 약속이나 한 듯이 한날 나를 찾아와서 내 이야기를 듣고, 다시 한날 약속이나 한 듯이 전체 필요 재정을 반씩 나누어 채워 주었습니다. '엘샤다이(El Shaddai)!'

그렇게 나는 1999년에 제6기 일본선교훈련(Mission Japan Training Course, MJTC)을 마치고 일본 동경으로 단기선교를 떠날 수 있게 되었습니다.

우리 일행은 청주 CCC(한국대학생선교회) 멤버들을 중심으로 전국에서 모인 약 100명의 단기 선교팀이었습니다. 일본에 도착해서 동경애선교회를 시무하는 황바울 선교사를 만나 현지의 상황을 브리핑 받고, 선교팀을 나누어 노방전도에 나섰습니다. 일본인들의 특징은 조용하고 예의바르지만 그건 겉으로 보이는 것일 뿐, 실제로는 속을 잘 내보이지 않는 것입니다. 그날 만나는 사람들마다 우리가 전하는 복음에 웃으며 "알겠다.", "시간 내서 참석하겠다."라고 대답했지만, 누구 하나 그들을 다시 볼 수 있을 거라고 생각하지 못했습니다. 조금씩 무더위와 무결실에 지쳐갈 때 즈음, 다른 지역에서 사역하던 팀에서 위급을 알리는 연락이 왔습니다. 사역 도중 청주 CCC 소속 학생 두 명이 쓰러진 겁니다. 나는 곧장 간단한 응급처치 도구들을 들고 달려갔습니다. 그런데 도착해서 그 학생들을 보는 순간 나는 그것이 육체의 병이 아닌 영적 전쟁에서 비롯된 것임을 알 수 있었습니다. 간단하게 수건에 물을 적셔 머리에 얹고, 리더만 남겨 놓고 다른 사람들은 모두 나가라고 지시한 뒤, 리더에게 이러한 사실을 털어 놓았습니다.

"OOO 리더님. 지금 이 학생들에게 필요한 것은 약이 아니라 기도입니다. 사단의 세력이 이 학생들을 쥐고 흔들어 놓고 있어요. 지금은 기도해야 할 때입니다."

의료팀장이 하는 진단치고는 어이없는 것이었음에도, 그 리더는 내 말을 신뢰했습니다. 우리 둘은 학생들의 머리에 손을 얹고 축사 기도하며 귀신을 내쫓았습니다. 성령님이 강하게 역사하시는 것을 느낄 수 있었습니다. 그리고 곧 그 학생들이 회복되어 눈을 뜨고 일어났습니다.

일본에서뿐만 아니라 국내에서 지방을 돌 때도 이와 비슷한 경험을 몇 번이고 했습니다. 그만큼 사단은 하나님의 귀한 자녀들을 영적으로 또 육적으로 괴롭게 합니다. 그런데 우리는 그것을 제대로 알아보지 못합니다. 그래서 기도해야 할 때와 치료해야 할 때를 정확히 구분할 수 있는 능력을 키워야 합니다. 전인치유 사역은 바로 이러한 능력을 온전히 갖추게 하는 사역입니다.

아무튼, 하나님께서는 일본 단기선교를 통해서 나의 지경을 넓히셨습니다. 내 주변이 아닌 내 고향과 민족이 아닌 세계의 다른 사람들을 위해 기도해야 한다는 것을 가르쳐 주셨습니다. 그래서 이후 나는 한국기독교총연합에서 주최한 '통일선교대학'에 14기로 등록하여 수료했고, '북한선교지도자 과정'이 개설되었을 때 1기로 수강했습니다. 언젠가 통일이 되면, 난 가장 먼저 한 손에 하나님의 복음을 들고, 다른 한 손에는 갈고닦은 의술을 들고 북한에 가서 육과 영이 쇠잔한 그들을 되살리는 사역을 감당하고 싶습니다. 그때가 언제일지 모르지만, 심지어 내 생애가 끝난 후일지도 모르지만, 하나님께서 주신 이 꿈을 나는 소중하게 키워 나가고 있습니다.

참된 부자

부자가 되고 싶은 것은 오늘날 모든 사람들의 소원입니다. 저도 그랬습니다. 어릴 때 우리 집은 가난했습니다. 아버지께서 한의사였지만, 가난한 사람들은 진료해 주어도 약값대신 술을 대접하곤 했습니다. 그래서 나는 커서 의사가 되면 부자로 살고 싶었습니다. 20대 중반에 병원을 인수하고 30대 초반에 한국에서 내노라하는 건강검진센터를 설립하게 된 것도 이러한 내면의 욕구가 일정부분 반영된 결과일 것입니다. 세상적인 성공과 부유함은 내게 잠시였지만 큰 만족을 준 것도 사실입니다. 거칠 것도 두려울 것도 없이 나는 세상을 살았습니다.

그런데 정작 하나님께서 원하시는 부유함은 세상적인 부유함과 달랐습니다. 한남동에 집을 마련하고, 고급 승용차를 타고, 연예인을 비롯한 사회 지도층을 만나 여러 사업을 하는 것은 오직 세상의 관점에서 볼 때 부유함입니다. 하나님께서는 그러한 것에 조금도 관심이 없으셨습니다. 만약 하나님께서도 그러한 기준을 중요하게 여기셨다면, 아마도 내가 욥처럼 모든 것을 잃도록 내버려두지 않으셨을 겁니다. 그런데 재미있는 것은 그렇게 연단의 시간을 통해 내가 하나님께 완전히 항복한 때에도 사단은 나를 시험하는 것을 멈추지 않았다는 사실입니다.

이미 밝힌 바대로 1999년, 나는 서울신학교의 평생교육원에서 전인치유학과를 개설하고 학생들을 지도하게 되었습니다. 안식교 출신으로 회심하여 신학교 학장에 이른 김수영 교수와 나는 서로의 신앙이력과 비전에 크게 공감하고 서로를 치하하고 격려했습니다. 마치 수십 년을 알아 온 친구처럼 서로를 알아 본 것입니다. 당시 나는 "차상기 만나생식"을 개발하여 사업하면서 방송에 출연하고 지방을 돌며 강연도 하고 있었습니다. 도무지 시간을 낼 수 없는 처지였지만, 나는 의료 선교사를 양성해야 한다는 사명감으로 매주 1회 서울신학교에서 강의하기로 했습니다. 강의료는 시간당 5만 원에 불과했습니다. 그렇게 결정하고 불과 며칠이 지나지 않아서 국내 굴지의 일성신약에서 내게 전문 강사로 일할 것을 제안해 왔습니다. 당시 일성신약은 '키토산'을 주재료로 하는 약과 식품보조재를 개발했는데, 이 제품들을 제대로 홍보할 수 있는 사람으로 나를 점찍은 것입니다. 그들은 내게 월 급여로 3,000만 원을 제안했습니다. 깜짝 놀랄 만한 제안이었습니다. 이게 무슨 일인가 싶었습니다. 더구나 나는 임상병리사였기에 제약회사에서 근무하는 것이 훨씬 더 유리할지 모른다는 생각도 들었습니다. 아니, 시간이 좀 더 지나자 '내가 그 급여를 받아서 서울신학교에 장학금을 지원하는 것이 더 좋지 않을까?'하는 생각에 이르기까지 했습니다.

하지만, 이미 신학교에서 강의하기로 확정한 일을 어떻게 해야 할지 고민이 되었습니다. 김수영 학장을 만나서 상황을 설명하고 같이 기도해줄 것을 요청했습니다. 김수영 학장은 좋은 기회인 것은 맞다고 하면서도 이미 신청한 학생들에게 실망을 주지 않으면 좋겠다고 당부했습니다. 그는 분명히 아쉬움과 두려움을 갖고 있었습니다. 새벽에 교회에 나가 기도하는 중에 하나님께서 말씀을 주셨습니다.

> 사람이 나를 섬기려면 나를 따르라 나 있는 곳에 나를 섬기는 자도 거기 있으리니 사람이 나를 섬기면 내 아버지께서 그를 귀히 여기시리라(요한

복음 12:26).

그 새벽에 나는 내가 복음이 아닌 키토산을 주인으로 섬기려고 발버둥치고 있었다는 것을 깨달았습니다. 하나님께서 나를 깊은 절망 가운데서 인도하시고 내게 새로운 비전을 주셨는데, 나는 다시 인정받는 의사가 되고 싶었던 것입니다. 회개의 고백이 터져 나왔습니다. 부끄럽고 죄송했습니다. 그리고 늦기 전에 깨닫게 하신 것에 감사했습니다.

지금까지 나는 수많은 실패를 거듭했습니다. 이미 밝힌 대로 병원과 만나생식 사업도 모두 실패했고, 가정도 잃었고, 꿈에서 시작했던 한의원도 질병으로 인해 문을 닫아야 했습니다. 그래서 지금 나는 가족도 없고, 집도 없고, 확실한 수입도 없는, 겉으로 보기에 가진 것이 하나도 없는 가난한 사람이 분명합니다. 하지만, 나는 내 일생의 어느 때보다도 더 부유하게 살고 있습니다. 매일 내 필요를 채우시는 하나님을 경험하기 때문입니다. 그건 비단 먹고 마시는 것에 국한된 것이 아닙니다. 하나님은 내게 마음의 평안과 행복, 좋은 생각과 마르지 않는 꿈을 채우시고, 하나님이 보내시는 그곳에서 복음과 의학지식을 통해 사람들에게 하나님을 증언하는 삶을 살게 하셨습니다. 참된 부자는 하나님과 동행하는 사람이라는 것을 나는 누구보다 확실하게 말할 수 있습니다.

신학공부, 지식이 아닌 지혜다

부르심

성경을 보면 하나님께서 당신의 사람들을 부르실 때가 종종 있습니다. 모세를 부르실 때나 사무엘을 부르실 때, 또 야곱이나 사울을 찾아오시는 장면은 흥미진진합니다. 제가 제일 좋아하는 장면은 모세를 부르시는 호렙산에서의 광경입니다. 애굽의 왕자로 성장한 모세가 동족인 이스라엘 사람들을 괴롭히는 애굽 관원을 살해하고 광야로 쫓겨나서 40년간이나 양치는 목동으로 산 끝에 하나님을 만나는 장면은 극적이 아닐 수 없습니다. 어림잡아 80에 가까운 모세에게 하나님은 애굽으로 가서 당신의 백성들을 구원해 내고, 그들을 이끌어 가나안 땅으로 인도할 것을 명하십니다. 산전(山戰), 수전(水戰), 공중전(空中戰) 등을 다 겪은, 말 그대로 힘이 빠질 대로 빠진 노년의 모세가 자신은 능력도 없고 말주변도 없다고 했다가 하나님께 꾸중 아닌 꾸중을 들으며 하나님을 구주로 영접하는 장면은 재미도 있고 감동도 받게 합니다. 관심이 있는 분은 출애굽기 3-4장을 읽어보시면 내 말이 거짓이 아님을 알게 될 겁니다.

내가 특별히 모세의 회심을 사랑하게 된 것은 모세처럼 나도 힘이 빠질 대로 빠진, 아무것도 가진 것이 없을 때 비로소 하나님의 일꾼이 되었기 때문입니다. 가진 바 능력이 있어서 하나님의 일을 하는 것이 아니라, 하나님께서 불러 명하신 사명을 감당할 수 있도록 내게 능력을 부어 주시는 것임을 깨달았기 때문입니다.

나는 1993년 가을, 광림기도원에서 진행된 제직수련회에 참석했다가 마지막 날 새벽 하나님의 음성을 들었습니다.

> 내가 너를 지명하여 불렀나니 너는 내 것이라(이사야 43:1).

하나님의 음성이 마음을 울리는 순간, 나는 두려움에 사로잡혔습니다. 그 두려움은 아마도 하나님의 영광 앞에 서는 순간 내 마음속에 가득한 죄로 인해 생겨난 것이었을 겁니다. 수련회 내내 그렇게 하나님을 만나고 싶다고 해 놓고, 아이러니하게 정작 하나님의 음성이 들리자 나는 두려움에 사로잡혀 그 순간을 모면하고 싶었습니다.

> "하나님, 저는 모태신앙인도 아니고 지금껏 잡놈처럼 살아왔습니다. 하나님도 아시잖아요? 저는 목회자가 될 수 없는 사람이에요."

마치 모세처럼 나도 그렇게 항변했습니다. 목회자가 될 수 없는 사람이라고 고백했습니다. 아니, 한 번도 그런 생각을 한 적이 없다고 대들기도 했습니다. 그러자 주님은 지난날 내가 선목교회에서 열렸던 특별 새벽기도회에 참석하여 서원기도를 했던 것을 보여 주셨습니다. 최근에서야 등장한 4D 영화처럼 음성도, 모습도, 심지어 그 느낌마저 선명하게 눈앞에 펼쳐지는 데야 더는 아니라고 부인할 방법이 없었습니다.

　기도원에서 돌아오자마자 나는 옥수동에 위치한 교회성장연구원(옥수 총신)을 찾아가 정사무엘 학장님께 나의 경험을 말씀드리게 되었고, 학장님의 배려로 1993년 9월, 2학기부터 야간에 신학을 공부하며 낮에는 노점상이나 막노동 등을 하며 살았습니다. 임상병리사로 다시 재취업할 수도 있었겠지만, 이전까지 방탕했던 삶으로 돌아갈 수 없었기에 나는 철저히 밑바닥에서 살았습니다. 오히려 공부하는데 온 힘을 쏟았습니다. 끼니를 거를 때가 한두 번이 아니었습니다. 하지만, 시간이 지날수록 나를 사랑하시는 하나님의 음성이 더욱 확실히 들렸습니다. 하나님께서 내게 특별한 계획을 세우고 계시다는 것을 알 수 있었습니다. 기도하는 중에 그러한 감동이 임할 때마다 새 힘이 솟았습니다. 배고프고 고단했지만, 주님의 구원의 은혜를 채우시는 손길을 매일 경험하는 삶을 살았습니다. 정말 행복한 시간이었습니다.

공부하는 즐거움

신학교에서 공부하는 것은 예상 밖 즐거움이었습니다. 야간 신학교의 특성상 대부분의 학생들은 직업이 있는 나이든 사람들이었고, 다양한 삶의 이력을 가지고 있었습니다. 우리의 수업은 언제나 강의와 토론이 반반으로 섞여 있었고, 교수님들도 학생 개개인의 삶의 이력을 존중하시면서 신학을 공부하는 것이 그 삶에 녹아 있는 하나님의 섭리를 이론으로 체계화하는 것임을 가르쳐 주셨습니다. 분명 주간 신학교처럼 강의와 과제, 그리고 시험으로 점철된 커리큘럼이었다면 우리 중 상당수는 견디지 못했을 지도 모릅니다. 하지만, 핵심을 요약한 듯 간단하지만 체계화된 강의에 이어 우리 삶에서 발견할 수 있는 예화를 통한 토론수업은 피곤한 일과에 지쳐있던 만학도들에게 새로운 활력을 불어넣곤 했습니다.

한번은 교의신학 수업시간에 '이신칭의(以信稱義)', 다른 말로 '이신득의(以信得義)'에 관하여 토론하게 되었습니다. 사실 이 개념은 우리 기독교의 근간을 이루는 교의(敎義) 가운데 하나입니다. 바울이 주장한 것으로, 율법이나 선한 행위가 아니라 십자가에 달려 돌아가신 예수 그리스도를 믿는 믿음으로써 의인의 신분을 얻는다는 것입니다. 로마서 3장, 즉 본질적으로 죄 가운데 태어난 우리는 스스로 구원할 수 없고, 행동으로도 지식이나 권력으로도 자신을 구원할 수 없다는 겁니다. 오직 예수 그리스도를 믿는 믿음으로만 구원이 가능하다는 것입니다.

> 그런즉 자랑할 데가 어디냐 있을 수가 없느니라 무슨 법으로냐 행위로냐 아니라 오직 믿음의 법으로니라 그러므로 사람이 의롭다 하심을 얻는 것은 율법의 행위에 있지 않고 믿음으로 되는 줄 우리가 인정하노라(로마서 3:27–28).

그리고 이것은 바울만 그렇게 주장한 것이 아닙니다. 바로 예수님의 주장이기도 합니다.

> 예수께서 이르시되 내가 곧 길이요 진리요 생명이니 나로 말미암지 않고는 아버지께로 올 자가 없느니라(요한복음 14:6).

그런데, 모두가 이 '이신칭의' 교리를 받아들이면서도 의구심을 갖고 있는 사람이 한둘이 아니었습니다. 우리는 곧 여러 패로 뭉쳤다 갈렸다를 반복하면서 토론을 시작했습니다.

- 믿음으로써만 구원을 받는다면, 우리의 삶은 어떤 의미인가?
- 죽음이 임박한 순간 '예수님을 구주로 영접하는 것'이 과연 효과가 있는가?
- 야고보서 2장 26절의 "영혼 없는 몸이 죽은 것 같이 행함이 없는 믿음은 죽은 것이니라."는 말씀은 어떻게 해석되어야 하는가?

- 예수님을 믿는 사람들이 저지르는 죄를 어떻게 받아들여야 하는가?
- 선한 말을 더 한다고 선하지 않고, 악한 죄를 많이 지었다고 더 악한 게 아니라면, 도대체 하나님의 공의는 어떻게 적용되어야 할까?

특이한 점은 이 토론이 한 시간을 훌쩍 넘길 때까지 정사무엘 학장님은 아무런 말씀도 없이 그저 지켜보셨다는 사실입니다. 서로의 의견이 팽팽하게 맞서 감정적으로 격해질 조짐이 보일 때에만 발언을 조금씩 자제하도록 개입하셨습니다. 또 일천한 우리의 신학적 지식으로 토론이 다람쥐 쳇바퀴 돌 듯 제자리걸음을 할 때면 잠시 보류하자고 제안하시고 다른 주제로 옮겨가도록 하실 뿐이었습니다. 다만, 토론에 직간접적으로 참여한 모든 이들 가운데 유일하게 질문과 여러 의견들을 모두 기록한 유일한 사람이었다는 것을 나중에야 알게 되었을 뿐입니다.

그것은, 그 토론이 일단락 된 후 정사무엘 교수님이 우리에게 주신 과제를 통해 확인되었습니다. 정사무엘 교수님은 주제는 '이신칭의'였는데, 각자 주장했던 바에 대해 답변을 제시하도록, 즉 반대 입장에 서도록 과제를 주셨습니다. 황당했지만, 어쩔 수 없이 다시 한 번 '이신칭의' 교리와 씨름해야 했습니다. 그것도 정 반대의 입장에 서서 말입니다. 그리고 그 과제를 마치고 다시 토론이 진행될 때에는 섣불리 자신의 의견을 주장하는 사람이 없었습니다. 반대의 입장에 서본 탓에 너나 할 것 없이 모두가 자신의 부족함을 깨달았기 때문입니다. 그로부터 토론수업의 핵심 요체 가운데 하나인 '경청'과 '메모'가 시작되었습니다.

수업시간 외에도 즐거움은 여럿 있었습니다. 특히 우리는 각각 장로교단, 감리교단, 침례교단, 성결교단 등 소속된 교단이 달랐기 때문에 매주 드리는 채플에서도 웃지 못 할 해프닝이 발생하기도 했습니다. 대표기도 하는 학생이 '세례'라는 말 대신 '침례'라는 용어를 사용하여 그때까지 들어보지 못한 학생이 항의하기도 했고, 성례전이 약간씩 달랐던 탓에 예배의 순서를 놓고도 갑론을박할 때도 많았습니다. 그럴 때면 가장 현명한 사람이 바로 아무 말 없이 기타 하나 척 둘러메고 찬양을 부르는 과대표 이오영 전도사였습니다. 그가 찬양을 부르기 시작하면 우리들은 험악하게 다투듯 논쟁하다가도 곧 잠잠해졌습니다. 그리고 언제 그랬냐는 듯 함께 찬양을 드렸습니다. 그때 가장 많이 드린 찬양이 송명희 자매가 작사하고 최덕신 형제가 작곡한 "나"라는 찬양이었습니다.

> 나 가진 재물 없으나
> 나 남이 가진 지식 없으나
> 나 남에게 있는 건강 있지 않으나
> 나 남이 없는 것 있으니
>
> 나 남이 못 본 것을 보았고
> 나 남이 듣지 못한 음성 들었고
> 나 남이 받지 못한 사랑 받았고

나 남이 모르는 것 깨달았네

공평하신 하나님이
나 남이 가진 것 나 없지만
공평하신 하나님이
나 남이 없는 것 갖게 하셨네

비교적 늦게 신학을 공부하는 우리들 중 감춰둔 사연 한두 가지쯤 없는 사람은 없었습니다. 나처럼 실패를 경험하고서 돌아온 사람도 있었고, 젊은 시절을 방황으로 혹은 저항으로 채우다가 돌아온 사람도 있었습니다. 각자 사연은 달랐지만, 우리가 가진 공통점은 우리가 잘 알았습니다. 바로 깨어진 그릇과 같았다는 겁니다. 다시 말해, 이 찬양의 가사처럼 우리는 가진 것도, 재물도, 지식도, 건강도 없었습니다. 하지만, 우리는 남이 듣지 못한 (하나님의) 음성을 들었고, 남이 볼 수 없는 (하나님의) 기사를 보았고, 남이 받지 못한 (하나님의) 사랑을 받았고, 남이 모르는 (하나님의) 비밀을 깨달았습니다.

찬양을 부르며 그 부르심에 감격하여 예배할 때는 우리가 속한 교단이나, 신학적 차이나, 나이나, 직업이나, 성별이 모두 아무것도 아닌 것이 되었습니다. 그 감격으로 일주일을 산다고 해도 과언이 아니었기에 우리는 매주 목요일 평창동 삼각산에 올라가서 찬양 부르며 예배하고 철야기도 마치고 내려오면서 우리는 우리를 부르신 하나님께 감사했습니다.

지식이 아닌 지혜를 쌓는 신학공부

이미 밝힌 대로, 나는 신학교에 들어가면서부터 임상병리사로서 병원에서 일하는 대신, 막노동이나 노점상 등을 전전해야 했습니다. 운영하던 병원이 문을 닫고, 또 아내와 이혼하면서 겪은 아픔으로 다시 병원에 나가 일하기는 정신적으로 무리였기 때문입니다. 반면, 근근이 입에 풀칠할 정도여도 땀을 흘리며 일하는 것이 여러모로 도움이 되었습니다. 이전에 잘 만나지 못했던 낮은 자리의 사람들을 만나면서 삶의 애환도 공유하게 되었고, 신학교를 졸업한 후에 내가 섬겨야 할 사람들이 누구인지도 정확히 인식하게 되었습니다.

하지만, 교수님들은 이런 내 사정을 마냥 봐 주지 않으셨습니다. 간혹 어떤 교수님은 야간 신학교의 특성상 대부분이 공부에 상당한 시간을 할애할 수 없다는 현실을 인정하고 과제나 시험을 간단하고 쉽게 치를 수 있도록 배려해 주시기도 했습니다만, 대부분의 교수님들은 '기왕 하나님의 부르심에 응답하여 신학을 공부하기로 한 것이면, 남들보다 두 배, 세 배 노력하는 모습을 보이라'면서 엄청난 과제를 부여했고 또 어려운 시험문제를 출제하여 우리를 어렵게 만들곤 했습니다.

나는 조직신학과 역사신학 과목들이 참 어렵기만 했습니다. 선교신학이나 성경해석학 등을 공부할 때는 학우들보다 이해도 빠른 편이고 또 나중에 내가 주로 해야 할 사역이라고 생각했기에 집중도 잘 되었던 반면, 조직신학과 역사신학 등 장고한 기독교 역사를 통해 체계화된 이론과 학문적 성과들을 살피는 과목은 상당한 부담이 되었습니다. 그야말로 시간을 쏟은 만큼 성과를 얻을 수 있는 과목들이기에 공부할 시간을 확보해야 했지만, 주경야독의 삶을 사는 내게 충분한 시간이 있을 리 만무했습니다. 매 시간 과제를 제출하기도 바빴습니다. 주교재를 읽는 것도 벅찬데 보조교재들을 읽는 것은 불가능에 가까웠습니다. 어느 날은 다른 동기생들 대부분이 읽고 온 책을 혼자 읽지 않았다는 자책에, '여기서 포기해야 하나?' 싶기도 했습니다. 아니 반대로, '도대체 목회 현장에서 조직신학이나 역사신학이 얼마나 필요하다고 이렇게 어렵게 배워야 하는 거야?'하며 반항심이 일기도 했습니다. 그런데 신기하게도 그렇게 번민할 때 기도하면 하나님께서 일정한 해답을 주십니다. (아멘!) 새벽에 과제 때문에 잠이 오지 않아서 기도하다가 말씀을 읽으라는 음성이 들려서 잠언서를 묵상하는데, 한 구절이 눈에 들어왔습니다.

> 지혜와 깨달음을 얻어라. 내 말을 잊어버리거나 무시하지 말아라. 지혜를 버리지 말아라. 지혜가 너를 보호할 것이다. 지혜를 사랑하라. 지혜가 너를 지킬 것이다. 지혜는 가장 소중한 것이다. 지혜를 얻어라. 그 어떤 것을 희생하고서라도 깨달음을 얻어라. 지혜를 찬양하라. 지혜가 너를 높일 것이다. 지혜를 고이 간직하라. 지혜가 너를 영화롭게 할 것이다. 지혜가 우아한 화관을 네 머리에 씌우고 영광스러운 면류관을 너에게 줄 것이다(잠언 4:5-9, 현대인의 성경).

'지혜'를 얻으라는 말씀은 신학 지식을 쌓느라 놓친 신학 공부의 분명한 목적을 되새기게 해 주었습니다. 하나님이 내게 신학을 공부하라고 하신 것은 하나님의 말씀을 듣고 깨닫는 지혜를 얻게 하기 위함인데, 나는 그 목적보다 눈앞에 주어진 과제와 성적에 더 목을 매고 있다는 것을 깨닫게 된 것입니다. 하나님께 감사의 기도를 드렸습니다. 그랬더니 방법이 떠올랐습니다.

나는 혼자가 아니었습니다. 동기생 중 가장 노트정리를 잘하는 손삼열 전도사 떠올랐습니다. 그 친구에게 도움을 청했습니다. 의외로 흔쾌히 자신이 정리한 내용을 제공해 주었습니다. 그리고 거기서 그치지 않고 함께 공부하자고 제안하여 스터디 모임도 하게 되었습니다. 나이는 비록 어렸지만, 온전히 공부에 집중하는 그 친구 덕에 한 번에 두세 권의 책을 요약, 정리할 수 있게 되면서 그 어렵던 조직신학이 실타래처럼 술술 풀리기 시작했습니다. 기독교 변증, 교리, 윤리 등 조직신학의 큰 분야들을 정리하면서 그 내용 하나하나에 얽매이지 않고 전체적인 흐름을 파악하기 위해 노력했습니다. 그 결과 학기 말에는 최고 점수는 아니었지만 2등 점수를 얻었습니다.

전도사는 행복합니다

신학대학원에는 두 개의 석사과정이 있습니다. 하나는 목회전문석사(Master of Divinity, M.Div.)이고, 다른 하나는 신학석사(Master of

Theology, Th.M.)입니다. 명칭에서 짐작할 수 있듯이, 목회전문석사 (M.Div.)의 경우 현장 사역을 목표로 한 과정이어서 목회상담학, 예배학, 선교학 등 바로 적용 가능한 실용적 내용에 집중합니다. 반면 신학석사(Th.M.)은 학술연구를 목표로 한 과정으로 변증학, 윤리학, 교의학 등 학문적인 내용에 집중하는 과정입니다. 물론, 두 과정 모두 박사과정까지 이어지지만, 대개 목회자로 현장에서 사역하는 데는 목회전문석사(M.Div.) 과정만 이수해도 충분합니다. 하지만, 목회전문석사(M.Div.)과정을 마친다고 바로 목사가 될 수 있는 것은 아닙니다. 최소한 몇 년간(교단에 따라 약간의 차이가 있으므로) 전도사로 수련을 받고, 장로교단의 경우 강도사 고시를 통과한 후에 비로소 노회(연회) 등을 통해 목사로 안수 받게 됩니다. 그래서 대부분의 신대원생들이 대학원 과정에 있을 때부터 교회에서 전도사로 수련을 쌓게 됩니다. 저도 예외는 아니어서, 주중 낮에는 생계를 위해 막노동이나 노점을 했지만, 주말에는 수원에 있는 성장하는교회에서 전도사로 섬기게 되었습니다.

   전도사의 생활은 고단합니다. 대체로 교육부에 배속되어 어린이부, 청소년부, 청년부 등을 섬기는데 그것만 하는 전도사는 거의 없습니다. 오히려 대부분은 주중 새벽기도나 수요저녁예배, 금요철야기도회까지 참석하며 궂은일을 도맡아 해야 합니다. 사실 어디서 무얼 하던 간에 '수련(修鍊)'하는 사람이 여행자처럼 여유로울 수는 없습니다. 강한 군인을 만드는 해병대 교육사령부의 교육과정이나 인턴과 레지던트로 나뉘어 수년간 하루 3-4시간만 자며 극도의 스트레스에 시달리는 전공의들의 수련과정을 생각한다면 전도사의 수련 생활은 비교적 손쉬운 것으로 생각될 수도 있습니다. 하지만, 전도사는 하나님의 말씀을 십자가로 짊어지는 삶을 훈련하는 사람입니다. 때문에 가장 넘기 힘든 산을 등정하는 사람이기도 합니다. 그것은 자아를 버리고 말씀에 붙들리는 것을 의미하기 때문입니다.

교회에서 아이들을 가르치는 일은 골치가 좀 아픈 일입니다. 아이들은 도대체가 인내심과는 거리가 멀기 때문입니다. 아니, 어쩌면 아이들에게 애시 당초 인내심을 요구할 필요가 없습니다. 왜냐하면 인내심은 아이들이 아니라 전도사인 나와 교사들의 몫이니까요. 단 5분도 안되는 짧은 시간 안에 모든 것이 이루어집니다. 그 시간에 그날 전할 말씀에 아이들이 흥미를 갖지 않으면 그날은 마치 패잔병처럼 무거운 몸과 마음으로 돌아오게 됩니다. 그래서 나는 자주 내가 겪었던 (지킬과 하이드 시절의) 이야기를 들려 주었습니다. '반항'과 '방황'이라는 단어는 아이들의 귀에 '도전'과 '모험'으로 들리나 봅니다. 아이들은 그때마다 '설마' 하는 눈빛으로 제 얘기를 들어 주었습니다. 틈을 발견한 나는 이어서 성경 속 인물들에게서도 비슷한 점이 있다고 가르쳐줬습니다. 그리고 그 반항과 방황을 순종과 사명의 길로 바꾸어 놓은 하나님의 은혜를 간증했습니다. 아이들은 알 듯 말 듯 한 표정을 지었지만, 나는 알 수 있었습니다. 성령님께서 아이들과 함께 계시다는 것을 말입니다.

재미있는 일화가 있습니다.

교회 청년인 권OO 자매를 사모님께서 소개해서 상담목적으로 만나게 되었는데, 이 자매는 고도비만으로 일상에서조차 불편을 겪고 있었습니다. 신앙도 깊고 성품도 선해서 사람들에게 칭찬받고 있었지만, 문제는 외모로 인해 결혼이 안 되고 있었던 겁니다. 당시에 나는 이미 대체의학에 대한 상당한 공부를 하고 있었기에, 한눈에 권○○ 자매의 문제점들을 진단할 수 있었습니다. 하지만, 내가 진단한다고 해도 문제를 해결하기 위해서는 본인의 의지와 하나님의 인도하심이 절대로 필요한 것이었습니다.

"권○○ 자매님, 비만을 해결하고 몸을 정상으로 건강하게 유지하고 싶지요?"
"전도사님, 그것만 되면 당장 죽어도 여한이 없을 지경이에요."
"그럼, 나랑 약속 하나 합시다. 새벽 기도와 금요철야 예배 때 반주를 할 수 있겠어요?"
"네? 그게 치료랑 무슨 상관이 있나요? 치료의 대가인가요?"
"나를 믿어 봐요. 내가 치료의 대가를 요구하는 게 아니라 그건 아주 중요한 치료방법의 하나이니까요."

권○○ 자매는 내 얘기에 의아해하면서도 흔쾌히 약속했습니다. 일생의 소원이 이루어진다면 당연히 못할 것이 없지 않을까요? 아무튼, 나는 권○○ 자매에게 소금을 처방해서 숙변을 제거하고, 체질 개선을 위해 전해환원수를 복용하도록 했습니다. 그리고 몇 가지 주의할 음식과 지켜야할 식습관, 집에서 할 수 있는 간단한 운동 등을 가르쳐 주었습니다. 평소 무거운 몸 때문에 움직임이 둔했던 자매는 나와의 약속을 지키기 위해 부지런을 떨어야 했고, 그것이 곧 운동이었습니다. 한 달 후, 권OO 자매는 눈이 부실만큼 변화된 모습으로 모두를 놀라게 했습니다. 무려 9kg이나 빠진, 완전히 다른 사람이 되었던 겁니다. 나는 일약 수원의 스타가 되고 말았습니다. 하나님께 감사했지만, 그 일로 인해 나는 매주 20여 명의 교우와 지역 주민들의 건강 상담을 해야 했습니다. '일을 줄여도 시원치 않을 판에 일을 만들어서 하는 꼴이라니' 싶어 잠시 후회도 되었지만, 간단한 처방으로 오랜 지병에서 해방되어 감격하는 교우들을 보면서 하나님의 뜻을 조금씩 확인했습니다.

대부분의 전도사들에게 가장 어려운 일은 새벽기도입니다. 특히 잠이 많은 시기인데 매일 새벽 예배에 참예하는 것은 여간 고단한 일이 아닙니다. 하지만, 나는 그보다 수요 저녁예배와 금요일 철야 예배가 더 어려웠습니다. 아무리 젊음이 좋다고 해도, 낮에 일하고 저녁에 공부하는 처지에 일주일에 두 번 저녁예배를 준비하고 또 뒷정리까지 하고 나면, 녹초가 되는 것은 어쩔 수 없었습니다. 그래도 전도사 체면에 예배시간에 졸 수 없어서 늘 전투에 임하듯 졸음과 싸워야 했습니다.

그러던 어느 날, 담임 목사님께서 나를 부르시더니 주중 예배 때 방송실을 지원해 주면 좋겠다고 하셨습니다. 방송실! 그곳은 예배시간 내내 성도들과 분리되어 있는 곳입니다. 예배를 아예 건너뛰어서는 안 되지만, 적어도 지친 몸을 좀 쉬게 하면서 예배할 수 있는 유

일한 공간이라고 해도 과언이 아닙니다. '할렐루야!'

신익순 목사님은 매시간 졸음과 '사투'를 벌이는 나를 평소 애처롭게 여기셨던 것 같습니다. 나이도 많고 사연도 많은 내가 전도사로 사역하며 살기 위해 발버둥치는 모습에 무언가 해 주고 싶으셨던 것입니다. 그로부터 나는 정말 마음 편하게 저녁예배를 잘 드렸습니다. 절대 졸지 않았다고는 장담할 수 없지만, 결코 일부러 잠들지는 않았습니다.

전도사는 사랑받는 수련생이어서 행복합니다.

목회상담학 수업, 박사가 되다

나는 임상병리사로 전문학사 학위를 취득했고, 이후 방송통신대학교에 진학하여 경영학 학사 학위를 취득했습니다. 그리고 총회신학교대학원 신학연구과를 졸업하면서 신학석사(Th.M.) 학위를 받았습니다. 그리고 마지막으로 샌프란시스코 대학원에서 상담학 박사과정을 졸업했습니다. 이렇게 얘기하면 무척 가방끈이 긴, 엄청난 학구열을 가진 사람으로 비춰지기 십상인데, 실상 그렇지는 않습니다. 방송통신대학교를 졸업할 때까지는 그래도 나름의 계획을 따라 공부한 것이 맞지만, 석사학위와 박사과정 졸업은 원래 꿈도 꾸지 않았던 일입니다. 특히 이공계인 내가 경영학까지는 어떻게 해 볼 수 있지만, 신학과 상담학은 꽤 거리가 먼 분야이기 때문입니다. 하지만, 이 두 과정은 오늘날 내가 전인치유 의료 선교사가 되는 데 있어서 가장 중요한 역할을 하는 기초가 되었습니다.

'박사(Doctor of Philosophy, Ph.D.)'는 학문을 업(業)으로 하는 이들에게 일종의 자부심이자 첫 번째 목표이기도 합니다. 동시에 자신의 학문분야에서 비로소 학자로서 첫발을 뗀 것으로 간주되는 것도 박사 학위입니다. 하지만, 그만큼 박사학위는 손쉽게 얻을 수 있는 것이 아닙니다. 석사를 마치고도 소수의 인원만 박사학위 과정에 들어갈 수 있습니다. 그리고 일정한 과목을 이수하고, 자격시험을 통과하고, 자신만의 고유한 학문체계를 공부하여 정리한 논문을 발표하고 이를 인정받아야 비로소 박사가 될 수 있습니다. 때문에 박사가 되려면 아무리 짧게 잡아도 4-5년은 족히 걸립니다. 그런데 국내 박사도 아닌 샌프란시스코 기독대학 대학원에서 박사과정을 이수했으니, 그때의 결심과 겪은 고생은 아마도 이전까지 공부에 바친 모든 노력을 다 합친 것보다 더 큰 것이었을 겁니다. 또 완전한 박사 학위를 받기 위해서는 논문이 통과되어야 하는데, 사실 미국 대학원에서 영어로 논문을 써서 제출하는 것은 그야말로 걸어서 달에 가려는 것과 같은 불가능한 일로 여겨졌습니다. 나는 영어에 대한 지울 수 없는 상처를 갖고 있었기 때문입니다. 하지만, 박사과정 졸업과 더불어 한의사 자격마저 미국 캘리포니아 주에 있는 사우스 베일로 대학에서 수학하여 얻었으니 아이러니도 이런 아이러니가 없습니다.

아무튼, 내가 목회상담학으로 박사과정을 공부하게 된 것은 전적으로 신학대학원 시절 목회상담학을 지도한 김기원 목사님 때문입니다. 목회자들은 사역의 상당부분을 상담에 할애합니다. 대부분의 성도들이 목회자와의 상담을 아주 중요하게 생각하기 때문입니다. 그 영역도 다양해서, 단순 신앙상담으로부터 가정문제, 진로문제, 연애문제, 사업문제, 진학 등 거의 삶의 전 영역에서 목회자와 상담하려고 합니다. 물론 성도님들이 영적 지도자인 목회자와의 상담을 중요하게 여기는 것만큼 좋은 일은 없을 것입니다. 왜냐하면 목회자는 오직 성령 하나님께 의지해서 성령 하나님이 주시는 지혜와 말씀 안에서 새 힘을 얻게 하고, 양심을 일깨우고, 결단하게하고 바른 길을 가게하고, 변함없이 하나님을 예배하도록 돕기 때문입니다.

　김기원 목사님은 우리에게 목회상담학에 있어서 중심축이 되는 세 요소로 하나님, 목회자, 그리고 피상담인을 꼽고 상관관계를 설명해주었습니다. 인상적인 것은 피상담인의 사연, 감정상태, 그리고 대안 등에 주목해야 한다고 생각했던 나의 편견을 깨고, 오히려 "하나님께 집중해야 한다."라고 강조하셨습니다. 즉, 목회자는 하나님과 피상담인 간 통로의 역할을 할 뿐, 그 상담에 있어서 주재자가 아니라는 것을 가장 먼저 인식해야 한다는 겁니다. 피상담인의 마음을 어루만지고, 상처를 보듬고, 어두운 앞길을 인도하는 것은 신학의 전 분야의 지식을 외우고 깨달아도 불가능한 일이라는 겁니다. 때문에 온전하게 하시는 하나님이 임재하셔서 주관하시도록 겸손히 하나님께 기도하는 것이 상담자의 가장 우선되는 조건이라고 하셨습니다. 강의를 듣다보니, 예배학의 한 구절 같았습니다. 그래서 참지 못하고 질문했습니다.

"교수님. 지금 말씀하신 대목은 마치 예배학의 정수 같은데요? 지금은 목회상담학 시간이고요!"

"차상기 학생의 지적은 틀리지 않습니다. 분명 예배학에서도 같은 얘기를 할 겁니다. 그런데, 예배학만 같을까요? 선교학이나 조직신학에서는 다른 이야기를 할까요? 우리는 신학을 공부하는 사람입니다. 때문에 다른 어떤 학문을 공부하는 사람들보다도 먼저 학문함의 근본적인 이유를 깨달아야 합니다. 지식을 쌓는 것이 중요한 게 아니라 그 지식을 어떻게, 어디에, 언제 사용하느냐가 중요한 것입니다. 우리는 그걸 '지혜(知慧)'라고 말하는데, 그 지혜를 주시는 분이 누구인지 알아야 합니다. 지혜가 없는 지식은 종종 흉기가 되어 자신과 가족, 이웃, 나아가 세계를 위험에 빠트리기도 했습니다. …"

불과 얼마 전에 말씀을 통해 '지혜를 구하라'라는 분명한 메시지를 받고도 단순히 수업과 시험을 잘 해결하는 데 그친 것이 떠올랐습니다. 잠깐이지만 소름인지 전율인지 모를 기묘한 감정에 빠졌습니다. 그리고 그 수업을 잊지 않기 위해 메모해 두었습니다.

"내가 언제든 기회가 되면 목회상담학의 정수를 배워 보리라."

이러한 결심은 나중에 내가 미국에서 한의학을 공부할 때 비로소 현실이 됩니다. 나는 샌프란시스코 기독대학 대학원에서 약 4년간 박사과정 수업을 이수했습니다. 특별히 당시 총회신학대학 대학원에는 '목회상담학'이 따로 없어서, 상담학을 이수하면서 내 관심분야를 '목회상담학'으로 정했습니다. 일반 심리-상담학의 깊이와 방대함에 솔직히 많이 놀랐고, 따라가기 벅찰 만큼의 강도 높은 수업이었지만, 그때만큼 행복하게 공부한 적이 없었던 것 같습니다. 그리고 논문지도를 받았지만, 아쉽게도 논문을 완성하지는 못했습니다. 당시 주된 공부의 목표가 한의사 면허 취득이었기 때문입니다.

아무튼, 나를 아는 사람들은 대부분 아무리 의학에 관한 일반 상식이 있다고 해도, 6년 과정을 4년 만에 마치기 위해 공부에 전념해야 하는 사람이 부가로, 심지어 상담학 박사과정을 공부한 것만 해도 대단한 일이라고 격려해 주었습니다. 하지만, 영어에 대한 두려움, 넉넉하지 못한 재정, 절대적인 공부시간의 부족에도 불구하고 상담학을 공부하게 하신 하나님께 감사한 만큼 또 죄송했습니다. 끝까지 마치지 못했기 때문입니다. 하지만, 이 과정이 남은 생애 동안 내가 하나님을 증거하는 데 큰 밑바탕이 될 것을 확신하기에 오늘도 감사할 따름입니다.

나의 소원, 하나님의 소원

병원인가요? 교회인가요?

신학교를 졸업하기 전부터 교회사역과 선교사역 그리고 의료서비스의 길을 놓고 기도해야 했습니다. 한 번의 실패가 있기는 했지만, 나는 의사로서 가난한 이웃들을 돕고 싶었습니다. 비단 아버지의 유언 때문이 아니라 내 속에 있는 간절한 소원이었습니다. 하지만, 현실적으로 '임상병리사'라는 자격만으로는 정식 병원을 설립하고 내가 바라는 의료서비스를 제공하는 데 상당한 어려움이 많았습니다. 더구나 하나님이 내게 신학을 공부하도록 부르셨기에 나는 이것을 내 삶에 어떻게 적용해야 할지를 하나님께 여쭈어볼 수밖에 다른 방법이 없었습니다. 비록 지난 몇 년간 전도사로 수원성장하는교회에서 사역했었지만, 단독 목회는 분명 간단한 문제가 아니었습니다.

고민하며 기도하는 가운데 때마침 나는 임상병리사로 근무할 때부터 고민했던 문제들이 떠올랐습니다. 병원에서 만났던 환자들, 그리고 전도사 시절 만났던 환자들은 내게 단순한 의학적 처방 이상의 것이 필요하다는 것을 깨닫게 해 주었습니다. 즉, 전인치유가 그것입니다. 전인치유는 사람의 영을 치료하는 것입니다. 의학적 처방을 통해 육체를 건강하게 하는 것과 병행하여, 아니 어쩌면 그 이전에 상한 심령을 위로하고 내면으로부터 몸을 건강하게 함으로써 대체의학, 혹은 한방, 양방의 모든 의학적 처치가 최선의 결과에 이르게 하는 것이 바로 전인치유의 목표입니다. 나는 용기를 내기로 했습니다. 주저하고 망설이는 대신 교회를 설립하기로 했습니다.

2000년, 송파구 삼전동에 전인치유교회를 설립하였습니다. 하지만 막상 목회를 시작하고부터 목양의 어려움이 현실이 되었습니다. 내가 탁월한 설교가도 아니고, 그렇다고 성경을 잘 가르치는 교수도 아니었기 때문입니다. 하지만, 우리 교회에 출석하는 교우들을 건강하게 만들 수 있는 지식과 경험이 충분했기 때문에 나는 우리 교회에서부터 전인치유사역을 시작했습니다.

그리고 때마침 이온수기를 만드는 ㈜엔빅이라는 회사에서 나의 경력을 높이 사서 직원으로 취직하게 되었습니다. 담임목회자였지만, 개척교회인 탓에 내 생활은 온전히 내 몫이었습니다. 하지만, 임상병리사로 그간 쌓아온 의학지식과 대체의학에 대한 연구 성과를 제대로 활용한 탓에 내 실적은 회사에서 최고 기록을 세우게 되었습니다. 이온수기의 성능도 훌륭했지만, 내가 고객들의 가족 건강에 대한 걱정과 고민을 상담하고 적절한 처방을 곁들여 이온수기를 소개한 탓에 고객들은 서로 지인에게 소개해 주었습니다. 그렇게 나는 매월 100대 이상의 이온수기를 판매했습니다. 회사에서는 '신화'라는 말로 나를 칭송했습니다. 비록 1년밖에 되지 않았음에도 회사에서는 영업국장을 맡아달라고 내게 사정했습니다. 당시 ㈜엔빅의 OOO 상무이사를 제외하면 내게 필적할 만한 판매기록을 가진 사람이 없었기 때문입니다. 하지만, 그 회사에 더는 머물 수 없었습니다. 내겐 '사역'이 우선이기 때문이었습니다.

하지만, 이 경험은 내 전인치유 의료 선교 사역의 밑거름이 되었습니다. 나는 대체의학의 지식을 밑바탕으로 "차상기 만나생식", "생금", "키토산" 등의 제품을 생산하고, 그것을 가지고 전국 농어촌을 다니며 복음을 전하고 의료서비스를 받기 어려운 노인들이 혼자서도 자신의 병을 다스릴 수 있도록 간단한 대체의학 진단법과 처방을 강의하였습니다. 또한 인터넷선교방송국에서 우리를 주목하여 정규 방송으로 의학 상담을 시작했고, 월간 「건강나라」라는 잡지를 발행하여 예방의학 정보, 대체의학 정보, 건강식품 정보 등을 보급하기도 했습니다.

뿐만 아닙니다. 교회 역시 부흥하기 시작했습니다.

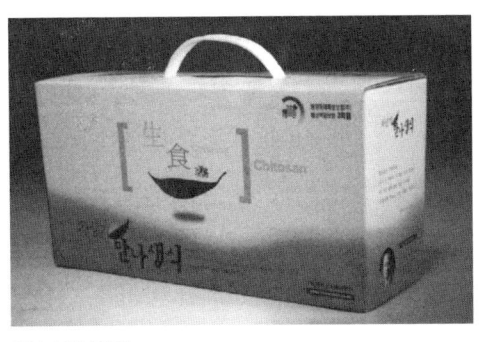
차상기 만나생식

우리는 매주 지역 내 가정을 돌며 전도특공대를 조직하여 각 가정을 방문하고 복음을 전하고 귀신을 쫓는 축호전도를 했습니다. 늘 환영받은 것은 아니었지만, 사람들은 대개 자신의 집에까지 찾아와서 아무런 대가 없이 복음을 전하고 의료상담도 해 주는 우리들에게 깊은 감사를 표시했습니다. 이렇게 양쪽 모두에서 상당한 성과를 거두면서 나는 딜레마에 빠지고 말았습니다.

"하나님, 교회를 해야 하나요? 병원을 해야 하나요?"

'성공'이라는 결과에 도취하고 나면, 반드시 잃어버리는 것이 두 개 있습니다. 하나는 '목적'이고 다른 하나는 '과정'입니다. 그렇게 스스로 다짐을 했건만, 어느새 나는 하나님께서 나를 교회로 왜 부르셨는지, 나에게 왜 대체의학을 공부하게 하셨는지를 잊고 있었습니다. 그리고 왜 내가 잘 운영하던 병원의 문을 닫았고, 또 단란했던 가정을 잃어버려야 했는지를 잊었습니다. 아니, 그 과정을 통해 하나님께서 내게 말씀하고 싶어 하셨던 것이 무엇이었는지를 전혀 기억하지 못했습니다. 그리고 결국 성공적인 듯 바쁜 삶을 살던 중에 큰 시련이 닥쳤습니다.

먼저, 신학교에서 강의하며 만난 OOO 선교사가 찾아왔습니다. 그는 선교지에서의 사역을 마치고 귀국했는데, 한국에서 선교지에서의 사역을 이어가기를 희망하고 있었습니다. 그는 자신의 고향인 병천에 부지를 마련하고 선교지에서 했던 교육, 상담, 치유 사역을 하려고 준비 중이라고 했습니다. 그리고 내게 배운 전인치유 상담을 접목하고 싶다고 했습니다. 그렇게 그는 내가 가르치는 '전인치유 상담학 과정'에 등록하여 대체의학을 배우며 친구가 되었습니다.

어느 날 그는 내게 은행 보증을 서달라고 요청했습니다. 오랜 기간 J국에서 일했던 터라 은행에서 국내에 거주하는 보증인을 요구한 것입니다. 평소 그의 인품과 전문성을 알고 있다고 생각했기 때문에 나는 기꺼이 그를 위해 보증을 섰습니다. 그리고 나의 도움에 고무된 그는 열심을 다해 OOO 선교원을 건축해 갔습니다. 그는 선교원을 연립주택 식으로 건축했는데, 일부 분양을 통해 건축비를 받아 은행 대출을 갚고 남은 공간에서 선교원을 시작할 생각이었던 겁니다. 그런데 문제는 OOO 선교원의 준공을 앞두고 일어났습니다. 선교원이 들어설 마을의 주민들이 OOO 선교사에게 마을의 발전기금을 요구하고 나선 것입니다. 마을 주민들은 선교원이 마을에 들어서면 소란도 나고 외지인들이 많아져서 불편이 발생할 것으로 여겨 건축 과정에서부터 여러 모양으로 방해를 했던 터였습니다. OOO 선교사가 마을 주민들의 이런 부당한 요구에 응할 리가 없었습니다. 그는 단호하게 거절했고, 이에 분노한 마을 주민들이 준공을 앞둔 건물의 마무리 공사를 막고 나선 것입니다. 그것도 하필 분양하기 위해 사람들을 초청했던 날에 말입니다. 마을 주민들의 살벌한 저항을 지켜본 투자자들이 분양신청을 포기하면서 OOO 선교사는 당장 은행에 갚을 돈을 마련할 수 없게 되었습니다. 불과 며칠 만에 그는 '부도'를 맞게 되었습니다. OOO 선교사는 자신이 감당할 수 없는 상황에 이르자, 뒷수습을 하지 않은 채 잠적하고 말았습니다. 문제는 은행대출에 연대 서명한 보증인이 바로 나였다는 사실입니다. 나는 목회자에 방송인, 대학교수였습니다. 신분이 확실한 사람이어서 거액을 대출해준 은행은 마치 내가 원래 돈을 빌린 사람인 듯 내게 책임을 추궁했습니다. 은행의 채권추심은 무섭고 철저했습니다. 나는 정말 큰 손실을 떠안아야 했습니다. 깊은 배신감이 나를 좌절하게 했습니다.

뿐만 아니라 교회 내에서도 이상한 소문이 돌기 시작했습니다. 우리 전도팀 일부에게 내가 대체의학을 가르쳐서 축호전도 시 기도와 함께 생활의학으로 도움을 주게 했는데, 당시 이단교파들이 비슷한 건강식품을 들고 다니면서 사람들을 미혹하게 했던 것입니다. 이에 우리 전도팀이 비슷한 행태를 보인다며 다른 교인들이 오해하기 시작하면서 이 소문은 걷잡을 수 없이 빠르게 번지고 말았습니다.

나는 사면초가(四面楚歌)에 빠지고 말았습니다. 하지만, 마냥 불평하거나 나를 함정에 던져버린 그 선교사를 찾아 나설 수도 없었습니다. 결국 나는 내 사업에 관한 모든 지분을 정리해서 빚을 청산해야 했습니다. 뿐만 아니라 교회에서도 담임 목사의 직을 내려놓기로 했습니다. 억울함이 마음 가득했지만, 누구에게도 차마 원망할 힘도 없었습니다. 거듭되는 불행이라고, 하나님께만 원망의 기도를 드렸습니다. 하지만, 하나님께서는 나를 위로하시는 대신 다른 길로 인도하셨습니다.

괌으로의 부르심

2005년 봄, 괌 순복음교회 오국진 목사님이 한국에서 열리는 세계선교사대회에 오셨습니다. 마침 나는 선교대회에서 의료팀으로 봉사하고 있었는데, 그곳에서 오 목사님을 만나서 허심탄회하게 서로의 사역에 대해 얘기 나누게 되었습니다. 그리고 세계선교사대회가 끝날 때쯤 오 목사님께서 내게 괌으로 와서 간증 및 의료 선교를 해줄 수 있겠느냐고 의사를 물어왔습니다. 일단 첫 방문 경비는 부천 주양교회에서 사역하시는 조덕자 목사님께서 후원해 주셔서 괌을 찾게 되었습니다. 3박 4일 집회 기간 동안 현지 교회에서 많은 사람들을 만나 상담하고 간증했습니다. 그들에게는 간단한 상담과 처치들이 큰 위로였던 것입니다. 이후 괌에서는 계속해서 나에게 선교사로 와줄 것을 요구하고 있었습니다.

결국 2005년 나는 모든 것을 정리하고, 신분은 교단소속 파송선교사로, 그러나 정작 자비량 선교사로 괌으로 떠나게 되었습니다. 대부분의 '선교사'들이 가지는 활화산 같은 구령의 열정이 넘쳤던 것이 아닙니다. 교단 파송 선교사들처럼 뚜렷한 신분과 재정적 후원이 뒷받침 된 것도 아니었습니다. 억울한 마음에 삶을 포기하고 싶기까지 한 상태에서 하나님께 기도드리던 중 괌으로 떠나라는 음성이 들려 그저 순종하기로 한 것이었습니다.

괌에서의 사역은 한국에서 경험했던 사역과 크게 다르지 않았습니다. 태평양장로교회(조환 목사님)에서 부목사로 사역하면서 매일

20-30여 명의 교민과 현지인들을 상담하고 치료했습니다. 괌은 미국령이어서 한국보다 오히려 대체의학에 대한 편견이나 학벌, 교단의 편견이 없어서 즐겁게 사역할 수 있었습니다. 교포는 물론이고 현지인 가정들이 점차 소문을 듣고 내게 찾아왔고, 비만, 피부병, 소갈증, 부인병 등 여러 질병을 고쳐내면서 제법 유명해지기 시작했습니다.

그런데 유명해지니 제약이 생겼습니다. 나는 한국에서는 임상병리사여서 대체의학을 가지고 진단하고 처방하는데 크게 문제될 것이 없었지만, 괌에서는 그 자격이 인정되지 않았습니다. 영주권이나 시민권이 없는 외국인이, 사역자의 신분으로 들어온 사람이 의료행위를 하는 것은 미국법상 금지된 일이었습니다. 나는 문제의 심각성을 깨닫고 해결하기 위해 방법을 찾던 중에, 본토 로스앤젤리스(Los Angeles)에 있는 사우스 베일로 대학에서 개설하고 있는 한의학 과정을 발견했습니다. 다만, 해결해야 할 것은 학비였습니다. 당장 체류비도 근근이 직접 벌어서 쓰는 마당에 연간 2,000만 원에 달하는 학비를, 최소 4년간 감당할 수는 없었습니다.

그때, 괌에서 만난 한 자매의 가족들이 내게 기적의 손길을 베풀었습니다. 사실 그 자매는 내가 홀로 지내는 것을 보고 나를 남편감으로 생각했던 자매입니다. 처음 만날 때는 내가 선교사이고 또 의사이기 때문에 여러 매력을 느꼈던 것입니다. 외국인이어서 문제가 여권의 문제가 있지만, 본토 한의학교를 졸업하면 한의사가 될 테니 더 큰 유익이 있을 거라는 계산을 했던 모양입니다. 이러한 저간의 사정이야 나중에 갑자기 돌변한 자매의 태도에 의아한 나머지 지인들에게 물어 알게 된 사실이지만, 아무튼, 당시 내게는 하나님께서 내려 주신 동아줄이었습니다.

  2007년 봄, 나는 미국 LA 사우스 베일로 대학교 한의과에 들어갔습니다. 다른 자격요건은 괜찮았는데, 토플이 문제였습니다. 이미 한국에서 학위를 갖고 있었고, 임상병리사로서 의학의 기초도 다졌기에 남들처럼 6년 과정을 다 듣지 않아도 되었고, 본과 과목만을 수강하도록 허락되었지만, 일단 토플이 목표점수에 도달해야 했습니다. 하지만, 알다시피 영어는 난공불락의 성이었습니다. 개강까지 불과 2개월도 남지 않은 상황에서 나는 하루 종일 영어에 매달렸습니다. 낮에 아르바이트를 하면서, 저녁에 공부하면서 계속 영어만 사용했습니다. 학교에서 지정한 교육기관을 통해 토플을 치를 때, 사실 마음은 난감하기만 했습니다. 긴가민가한 것이 한둘이 아니었습니다. 시간이 너무 짧게 느껴졌습니다. 당시에는 PBT라고 불리는 시험으로 크게 듣기평가와 읽기평가로 나뉘어 총 677점 만점의 시험을 치렀습니다. 학교에 입학하려면 530점 이상이 나와야 하는데, 느낌상 조금 모자란 듯했습니다. 실망하긴 했지만, 그래도 결과를 기다리며 기도하고 찬양하는데, 커트라인을 넘은 540점 대가 나왔습니다. 할렐루야!

  드디어 내게도 미국 유학의 길이 열렸습니다. 그것도 정식 한의사가 되는 과정이었습니다. 비록 일부 과목은 영어로 진행되었지만, 그것은 아무런 제약이 되지 않았습니다. 정말 평생 처음으로 즐겁게 공부했습니다. 물론 이곳에서 주경야독(晝耕夜讀)의 삶이 바뀌지는 않았습니다. 기본적으로 아무런 후원이 없이 홀로 LA에 왔기 때문에 생활을 위해 스스로 돈을 벌어야 했습니다. 그런데 겁이 정말 없었던 것 같습니다. 그간 공부했던 대체의학과 배우는 한의학을 통합하여 실습을 경험하고 싶은 욕심에 그만 O.C.전인치유센터를 설립했습니다. 학교에서 만난 교수님들의 도움을 얻어 멕시코 티와나 지역으로 단기선교를 떠나기도 했고, 지역 교회를 도와 지역선교에도 나섰습니다. 지금 생각해 보면 정말 무모할 정도로 과로(過勞)했던 것인데, 반복된 좌절을 잊고 현재의 기쁨을 비전으로 발전시키려는 욕심에 무리했던 것입니다. 그때의 시간이 나에게 가장 행복하고 열정을 쏟은 시간이었음을 부정하기 어렵지만, 동시에 나는 과로로 인한 육체의 연약함을 경험하기 시작했습니다. 끔찍한 당뇨병이 나를 찾아왔기 때문입니다.

너의 소원을 제물로 드려라

2010년 가을, 나는 미국 LAc Acupuncturist 라이센스를 정식으로 취득했습니다. 내 나이 53세가 되어서야, 비로소 아버지께서 부탁하신 '의사' 면허를 갖게 된 것입니다. 미국 내에서 유학하여 한의사 자격을 취득했기 때문에 취업비자도 어렵지 않았습니다. 이미 괌에서 지낸 기간과 본토에서 공부한 기간을 더하면 곧 미국 영주권도 가능했습니다. 감격하기만 했습니다. 모든 것을 잃은 듯했는데, 어느새 모든 것이 채워진 것입니다. 나는 힘든 유학생활을 마무리하고 괌으로 돌아와서 은혜한의원을 개원하였습니다. 그리고 본격적으로 의료 선교사로서의 삶을 시작했습니다. 나는 드디어 하나님께서 나를 향해 세우신 본래의 뜻을 찾았다고 굳게 믿었습니다. 한국에서 번번이 실패할 수밖에 없었던 것은 내가 이렇게 정식 '한의사'가 되는 꿈을 꾸지 않았기 때문에, 세상에서도 인정받는 '의료 선교사'가 되려고 하지 않았기 때문이라고 생각했습니다. 은혜한의원은 놀라운 기적의 장소가 되었습니다.

나는 은혜한의원을 통해 유희분 집사님의 위암을 치료했고, 하반신이 마비된 괌 원주민 베키 씨를 치료했습니다. 그들의 소개로 찾아온 복부비만 환자 노블 카스트로 씨를 치료했습니다. 중증환자들만 있었던 것은 아닙니다. 다만, 당시 현대 과학에서 도저히 손을 쓸 수 없다고 포기한 환자들이 종종 우리 은혜한의원을 찾았습니다. 나는 성령님께서 강하게 역사하심을 매번 느낄 수 있었습니다. 분명 하나님께서 나를 통해 괌에 귀한 일들을 하고 계셨습니다. 그래서 나는 의료관광병원을 계획하기 시작했습니다. 그것이 문제였습니다. 또다시 나는 '선한 계획'을 세우기 시작한 것입니다.

당시 나는 괌 주지사의 비서실장을 지낸 조지 밤바 씨를 치료하며 교분을 맺게 되었는데, 그분을 통해 괌 정부가 땅 20만 평을 임대해 주면, 거기에 허브농장, 선교센터, 종합검진센터, 그리고 양한방병원 등을 설립하겠다고 제안했습니다. 즉, 괌에 전인건강, 전인치유를 통한 전인구원에 힘쓰는 한의과 대학을 세워 의료 선교사를 양성한다는 야심찬 계획을 수립한 겁니다. 그 계획이 어느 정도 윤곽을 드러낼 즈음 내게는 청천벽력과 같은 소식이 전해졌습니다.

내 가족력에 '당뇨병'이 있습니다. 나는 당뇨병으로 아버지와 둘째 형(차상순)을 잃었습니다. 그밖에도 여러 친척들이 당뇨로 고생했던 것을 들어서 알고 있었습니다. 그런데 하필이면 내가 당뇨병에 걸리고 말았습니다. 당뇨병 환자는 면역성이 급격히 낮아져서 신체에 다른 병균이 침범할 경우 치명적인 상황에 처할 수 있습니다. 그리고 이러한 우려는 어김없이 현실이 되었습니다. 비교적 가벼운 골수염에 걸린 줄 알고 양방병원을 찾았더니 의사선생님은 내게 항생제를 처방해 주었는데, 실제로는 '메티실린 내성 황색포도알균(MRSA, Methicillin-Resistant Staphylococcus Aureus)'이라는 긴 병명의 슈퍼 박테리아에 감염된 것이었습니다. 곧바로 몸의 면역체계가 걷잡을 수 없이 무너지더니, 실명 위기가 닥쳤습니다. 괌에서 더는 버틸 수가 없게 된 겁니다. 한국으로 돌아와야 했습니다.

눈물이 흘렀습니다. 이제 더는 시련이 없을 것이라고 생각했습니다. 은혜한의원이 노아의 방주처럼은 아니어도 괌에서 만난 사람들에게 하나님의 복음과 육체의 건강을 선물하는 귀한 교회가 되기를 바라고 또 확신했습니다. 그런데 하나님께서 내게 감당할 수 없는 것을 요구하셨습니다. 무려 33년의 꿈이었습니다. 그 결실을 모두 내려놓으라는 것입니다.

성경에 등장하는 인물 중 그 당시 내 마음을 제대로 이해할 수 있는 사람은 아마도 아브라함 한 사람 뿐일 겁니다. 100세가 되어 간신히 얻은 금쪽같은 아들 이삭을 하나님께 드려야 했을 때, 그 아브라함은 아무런 말을 하지 못합니다. 상대가 하나님이시기 때문입니다. 하지만 그렇기 때문에 그 마음속에 감춘 분노, 실망, 절망, 슬픔을 만약 펼쳐놓을 수만 있었다면, 그것은 하늘을 덮고 바다를 메웠을 것입니다. 나도 같았습니다. 이렇게 허무하게 뺏어갈 생각이셨다면 왜 내게 그 어려운 시간을 주셨고, 때마다 감격의 순간을 맛보게 하셨던 건지 화가 났습니다. 하나님의 생각이, 나를 향한 하나님의 계획이 무엇인지 정말 궁금해졌습니다. 아니 따져 묻고 싶었습니다. 하나님께서 내 눈앞에 계시고, 내게 그런 시간이 주어졌다면 100번이라도 그렇게 했을 겁니다.

하지만, 내게는 시간이 없었습니다. 육체의 연약함을 그대로 내버려둘 수 없었습니다. 나는 서둘러 괌에서의 모든 것을 정리하고 한국으로 들어왔습니다.

나는 하나님의 계획을 감히 짐작하지 못합니다. 지난 몇 년간 그 무서운 병마와의 싸움을 견디고 육체적으로 완치를 바라보고 있는 요즘에서야 나는 그 절망의 순간들을 다시 상고합니다. 그리고 그 과정을 통해서 오늘 내게 하나님께서 무얼 바라고 계신지를 가만히 생각해 봅니다. 1부 마지막 장에서 나는 다시 그 꿈을 나누려고 합니다만, 이젠 섣불리 나의 소원을 하나님의 소원으로 바꾸지 않습니다. 나는 이제 하나님의 소원에 귀를 기울입니다. 어쩌면 하나님이 내게 바라시는 것이 그것 하나였는지도 모릅니다.

08

기적을 경험하게 한 투병

어느 날, 병마가 찾아오다

성경에는 많은 기사와 이적이 기록되어 있습니다. 모세가 애굽에서 행한 10개의 저주도 있었고, 엘리야가 바알 선지자들과 대결할 때 하늘에서 불을 내리기도 했었습니다. 특별히 예수님은 공생애 기간에 많은 기적을 보이셨는데, 이는 사복음서를 통해 확인할 수 있습니다. 그런데 그러한 기사와 이적들에 대하여 말하면 사람들은 으레 "에이, 황당한 얘기하고 있네."라며 비웃고 맙니다. 하나님을 알지 못하는 사람들의 당연한 반응이라고 생각할 수 있지만, 믿는 사람들도 크게 다르지 않습니다. 성경에 기록된 기사와 이적에는 아무런 의심도 없이 믿으면서, 정작 오늘날에도 그와 꼭 같은 기적이 일어나고 있다고 말하면, 눈빛에 가득한 의심을 도무지 숨기지 못하는 사람들이 대부분입니다.

예수님을 믿고 의료 선교사가 되어 사역을 감당하면서도 나는 '의사'라는 자부심이 강했습니다. 성령 하나님께서 내 의술을 통해 다른 사람들을 고치실 때면 으레 "하나님이 고쳐 주신 겁니다."라고 말했지만, 실제로 내면에서는 은근히 '내 의술'에 도취되었던 것이 사실입니다. 그런 나의 교만이 무너지게 된 것은 결국 하나님께서 나의 의술이 아니라 내가 하나님의 말씀에 의지해서 살았음을 직접 경험을 통해 고백하게 하시면서부터입니다.

실명 위기를 극복하다

LA에서 한의학을 공부할 때 간혹 해를 쳐다보면 매우 눈이 부시거나 어두워지곤 했습니다. 특별히 몸에 이상이 없는데 갑자기 나타나는 현상이어서 영적 전쟁으로 여겨졌습니다. 그래서 하나님께 기도했습니다.

> "주님, 저는 나이 많고 아내도 보호자도 없는데 51세 이 나이에 실명되면 안 됩니다. 주님이 맡기신 일을 제대로 할 수 없어요. 제발 제 눈을 치료해 주세요."

기도 후에 눈이 다시 정상으로 돌아와서 '그럼, 그렇지. 하나님께서 나를 혼자 두실 일이 없어.'라고 생각하고 안도했습니다. 그런데 꿈으로 돌아와서 가정예배를 드리는 중 갑자기 눈앞에 놓여있는 성경책이 보이지 않는 것입니다. 망막질환으로 변성혈관이 발생하여 눈에 마치 파리 몇 마리가 계속 왔다 갔다 하는 듯 침침했습니다. 미국인 안과전문의는 이 증상이 심해지면 실명이 된다면서 빨리 한국으로 나가 치료하라고 권했습니다. 당시 나는 미국시민권 취득을 눈앞에 두고 있기는 했지만 여전히 외국인 신분이었고, 미국 의료보험에 가입되지 않아서 간단한 조치로도 한국에서와는 비교할 수 없는 비용을 감당해야 했기 때문에 달리 뾰족한 수가 없었습니다. 더구나 더 심각한 문제는 왼쪽 다리에 골수염이 발생한 것이었습니다. 자가 치료를 할 수 없어서 병원을 찾았는데, 외국인 양의사는 단순 골수염인 줄 알고 항생제를 처방하고 적외선 치료를 받게 했습니다. 그때 MRSA(메티실린 내성 황색포도상구균, methicillin resistant staphylococcus aureus)에 감염되고 말았습니다. 가뜩이나 당뇨병으로 면역체계가 무너진 상황에서 슈퍼 박테리아라고 평가되는 MRSA는 나를 무너뜨리기에 충분했습니다.

하지만 절망만 하고 있을 여유가 없었습니다. 어떻게든 일단 한국으로 돌아와서 급한 불부터 꺼야 했습니다. 형제들에게 도움을 청해서 선교사들을 무료로 진료한다는 서울안과의원을 알게 되었습니다. 병원을 찾아 갔더니 안은정 병원장님은 고개를 좌우로 흔들었습니다.

"차 선교사님, 4년 전에 오셨다면 모르는데, 지금은 너무 늦으셨어요. 실명을 피할 수 없을 겁니다."

4년 전이라면 LA에서 공부하다가 잠시 눈이 어두워졌던 그때입니다. '그것이 하나님의 사인이었던 것인가?' 하는 생각에 자책이 일었습니다. 내 안색이 얼마나 어두웠는지, 옆에서 돕던 간호사가 나를 불쌍히 여기며 4만 원을 쥐어 줄 정도였습니다.

실망을 감출 수 없었지만, 한 번의 진단으로 그만둘 수 없었습니다. 그런 내 모습이 딱했는지, 간호사의 소개로 서정오 목사가 시무하는 동숭교회 해외선교부 한 부목사를 통해 한국 최고의 병원이라는 신촌 세브란스를 찾았습니다. 그런데 요구하는 서류가 너무 많았습니다. 더 기대할 것이 없어 보였습니다.

다시 영등포에 있는 김안과병원을 찾아 갔습니다. 감사하게도 김안과병원에서는 수술이 가능하다고 했습니다. 어두운 눈이 밝아지는 느낌이 들었습니다. 그런데 곧 실망할 수밖에 없었습니다. 수술비만 500만 원이 드는데, 더 나쁜 것은 "재발 가능성이 아주 높다."는 얘기였습니다.

도저히 길이 없어 보였습니다. 낙심하여 기도하는데, 하나님께서 내 마음을 어루만지시는 것을 느꼈습니다. 분명히 치료할 수 있다는 확신을 주시는 겁니다. 그때, 백인철 목사를 통해 실로암안과병원을 소개받았습니다. 사실 병원이라면 이젠 더 가보지 않아도 알 것 같았지만, 마음으로 막 하나님의 음성을 들었기 때문에 나는 이것이 하나님의 메시지인가보다 싶어 찾아갔습니다.

실로암안과에서 주치의는 "레이저치료 3회면 어느 정도 치료가 가능합니다."라며 믿기 어려운 쉬운 방법을 제시했습니다. 나는 너무 놀라서 얼떨결에 "치료비는 얼마나 되나요?" 하고 물었는데, 글쎄 "아마 한 15-16만 원 정도 들 겁니다."라고 답하는 것입니다.

그러던 차에 내 왼쪽 발목의 골수염이 급격히 진행되어 혼수상태에 빠지고 말았습니다. 3월 23일. 내 54번째 생일날이었습니다. 나는 급히 앰뷸런스에 실려 안양에 있는 샘병원에 도착하여 응급으로 검사를 받고 이튿날 발목 근처 네 군데를 절개하는 대수술을 받아야 했습니다. 더는 홀로 지낼 수도, 밖으로 다닐 수도 없었습니다. 결국 셋째 형수님이 간호사로 근무했던 부산 메리놀병원을 찾아갔습니다. 그곳에서 백내장 수술을 받고서야 희미하게나마 앞을 볼 수 있었고, 또 썩고 있는 다리를 치료하기 위해 '음압치료'를 받고, 회당 100만 원이나 하는 항체주사를 맞기도 했습니다. 그러나 나의 모든 노력이 허사가 되었습니다. 완전하게 눈이 회복될 수 없다는 진단에 마음이 무너져 내렸습니다. 더는 기대할 힘조차 내게 남아있지 않았습니다.

'무엇이 잘못된 것일까? 내가 들었던 하나님의 음성이 그저 환상이었던 것일까?'

억울한 마음에 분노가 터져 나올 때도 여러 번이었습니다. 이대로 실명하여 더는 아름다운 세상을 볼 수 없을 것이라는 생각이 나를 조금씩 잠식하며 낙심하게 할 때, 내가 찾을 곳은 세상에는 더는 없었습니다. 나는 다시 하나님께 나아가야 했습니다. 아니 하나님 곁에서 그냥 죽고 싶었습니다. 하나님이 나를 잊으신 듯하니 그저 당신 곁에서 죽어 천국에 가겠다고, 그렇게 따지듯 기도했습니다.

> "하나님, 제가 하나님을 얼마나 신뢰하는지 아시지요? 하나님이 제 연약함을 보시고 고쳐주시겠다고 하셨던 것을 저는 확실히 기억하고 믿었습니다. 그런데 왜 이렇게 결과가 비참할까요?"

얼마를 기도했을까요? 기도하며 울며 그렇게 하나님을 찾는 중에 갑자기 하나님께서 나를 어루만져주시는 것을 느낄 수 있었습니다. 음성을 듣던 그때와 꼭 같았습니다. 어머니가 아기를 보듬어 품에 안는 듯, 따뜻하게 나를 감싸 안으신 주님께서 내게 말씀하셨습니다.

> "차 선교사야. 나는 너를 기억한다. 네 아픔을 보았고, 그것을 완전하게 하겠다고 약속했다. 그런데 너는 정말 나를 신뢰했니?"

애초에 나는 가난했습니다. 가난한 내가 실명의 위기를 극복하기 위해서 좋은 치료를 받으려면 누군가의 도움이 필요했기에 나는 번

번이 그러한 기회들이 하나님의 계획하심이라고 생각했습니다. 그런데 하나님의 생각은 나와 달랐습니다. 하나님은 내가 가진 것 없이 오직 믿음으로 하나님 앞에 선 것을 귀하게 여기셨고, 때문에 그 믿음으로 말미암아 육체의 연약함을 극복하고 회복을 이루기를 원하셨던 것입니다. 하나님은 눈을 고쳐 주시겠다고 약속하셨는데, 나는 하나님의 약속을 믿고 기다리는 대신 병원을 찾았던 것입니다. 그리고 그 결과는 뻔한 것이었습니다.

성경에 등장하는 여러 이적 가운데 실명의 상태에서 치유받은 바디매오의 이야기(마가복음 10:46-52)가 생각났습니다. 예수님과 제자들이 여리고에서 나가실 때, 길가에서 버려진 듯 앉아 있던 바디매오는 예수님을 소리쳐 불렀습니다.

"다윗의 자손 예수여, 나를 불쌍히 여기소서."

사람들이 그에게 조용하라고 꾸짖었지만 그는 더욱 큰 소리로 외쳤습니다.

"다윗의 자손 예수여, 나를 불쌍히 여기소서."

그의 외침을 듣고 드디어 예수님은 그를 부르셨고, 조용히 물으셨습니다.

"네게 무엇을 하여 주기를 원하느냐?"
"선생님이여, 보기를 원하나이다."
"가라! 네 믿음이 너를 구원하였느니라."

눈을 뜬 바디매오는 예수님의 뒤를 좇았습니다.
말씀을 묵상하면서 내 믿음의 연약함을 회개했습니다. 하나님께서 내 곁에 계신 것을 믿지 못했던 것입니다. 하나님의 음성을 듣고서도 나는 하나님을 온전하게 신뢰하지 못했습니다. 실명의 위기라는 말에 짓눌려 나를 찾아오신 주님의 손길을 뒤로 밀어낸 것이었습니다. 눈물이 났습니다. 하나님께 용서를 구할 때 하나님께서 '괜찮다.'라며 위로하시는 음성을 들려 주셨습니다. 그리고 새롭게 용기가 샘솟는 것을 느꼈습니다. 나는 마치 예수님께서 맹인을 위해 기도하셨던 것처럼 하나님의 능력을 신뢰하는 믿음 가운데 강하게 선포했습니다.

"주 예수 그리스도의 이름으로 명하노니, 눈은 회복될지어다."

성령 하나님이 내 속에서 나를 위해 강하게 기도하고 계시는 것이 느껴졌습니다. 얼마 지나지 않아 내 눈을 덮고 있던 꺼풀이 벗어지고, 나는 이전과 같이 밝은 빛을 볼 수 있게 되었습니다.
아멘! 할렐루야!
눈이 건강해진 나는 불편한 다리에도 불구하고 홀로 이곳저곳을 다닐 수 있게 되었습니다. 건강해진 내 눈은 그저 오색찬란한 세상을 바라보는 눈이 아니었습니다. 내 눈은 나와 같은 연약한 사람들이 허덕이는 모습을 보고 있습니다.

하나님은 언제나 우리들의 연약함을 긍휼히 여기시고 함께 아파하십니다. 그리고 하나님의 선한 계획을 이루기 위해서 애쓰는 자녀들을 위해 당신의 능력을 베푸십니다. 하지만 우리는 이 사실을 성경을 통해 또 여러 선지자들의 간증을 통해 들으면서도 온전히 신뢰하지 못합니다. 그러한 불신이 하나님의 임재하심을 밀어내는 가장 결정적인 불신앙이라는 사실을 기억해야 합니다. 하나님을 알지 못하는 사람들에게 기적은 단순히 병이 낫고 바다 위를 걷는 등의 마술과 같은 것이지만, 믿는 이들에게 기적은 나의 불신에도 불구하고 나를 찾아오신 하나님을 만나는 그 자체입니다. 그리고 그 만남은 삶의 모든 것을 바꿔 놓게 됩니다.

당뇨병과 슈퍼 박테리아

부산 메리놀병원에서 만 4개월 동안 다리를 치료하기 위해 입원해 있었습니다. 당시 포도상구균에 가장 탁월한 항생제라는 반코마이신(vancomycin)[11]을 써도 소용이 없었습니다. 다리의 상처가 점점

---

11 페니실린의 대체약인 메티실린(methicilline)에 내성(耐性)을 갖게 된 황색 포도상구균이 퍼지자 1950년대부터 개발해서 사용하기 시작하였다. 황갈색 또는 갈색의 분말로서 다른 항생물질에

벌어지고 썩어가서 담당 주치의는 "절단을 결심하라."고 나를 압박했습니다. 내 어려운 처지를 듣고 모인 형제들마저 내 생명을 위해서 같은 결정을 내려야 한다면서 종용했지만, 나는 기도할 뿐이었습니다. 하나님의 약속이 비단 눈에서 그칠 것이 아니라는 사실을 이미 알았기 때문이었습니다. 하나님은 나의 이런 아픈 마음을 위로하셨고, 확실한 약속을 주셨습니다. 기도 중에 선명하게 머리에 새겨지는 말씀이 있었습니다.

> 두려워하지 말라 내가 너와 함께 함이라 놀라지 말라 나는 네 하나님이 됨이라 내가 너를 굳세게 하리라 참으로 너를 도와 주리라 참으로 나의 의로운 오른손으로 너를 붙들리라(이사야 41:10).

나는 다시 서울 천호동에 있는 친구 병원으로 옮겨 정밀검사를 받았습니다. 검사결과는 다르지 않았습니다. 다만, 권영석 병원장님이 달랐을 뿐입니다. 권영석 병원장님은 장로님이셨는데, 선교사로서 내가 어떤 삶을 살았는지, 내가 왜 이 병과 싸워 이기려고 하는지, 내가 하나님께 어떤 음성을 들었는지를 설명하자, 아무 말 없이 가만히 듣더니 딱 한마디를 해 주었습니다.

저항성을 띠는 포도상구균의 중증 감염증 치료를 위하여 정맥주사한다. 질병에 대항하여 인류가 개발한 항생제 가운데 가장 강력한 효과를 발휘하는 것으로 알려져 있다. _ [네이버 지식백과] 반코마이신 [vancomycin]

"차 선교사님, 우리 기도하면서 정성껏 치료해 봅시다."

나는 권 장로님의 특별 배려로 특실에 배정되어 집중치료를 받았습니다. 권 장로님은 매일 나를 찾아 함께 기도해 주었습니다. 전인치유 의료 선교사로 자처했던 나도 권 장로님처럼 매일 환자를 찾아 함께 기도하지는 않았었습니다. 그는 뛰어난 의사이면서 진짜 전인치유 사역자였습니다. 나도 같이 기도했습니다. 내 몸을 위해 남이 저렇게 열심히 기도하는데 나도 질 수 없었습니다. 그렇게 의사와 환자가 함께 기도하며 치료하는 가운데, 내 다리는 차도를 보이기 시작했습니다. 그리고 그해 11월 9일! 드디어 골수염이 깨끗하게 치료되었다는 판정을 받아 퇴원하게 되었습니다. 그날의 감격을 무어라고 표현할 수 있을까요? 무려 1년 가까이 병원에서 지냈습니다. 다시 내 눈으로 보고, 내 다리로 걷는 것은 1년 전만 해도 '불가능'에 속한 것이었습니다. 하지만, 하나님께서는 그 불가능을 '가능'으로 바꾸어 놓으셨습니다. 여호와 라파(치료의 하나님, 출애굽기 15:26)!

신장을 이식받다

당뇨병은 정말 무서운 병입니다. 그 자체로서도 심각한 병이지만, 면역체계를 약화시키기 때문에 아주 작은 상처에도 심각한 합병증으로 이어지기도 합니다. 눈과 다리에 있던 심각한 질병을 견디어

낸 후, 내겐 마지막이라는 듯 큰 위기가 동시에 찾아왔습니다. 당뇨 합병증으로 급성 신부전증이 온 것입니다. 급성신부전은 신장의 기능이 수 시간에서 수일에 걸쳐 급격하게 저하되는 것을 말합니다. 이때 신장의 기능 저하로 신체 내에 질소 노폐물이 축적되어 혈액 내에 고질소혈증이 일어나고, 체액 및 전해질 균형에 이상이 생기게 됩니다. 문제는 현대의 발전된 의학에도 불구하고 신부전증이 발생하면 남은 신장이 상하지 않도록 보존하는 치료가 최선의 방법이어서 사망률이 50%에 달한다는 것이고, 그나마 살아도 만성신부전증에 걸려 평생 투석을 하면서 살아야 한다는 점입니다. 거의 유일한 방법은 건강한 신장을 이식받는 것인데, 비용도 비용이지만 이건 그야말로 하늘의 별따기만큼 어려운 일입니다. 병원에서 주치의(김명수 교수)는 내게 이렇게 말했습니다.

> "선교사님, 우리나라에 신장이식을 희망하는 만성신부전증 환자가 16,000명이 넘어요. 그런데 신장을 이식할 수 있는 뇌사자는 한 해에 560여 명에 불과해요. 게다가 조직검사 등 까다로운 조건이 모두 맞아야 하고요."

문제는 또 있었습니다. 병원에서 퇴원한 뒤 나는 매일 도깨비시장 산책로로 나가 사람들에게 복음을 전했습니다. 그 과정에서 아픈 다리에 약해진 **뼈**를 지탱하기 위해 박아 놓은 쇠에 염증이 생겨 재수술을 해야 할지도 모르는 상황에 처한 것입니다. 당뇨병으로 섣부르게 부작용이 생길 수 있는 항생제를 처방할 수도 없고, 매주 3차례 투석을 해야 하는 만성 신부전증 환자인 데다, 제때 손을 쓰지 못해 염증이 심화되면서 급기야는 움직일 수 없는 지경에 이르기도 했습니다.

나는 매일 하나님께 기도했습니다. 이제껏 내 뜻대로가 아니라 아버지 하나님 뜻대로 이끌어 오셨는데, 여기서 멈춘다면 그 모든 것이 허망하지 않겠냐고 하나님께 간청했습니다. 신장이식을 받기만 하면, 내 삶이 더 이어진다면, 이제는 하나님이 주신 10대 비전을 이루기 위해 남은 삶을 바치겠다고 서원했습니다.

2017년 11월 어느 날, CTS 기독교 TV의 프로그램 "콜링 갓"을 보다가 전화를 걸어 보고 싶은 마음이 들어 전화를 했는데, 바로 브라이언 박 목사와 통화가 이루어졌습니다. 다음날 CTS 기독교 TV "7000 미라클 예수 사랑 여기에" 프로그램의 이채은 작가로부터 전화를 받고 TV 출연을 결정하여 촬영하는 중에 12월 26일(수술 당일 녹화는 필자 대신 방주나임 목사 출연), 세브란스병원 이식센터 담당 코디 김현정 선생님으로부터 급히 입원하여 신장이식을 받으라는 연락을 받았다. 깜짝 놀라, 부랴부랴 신촌 세브란스병원에 입원하고 보니, 32세의 청년이 교통사고로 뇌사상태가 되어 장기기증을 결정한 것입니다. 마침 조직검사결과가 나와 일치해서 내게 기회가 왔던 겁니다. 2017년 12월 27일 저녁 9시, 드디어 수술을 시작하여 다음날 새벽 2시에 수술을 마쳤습니다. 그동안 늑막과 폐에 물이 많이 차서 물을 빼고 오그라진 폐를 다시 원상으로 회복시켜야만 했기에 간단한 수술이 아니었습니다. 하지만, 방송을 통해 그 소식을 들은 전 세계 모든 지인과 시청자가 나를 위해 기도해 주었습니다. 그렇게 나는 새 생명을 얻었습니다.

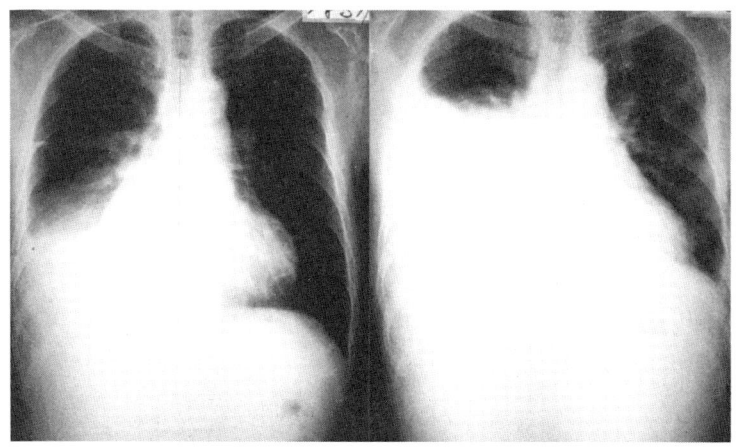

신장에 이상이 생긴 상태 (2017년 9월 23일)   늑막과 폐에 물이 가득 찬 상태 (2017년 12월 21일)

너는 혼자가 아니야

신학교에 들어갈 때부터 이제껏 기도할 때면 항상 내 입술을 떠나지 않는 찬양이 하나 있습니다. 『새찬송가』 438장인데, 그 가사는 이렇습니다.

> 1. 내 영혼이 은총 입어 중한 죄 짐 벗고 보니
>   슬픔 많은 이 세상도 천국으로 화하도다
>
> 2. 주의 얼굴 뵙기 전에 멀리 뵈던 하늘 나라
>   내 맘속에 이뤄지니 날로날로 가깝도다
>
> 3. 높은 산이 거친 들이 초막이나 궁궐이나
>   내 주 예수 모신 곳이 그 어디나 하늘 나라

후렴 : 할렐루야 찬양하세 내 모든 죄 사함 받고
주 예수와 동행하니 그 어디나 하늘 나라

  성경을 처음 믿게 된 것은 어처구니없게도 구치소에서였습니다. 가정을 잃고 병원을 잃었을 때, 나는 술이 없이는 잠이 들지 못했습니다. 그래서 거의 매일 술을 마셨고, 그러던 중에 길에서 시비가 붙어 경찰서에 끌려가게 되었습니다. 그런데 그 경찰서에서 데모하다가 잡혀온 H대학교 학생들과 시비가 붙었습니다. 세상에 홀로 버려진 사람이 두려울 것이 무엇이겠습니까? 싸움을 벌여 학생들을 때렸는데, 폭행이 가중되어 바로 구치소로 이송되었습니다. 2주일간 구치소에서 지내게 되었는데, 그때 망연자실한 상태로 있으니까 한 교도관이 내 사정을 짐작한 듯 책을 한 권 가져다주었습니다. 하필 성경책이었습니다.
  1주일간 난 성경책을 읽었습니다. 마음을 둘 곳이 없어 붙잡고 읽은 성경책! 그런데 그때 신기하게도 말씀이 내 마음에 들어왔습니다. 이제껏 하나님을 알고 있었던 느낌이 믿음이 되고, 의구심이 변하여 확신이 된 것이었습니다. 그래서 나는 훈방된 후 기도원을 찾았고, 하나님을 만났습니다. 그리고 신학교에 가게 되었습니다.
  나는 평생 '우여곡절'이라는 말과 씨름하며 살아 왔습니다. 공부도, 사랑도, 사업도, 사역도, 병마와 싸워 이기는 것도 …. 그 어느 것 하나 쉽게 해결한 적이 없었습니다. 하지만, 그 시간들을 지나오면서 내게 남은 고백은 바로 "주 예수와 동행하니, 그 어디나 하늘

나라"라는 것입니다.

농어촌 전도 / 병원, 교도소 전도!

목회 사역을 하면서 지방으로 선교활동을 다닐 때였습니다. 오산에서 친구 홍중기와 이상식이 동업하여 크게 불가마를 운영하고 있어서 그곳을 찾은 사람들에게 홍채의학을 기반으로 한 의료 선교를 벌이고 있었습니다. 사람들은 내가 자신들의 눈만 보고서도 몸의 이상 징후들을 짚어내자 신기하게 여겼습니다. 몇몇은 무당이냐고 묻기도 했습니다. 분명한 건 그렇게 물으며 의심하던 사람들조차 진단 후에는 내 말을 청종하고 있었다는 사실입니다. 그런데 두 번째 날이 되었을 때, 단속반이 찾아왔습니다. 그들은 보건소 직원을 대동한 채로 와서 내가 "불법의료행위를 벌이고 있다는 신고가 있었으니, 동행해서 조사를 받아야 한다."라고 말했습니다. 오산 갈곶리 지역 의사들이 우리를 고발한 겁니다. 비록 우리 전도팀이 333법칙으로 사람을 진단하고, 팀원들이 침, 뜸, 부항 등으로 치료를 했지만, 그것이 불법의료행위로 간주되어야 할 하등의 이유가 없었습니다. 난처해진 나는 설명을 듣지 않는 보건소 직원에게 탄원하는 대신 하나님께 기도하자고 팀원들을 다독였습니다. 한참 기도하는 중에 하나님은 대학동창 정병성의 이름이 생각나게 하셨습니다. 나는 정병성에게 전화를 걸어 상황을 설명했습니다. 평택보건소 의료계 정직원으로 일하고 있던 정병성은 대학시절부터 막역한 사이였기에 내가 어떤 이력을 가진 사람인지를 누구보다 잘 알고 있었습니다. 그는 깜짝 놀라며 서둘러 오산지역 의사들에게 연락을 취했고, 고소했던 이들을 찾아 설명하고 고발을 취하하게 하였습니다.

사실, 이런 일은 꽤 빈번하게 우리 선교팀의 발목을 잡았습니다. 대체의학에 대한 사회적 인식도 낮았지만, 정통으로 자부하는 의사, 한의사 집단의 편견은 아주 쉽게 우리를 의학계의 이단아로 낙인찍었고, 그로부터 혼자서는 도저히 감당하기 어려운 욕설이나 비웃음을 받기도 했습니다. 하지만, 우리는 결단코 단 한 차례도 얼굴을 찌푸리거나 노하지 않았습니다. 처음 갈곳리에서 우리의 상황을, 궁핍하고 연약한 우리의 형편을 돌보신 하나님이 어디서든 우리를 지키시리라 믿었기 때문입니다.

그래서 매번 우리는 지방전도팀에서 교도소전도팀으로 사역지를 옮기는 웃지 못할 경향을 갖기도 했습니다. 어디서나 우리 주님과 동행하면 그곳이 천국이었기 때문입니다. 우리는 천국시민답게 우리를 행복하게 웃으며 살게 한 하나님의 복음을 전했습니다.

배에서 나와 바다를 걸어라

청년 병원장이던 1990년대 초반에 이미 난 여러 방송에 출연했습니다. 당시 나는 소금과 전해환원수를 이용한 대체의학으로 노인들을 대상으로 무료진료를 하면서 여러 사회사업에 매진했었습니다. 덕분에 KBS "건강하게 삽시다"라는 프로그램에서 나를 취재하고 우리 병원에 대해 보도했는데, 이후 MBC "아침은 달린다", KBS "사랑의 삼각끈", "무엇이든 물어 보세요" 등에 출연하여 건강 상식 등을 소개하면서 주목을 받은 바 있었습니다. 그때, 여운계 선생님을 통해 소개받은 유명 연예인들과 함께 사회복지사업에 뛰어들어 세간의 칭송을 듣기도 했습니다.

하지만, 그로부터 20년이 지나고, 모든 것을 잃고 육체마저 병들어 간신히 하루하루 살아가는 상황이 되고서 다시 CTS의 "7000 미라클", "콜링 갓"에 전화를 거는 것은 내게는 어찌 보면 모험과도 같은 일이었습니다. 일종의 두려움이 있었습니다. 나를 알고 있는 사람들이 나를 보면서 어떤 생각을 할지 염려되지 않았다면 그건 거짓말일 겁니다. 그리고 바로 다음날 CTS "예수 사랑 여기에"의 작가로부터 전화를 받고 출연을 결정하고 촬영하게 된 것은 그 두려움을 떨치고 일어서게 하신 하나님의 위로하심이 없었다면 불가능한 것이었을 겁니다. "7000 미라클", "콜링 갓"에 전화한 날 저녁, 난 기도하는 가운데 예수님께서 베드로를 향해 하신 말씀을 들었습니다.

> 밤 사경에 예수께서 바다 위로 걸어서 제자들에게 오시니 제자들이 그가 바다 위로 걸어오심을 보고 놀라 유령이라 하며 무서워하여 소리 지르거늘 예수께서 즉시 이르시되 안심하라 나니 두려워하지 말라 베드로가 대답하여 이르되 주여 만일 주님이시거든 나를 명하사 물 위로 오라 하소

서 하니 오라 하시니 베드로가 배에서 내려 물 위로 걸어서 예수께로 가되(마태복음 14:25-29).

하나님께서는 내가 방송을 통해 세상에 나가기를 원하셨습니다. 세상이 부럽게 여기는 것을 다 갖고 있을 때는 버리게 하시더니, 아무것도 갖지 못한 나에게 세상으로 나가라고 하신 겁니다. 두려웠습니다. 하지만, 순종하기로 했습니다. 그렇게 결심하고 약속을 잡아 촬영을 하는 중, 나는 하나님의 기막힌 계획하심에 감격하고 말았습니다. 즉, 하나님이 이 방송에 맞춰 내게 신장이식을 허락하신 것이었습니다. 방송을 통해 나의 극적인 치료과정이 소개되었고, 많은 분들의 격려와 기도, 그리고 후원자들이 밀려왔습니다. 나를 아는 사람들도 있었고, 일면식도 없는 분들까지 나에게 격려를 해 주었습니다. 무엇보다 20년 넘게 만나지 못했던 딸 지혜를 다시 만날 수 있었습니다.

여기서 잠시, 오해하는 분들이 있을까 봐 다짐합니다만, 지금도 이름조차 모르는 그 청년의 죽음이 나를 살리기 위한 하나님의 계획이었던 것은 결단코 아닙니다. 하나님은 누군가의 생명을 취해서 다른 사람을 살리는 그런 분이 아니십니다. 단지, 하나님은 그의 안타까운 죽음 속에서 나의 연약한 삶이 연장될 수 있도록 허락하신 것입니다. 그 청년이 하나님을 아는지 혹은 모르는지 나는 알 수 없습니다. 다만, 그의 신장이 내 몸속에서 기능하면서 나를 하나님께 다가서게 합니다.

하나님의 비전은 나이에 반비례하지 않는다

"나에게는 꿈이 있습니다(I have a dream)."라는 연설을 들어본 적 있으십니까? 이 연설은 마틴 루터 킹 Jr. 목사가 1963년 8월 28일, 미국 워싱턴 D.C.에서 행했던 것입니다. 당시 미국은 흑인들에 대한, 정확히는 유색인종에 대한 극도의 차별이 공식화되어 있었습니다. 비록 연방법에서는 100년 전에 노예제도를 폐지했지만, 각 주에서는, 특히 남부와 동부의 보수적 지역에서는 유색인종에 대한 차별이 불법이 아니었습니다. 1955년 12월, 흑인 여성 로자 파크스가 만석 버스에서 백인용 좌석에 앉았다가 체포되면서 촉발된 흑인인권운동의 백미는 단언컨대 워싱턴으로 집결한 100만 흑인들 앞에서 행한 마틴 루터 킹 Jr.의 "I have a dream"이었습니다.

반세기가 조금 지난 오늘날 미국 어느 지역에서든 흑인 어린이와 백인 어린이가 나란히 손잡고 학교에 등교하는 것을 볼 수 있습니다. 그리고 그의 연설은 이제 미국을 넘어 세계 곳곳에서, '인권'이

탄압받는 곳에서 언제나 울려 퍼집니다. 물론 간간이 동성연애와 같은 문제에 인용되는 것은 못마땅하지만, 그것과 상관없이 우리가 기억해야 할 것은 마틴 루터 킹 Jr. 목사의 꿈은 하나님께서 바라는 꿈이었고, 그래서 실현되었다는 사실입니다.

나이에 비례하는 비전

비전을 품는 것은 흔히 젊은 사람들에게 해당하는 말로 사용됩니다. 아무래도 '비전'이라는 말이 '미래'라는 말과 연계되다 보니, '과거'가 연상되는 나이든 사람들이 '비전'을 말할 때면 언제나 젊은이들을 향한 교훈을 할 때뿐인 것 같습니다. 즉, 비전은 나이가 적으면 많이 갖고 나이가 많으면 적게 갖는 반비례관계가 아닙니다. 오히려 하나님의 사람들은 나이에 비례하는 비전을 소유하게 됩니다. 다만 나의 비전이 아닌 하나님의 비전이라는 것이 다를 뿐입니다.

여호수아서에는 주인공인 여호수아만큼이나 걸출한 인물이 하나 있습니다. 바로 여분네의 아들 갈렙입니다. 그는 애굽을 탈출하여 45일 만에 가데스 바네아에 도착했을 때, 모세의 명령으로 다른 11명의 정탐꾼들과 함께 가나안으로 들어갔습니다. 그리고 돌아와서 여호수아와 함께 전쟁을 할 것을 주장했다가 도리어 이스라엘 사람들에게 죽을 뻔 했습니다.

그런데 그가 다시 45년이 지나서 여호수아에게 헤브론을 달라고 요구하는 장면은 그가 85세가 된 노인이라고는 도저히 믿기 어려운 비전을 품고 살고 있음을 엿볼 수 있습니다.

> 내 나이 사십 세에 여호와의 종 모세가 가데스 바네아에서 나를 보내어 이 땅을 정탐하게 하였으므로 내가 성실한 마음으로 그에게 보고하였고 나와 함께 올라갔던 내 형제들은 백성의 간담을 녹게 하였으나 나는 내 하나님 여호와께 충성하였으므로 그 날에 모세가 맹세하여 이르되 네가 내 하나님 여호와께 충성하였은즉 네 발로 밟는 땅은 영원히 너와 네 자손의 기업이 되리라 하였나이다 이제 보소서 여호와께서 이 말씀을 모세에게 이르신 때로부터 이스라엘이 광야에서 방황한 이 사십오 년 동안을 여호와께서 말씀하신 대로 나를 생존하게 하셨나이다 오늘 내가 팔십오 세로되 모세가 나를 보내던 날과 같이 오늘도 내가 여전히 강건하니 내 힘이 그 때나 지금이나 같아서 싸움에나 출입에 감당할 수 있으니 그 날에 여호와께서 말씀하신 이 산지를 지금 내게 주소서 당신도 그 날에 들으셨거니와 그 곳에는 아낙 사람이 있고 그 성읍들은 크고 견고할지라도 여호와께서 나와 함께 하시면 내가 여호와께서 말씀하신 대로 그들을 쫓아내리이다 하니(여호수아 14:7-12).

갈렙은 40세 때, 이미 하나님을 알았습니다. 그리고 하나님이 함께하시면 가나안을 정복할 수 있다고 믿었습니다. 비록 모든 사람들이 그것을 허황된 것으로 여기고 조롱했고 심지어 생명을 위협했지만, 그는 결코 그 꿈을 포기하지 않았습니다. 오히려 더욱 그의 비전은 커졌고, 그래서 당시 가나안을 지배하던 아낙사람들 가운데서도 가장 큰 사람들이 헤브론 사람들이었지만, 갈렙은 담대하게 이 땅을 정복했고 자신의 기업으로 삼았습니다.

십 대 비전을 품다

나는 평생 '전인치유 의료 선교사'의 꿈을 꾸었습니다. 처음에는 '의사'였고, 다음에는 '선교사'였고, 마지막으로 '전인치유 의료 선교사'로 합해졌지만, 그로부터도 벌써 30여년이 더 흘렀습니다. 현재 나는 목사이고, 목회상담학 박사이며, 선교사이며, 한의사이고, 또 임상병리사입니다만, 나는 여전히 '전인치유 의료 선교'의 꿈을 꿉니다. 사역지는 신 도봉시장, 도깨비시장, 중량천 옆 산책로 일대이고, 담임하는 교회도 없고, 선교지로 나갈 건강도 없습니다. 미국에서 공부한 한의학은 한미 FTA가 개정되기 전까지 한국에서 제대로 인정받기 어려운 것이 현실입니다. 하지만, 나는 여전히 '전인치유 의료 선교'의 꿈을 꿉니다. 바뀐 것은 나의 처지가 아니라, 나의 꿈입니다. 나의 꿈이 하나님의 꿈으로 바뀌었습니다. 이스라엘 백성들이 45년을 광야에서 배워야 했던 것은 갈렙과 같이 하나님의 꿈을 갖는 것이었습니다. 내가 지난 30여 년간 고생하며 배운 것도 이와 같습니다. 그래서 나는 이제 다시 갈렙과 같이 꿈을 꿉니다.

나는 하나님께 기도하며 10가지 비전을 마음에 품었습니다. 그

비전들은 사실 새로운 것이 아닙니다. 평생 내가 하고자 했던 것이 그 10가지입니다. 다만, 이제는 내가 먼저 내 뜻대로, 내 방식대로, 내가 가진 것들로 하려고 하지 않습니다. 오직 믿음으로, 오직 기도로, 오직 감사함으로, 하나님이 이루시는 것을 조용히 따라가려고 합니다. 언제 어떻게 이루실지는 알 수 없습니다. 혹 그것이 내 삶이 끝날 때까지 다 완성되지 않을 지도 모릅니다. 하지만, 내가 품고 기도하는 이 꿈들이 나로부터가 아니라 하나님으로부터 비롯되었기에 나는 이 꿈들이 꿈이 아닌 현실로 완성될 것을 믿습니다.

여호와 이레!

1. 세계의료 선교단 : 북한, 중국, 몽골, 네팔, 미얀마, 필리핀, 캄보디아, 괌, 말라위, 케냐 등 가난과 질병으로 고통받는 곳을 정기적으로 찾아가 복음과 의술을 전하는 선교단을 세워 주소서.

2. 전인치유센터 및 전인치유 아카데미 설립: 은퇴한 사역자들을 모아 '전인건강마을공동체'를 구성하고, 그곳에 전인치유 선교사역을 함께 할 다음 세대를 양육할 수 있는 선교센터와 아카데미를 세워 주소서.

3. 1대1 아동 결연사업 100명 후원: 가난한 나라에서 노동에 시달리며 공부하지 못하는 아동 100명을 후원할 수 있도록 도움의 손길들이 연결되게 하소서.

4. 북한에 전인치유센터 설립 운영: 대한민국이 북한과의 전쟁

의 긴장을 해결하고 평화를 이루어 하루빨리 북한 땅에 전인 치유센터를 설립하게 하소서. 북한에 살고 있는 숨은 그리스도인들은 물론 자유를 억압받은 모든 사람들의 영과 육을 해방하소서.

5. 다섯 개 기독교 방송국 간증프로 출연: 부족한 종의 삶을 지켜주신 하나님의 은혜와 기사를 증언하게 하소서. 5개 기독교 방송을 통해 그 간증이 모든 성도들에게, 또 믿지 않는 자들에게 전해지고, 하나님을 찬양하는 목소리가 왕성해지게 하소서.

   1) CBS "새롭게 하소서"
   2) CTS "내가 매일 기쁘게"
   3) CGN "하늘빛향기"
   4) Good "매일 주와 함께"
   5) C채널 "회복"

6. 1,200교회 간증집회 및 책 판매: 내게 건강을 허락하셔서 전국의 교회를 다니며 하나님을 자랑하게 하소서. 내게 베푸신 하나님의 은혜와 사랑을 고백한 이 책이 나와 같은 절망을 경험하는 모든 사람들에게 전해져서 하나님에게로 돌아오게 만드는 도구가 되게 하소서.

7. 가족, 친척, 지인의 구원: 여전히 하나님을 알지 못하는 가족들과 친척들, 그리고 내가 아는 이들, 또 나를 아는 이들 모두에게 하나님의 이름을 증언하게 하시고, 그들이 하나님께 돌

아오는 기적을 베푸소서.

8. 한국순회선교단: 국내 섬, 농어촌 등 오지를 찾아 봉사하고 복음과 의술을 전하는 순회의료 선교단을 조직하게 하소서. 사람과 후원이 연결되게 하소서.
9. 은혜한의원 개원: 한미 FTA의 재협상을 통해 법적으로 미국 한의사 자격이 인정되게 하시고, 그로부터 하나님께서 허락하신 은혜한의원을 다시 시작하게 하소서. 이곳에서 주님의 치유와 회복이 많은 사람들에게 전해지게 하소서.
10. 120명 복음전도자 파송: 다음 세대를 책임질 120명의 제자들을 보내 주시고, 그들에게 말씀과 의학을 가르쳐 세상에 보내게 하소서.

2부
그리스도를 좇아 천국까지

01

예수 믿어, 이 친구야!

오물향수의 위력

신학교를 졸업하고 잠시 전도사로 또 목회자로 협동사역을 했습니다. 그러던 중 외사촌 형수 박신애 목사님의 부탁으로 2003년 한나복지재단에서 잠시 일하게 되었습니다. 내가 임상병리사로 진단센터를 운영했던 것과 대체의학으로 책까지 낸 전문가라는 것을 익히 알고 있던 분이었기에 딱 내가 적임자라고 하는데 거절하지 못했습니다.

그런데 한나복지재단에서 만난 노인들은 가히 일반 병원에서는 자주 보기 어려운 중증환자들이 많았습니다. 몸이 아프지 않은 사람이 없었고, 사연이 없는 분들도 없었습니다. 어린아이와 같이 밥을 먹여달라며 투정하는 분은 그나마 애교로 봐 줄 수 있었습니다. 치매와 정신질환 등으로 소-대변을 아무 데나 누는 통에 종일 빨래와

청소를 하기도 여러 번이었습니다. 그런데 참 신기한 일이었습니다. 평소 꽤 깔끔한 체를 하는 성격인 내가 그곳에서는 전혀 비위가 상하지 않았습니다. 나는 사실 그 이유를 알지 못했습니다. 그저 다행이라고 여기고 어른들을 만나면 웃으며 그분들의 얘기를 들어드리고, 아픈 곳을 하소연하면 마사지 해 주고 약을 처방해 드리면서 함께 살고 있었습니다.

어느 날 방송통신대학에서 만난 친구 이재순이 나를 찾아왔습니다. 그는 군인 출신으로 노인복지와 사회복지에 깊은 관심을 가졌던 사람입니다. 대학에서 만나 당시 내가 하던 "노인대학"에 자청하여 와서 강의를 맡기도 하면서 의기투합한 친구인데, 아쉬운 점은 어릴 적 가족들(특별히 누님들)이 예수를 광적으로 믿으며 마음에 지울 수 없는 상처를 갖게 되어 예배조차 드리지 않는 가나안 성도가 되었다는 점이었습니다. 그런데 그가 한나복지재단에서 일하고 있는 나를 찾아와서는 아무런 말없이 같이 빨래하고 밥을 짓고, 어른들의 투약을 돕는 겁니다. 하루 이틀을 그렇게 같이 하더니, 별안간 나를 보면서 엄지손가락을 척 내보입니다.

"재순아. 왜 그래? 뭔 일 있어?"
"아니, 네가 여기로 왔다길래 '예수쟁이'가 도대체 뭘 어떻게 하는가 보러왔지."
"그래? 어떻든? 이제는 예수쟁이 같든?"
"그래. 넌 진짜 예수쟁이 된 듯하다. 네 얼굴에는 어른들의 오물이 묻어도 웃음이 사라지지 않더라. 네가 믿는 하나님이라면 나도 믿을 수 있을 것 같다."

뜻밖에 재순의 고백을 듣고는 나는 사실 마음으로 적잖게 당황하고 말았습니다. 그렇게 강직하고 타협을 모르는 친구가 이토록 쉽게 자신의 신념을 바꿀 수 있다고 말하다니 신기했습니다. 하지만, 내가 누굽니까? 절대 양보할 수 없었습니다.

"야, 그럼, 말로만 하지 말고 좀 믿어라. 네가 하나님을 믿기만 하면 나처럼 어르신들의 오물 냄새가 향기로 맡아질걸?"

사실, 이 말은 거짓말이었습니다. 오물 냄새는 그냥 오물 냄새였습니다. 역하고 싫기도 했습니다. 다만, 비위를 상하지 않아서 묵묵히 일을 한 것이었습니다. 그런데 그 모습이 친구 이재순을 다시 하나님께로 인도하는 계기가 될 줄 누가 알았겠습니까? 친구 이재순은 지금 열심히 신앙생활을 하면서 자신이 그렇게 희망한 사회복지사업을 교회에서 교우들과 함께 열심히 하고 있습니다.

채우시는 하나님

내가 신학을 공부할 때, 나는 모든 것을 잃은 상태였습니다. 그래서 학비와 생활비를 벌기 위해 노점상도 마다하지 않으며 근근이 버티고 있었습니다. 처음에는 그런 고된 삶도 하나님이 내게 주신 연단의 과정이라고 여기며 감사했지만, 한 달이 되고 두 달이 지나자 육신은 무거울 대로 무거웠고, 영은 영대로 지쳐 갔습니다. 그래서 나도 모르게 나태해지고 게을러지면서 옛 버릇이 나왔습니다. 남모르게 술을 마시기도 하고, 일을 대충하며 물건을 빼돌리기도 했습니다. 마음에 잠시 거리낌이 들기도 했지만, 그것은 곧 '스릴'이라는 또 다른 마취제와 함께 사라졌습니다.

그러던 중 방학을 마치고 다시 등록해야 하는데, 학비를 벌 방법이 없었습니다. 괜히 신학을 시작하게 하신 하나님이 원망스러웠습니다. 가진 게 없는 내가 싫었습니다. 그래서 '이제 그만두렵니다.'라고 선언하기 위해 금요철야예배에 갔습니다. 그런데 그날 말씀이 나를 두렵게 했습니다.

> 미련한 자는 죄를 심상히 여겨도 정직한 자 중에는 은혜가 있느니라 마음의 고통은 자기가 알고 마음의 즐거움도 타인이 참여하지 못하느니라 (잠언 14:9-10).

나는 미련한 자였습니다. '죄를 심상히 여긴다'는 것은 죄를 마음으로만 생각할 뿐 삶에서 멀리하지 않는 것을 말합니다. 그러니 그 죄로부터 당연하게 고통이 따르는데, 나는 그 고통이 다른 곳에서 비롯된 것이라고 우겼던 겁니다. 나는 그날 단 한마디도 하나님께

따지지 못했습니다. 설교시간 내내 가슴을 짓누르는 죄책감으로 고통받으며 회개했습니다. 기도시간에 그 마음을 고백하며 울고 있는데, 하나님이 내게 강하게 음성을 들려주셨습니다.

"차 전도사야. 나가서 네 죄를 고백해라. 네가 오늘 받은 감동을 들려주어라."

미리 약속하지도 않았지만, 나는 간증시간에 앞으로 나가 섰습니다. 그렇게 간증하고 돌아간 다음날, 기적 같은 일이 일어났습니다. 구리에서 시무하는 OOO 목사님 부부가 학비 300만 원을 약속하고, 바로 다음날 먼저 150만 원을 입금해 주신 것입니다. 그분들이 누군지 전혀 알지 못했습니다. 다만 그분들 역시 교회에서 장학금을 모았는데 누구에게 줄지 몰라서 기도하는 중에 하나님께서 한 전도사가 간증하고 있는 모습을 보여주셨다고 합니다. 가만히 교회 이름을 기억하여 연락해서 간증했던 전도사를 찾으니 바로 저였다는 겁니다. 여호와 이레!

풍랑을 잠잠하게 하신 하나님

순회선교팀을 이끌고 전국 곳곳을 다닐 때였습니다. 1993년 8월, 마침 강화도에서 1시간 정도 배를 타고 들어가는 볼음도라는 섬에 갔을 때입니다. 그 섬의 초등학교 교사 유 선생님이 먼저 내 책 『신비의 물과 소금요법』을 보고 섬 주민 자녀의 중이염을 치료하고 싶어서 전화했길래 소금치료법을 가르쳐 주었더니 3일 만에 완치가 되었던 겁니다. 결국 소금치료법이 자기 섬에 꼭 필요한 민간요법이 될 거라고 확신한 유 선생님은 몇 번을 내게 전화해서 간절히 청했습니다. 가지 않고 배길 재주가 없었습니다. 결국 나는 교분이 있던 세계 족심도협회 이영일 회장과 카이로프랙틱협회 임원 배명우 씨를 대동하여 함께 갔습니다.

볼음도는 주민을 다 세어 봐도 겨우 50호(戶)에 지나지 않는 작은 섬인데, 섬 주민들은 순진하고 꾸밈이 없으셨습니다. 그들은 나에 대한 기대와 의심을 반반씩 섞은 얼굴로 찾아와서는 갖은 말로 자신을 맞춰보라며 시험합니다. 나는 짐짓 어이없었지만, 할 수 있는 최선을 다해 상담해 주고, 처방해 주었습니다. 먼저 온 한두 사람이 치료를 받고 이상한 표정이 되어 나가더니, 곧 사람들이 많아지기 시작했습니다. 쉽게 하루 다녀가려고 했던 우리는 100여 명이 넘는 사람들이 줄 서고 있는 광경에 아연실색이 되었습니다. 왜냐하면 다음 날 병원에 출근해서 처리할 일이 산더미인데, 아무런 계획이 없이 온 탓에 그 사람들을 모두 치료하다가는 도저히 나갈 수 없기 때문이었습니다. 그런데 더 큰 문제는 바다였습니다. 들어올 때만 해도 잔잔했던 바다였는데, 저녁 먹을 즈음이 되자 세찬 비바람이 불면서 곧 풍랑이 되고 말았습니다. 아뿔사! 들어온다던 배는 이미 강화도로 돌아갔고, 이런 기상상태면 내일도 장담할 수 없다는 것이 마을 주민들의 걱정이 담긴 한마디였습니다.

일행들이 별 수 없이 포기하고 자리에 눕는데, 내가 사람들에게 독려하듯 한마디 했습니다.

> "우리, 함께 기도합시다. 믿는 사람이든 믿지 않는 사람이든 이 순간만큼은 내 뜻을 따라 기도하면 좋겠습니다. 저희들은 내일 꼭 뭍으로 나가서 기다리는 환자들을 봐야 합니다. 그들도 여러분처럼 저희들이 꼭 필요하거든요. 내가 믿는 하나님은 천지를 창조하신 분으로 이런 풍랑쯤은 거뜬히 잠잠하게 하십니다. 다만, 이렇게 갑자기 풍랑을 주신 뜻은 여러분에게 하나님을 증명하시려고 하시는 뜻인 것 같습니다. 같이 기도해 주세요."

사람들은 낮에 보여 준 표정보다 더 신기한 눈빛이 되었습니다. 하지만, 그래도 자신들을 위해 멀리 와준 선생님이 부탁하니 어쩔 수 없이 같이 기도했습니다. 다음날 아침 섬 주민들은 난리가 났습니다. 평생을 그 섬에서 살아온 노인은 풍랑이 하루 만에 그친 것은 그날이 처음이라고 했습니다. 그 섬에 교회가 세워지는 것은 당연한 일이었습니다. 그렇습니다. 하나님이 하시는 일은 감히 우리가 상상할 수 없습니다. 할렐루야!

기도했으면 공부해야지

사우스 베일로에서 한의학을 공부하는 내내 나는 정말 즐겁게 공부했습니다. 생활을 위해 일하고, 선교하고, 또 공부하느라 정말이지 눈코 뜰 새 없이 바쁘게 매일을 보내야 했지만, 고대했던 한의사가 되는 공부만큼은 아무리 어렵고 힘들어도, 분명 재미있었습니다. 그런데 어떤 일이든 좋은 것이 있으면 나쁜 것도 하나쯤은 꼭 따라붙기 마련입니다. 한의학 공부가 아무리 재미있어도 자격시험 즉, 한의사 면허시험(CA Acupuncture)은 두려움의 대상이었습니다.

일단 모든 시험이 영어로 출제되기 때문에 영어에 능숙하지 못한 나는 시험시간 내에 문제를 다 해결하지 못할 게 뻔했습니다. 그냥 수업을 받는 거라면 메모해 두었다가 나중에 따로 질의하면 될 것이지만, 시험은 정해진 시간 안에 주어진 문제를 풀어야 하니 부담이 이만저만이 아니었습니다. 더구나 아무리 재미있게, 또 열정적으로 공부했어도 이미 50을 넘긴 나이에 방대한 한의학을 외우는 것은 처음부터 불가능한 것이었는지도 모릅니다. 나름 그런 불리함을 보완하기 위해 김한직 교수에게 부탁하여 수요일 대비반, 토요일 정리반에 가입해서 젊은 친구들과 열심히 스터디를 했지만, 마음은 늘 불안했고 성적은 잘 오르지 않았습니다. 시험일이 다가오면서 나는 극도의 스트레스에 시달렸습니다. 할 수 있는 것이라고는 이제껏 불가능을 가능하게 만드신 하나님의 인도하심을 구할 뿐이었습니다.

기도에 대한 응답이었을까요? 그러던 와중에 동기생인 공국진,

김소나, 이승렬, 배에스더, 전미림, 김의순, 브라이언 김, 송재호, 박우영 등의 친구들이 실전대비반 스터디를 함께하자고 제안한 것입니다. 나를 빼고 모두 30세 전후의 영민한 친구들로, 대부분 국내외 유명 대학을 나온 엘리트들입니다. 심지어 우리 동기생들 가운데 가장 성적이 좋은 친구들인데, 왜 내게 그런 제안을 했는지 의아했습니다. 아무튼 나는 굴러 들어온 복을 차버릴 바보는 아니었습니다. 하지만, 그들의 실력은 내 생각 이상으로 높았습니다. 실전 정리 노트를 하나씩 정리해 주었는데, 모양만 놓고 보면 9명이 나 하나를 가르치는 형국이었습니다. 살짝 위축된 나는 그들이 제공한 자료를 밀어 두고 다시 기도실에 앉았습니다. 그리고 시험에 임박하여 홀로 기도하고 있는데 마음에 하나님의 음성이 들립니다.

> "차 선교사야. 기도만 하면 어쩌려고 그러니? 기도는 너를 사랑하는 사람들이 충분히 하고 있어. 너는 공부를 해야지. 내가 네게 보내 준 친구들의 도움을 왜 밀어두기만 하니? 그 노트를 꼭 보아라."

환청인가 싶어 고개를 젓는데, 더욱 분명하게 말씀하시는 데 도리가 없었습니다. 노트를 펼쳐 들고, 하나하나 암기했습니다. 며칠 후 시험이 시작되자마자 나는 마음속으로 비명을 질렀습니다. 대학입학시험 때처럼, 아니 그때와 다르게 이번에는 하나님께서 실물로 보여주셨다는 것을 확인했기 때문입니다. 시험문제들은, 정말 신기할 만큼, 동기생들이 정리해 준 실전정리노트에서 다 나왔습니다. 나는 무사히 답안지를 작성하고 한의사 면허시험을 통과할 수 있었습니다. 할렐루야!

괌에서 또 한국에서 참 많은 사람들이 나를 위해 기도해 주었고, 그들은 내가 공부를 열심히 잘 해서 한의사가 되었다고 생각합니다. 늦깎이 만학도의 성취에 감동했다고 칭송하는 이들도 있습니다. 하지만, 나는 알고 있습니다. 나의 노력이 아니라 나를 향한 하나님과 지인들의 기도가 나를 한의사로 만들었다는 사실을 말입니다. 물론 그 진실은 지금까지 하나님과 나만 아는 비밀이었지만요.

02

의료 선교의 길

　많은 청소년, 청년들이 의료 선교사를 꿈꿉니다. 단순히 멋있다는 생각으로 되고 싶어 하는 친구들도 있겠지만, 대부분은 의료 선교사가 되어 가난해서 간단한 질병도 제대로 치료하지 못하는 사람들에게, 전쟁으로 고통당하는 사람들에게 찾아가 인술을 베풀고 하나님의 사랑을 전하려는 숭고한 뜻을 가집니다. 하지만, 이미 알고 있듯이 의사가 되는 것은 그리 만만한 길이 아닙니다. 특히 대한민국과 같은 선진국에서 의사가 되려면, 전국에서 손꼽히도록 공부도 잘해야 하고, 십수 년을 잠도 못 자고 자유도 억압받은 채로 수련을 쌓아야 합니다. 그렇게 의사가 되고서도 보장된 부와 명예를 헌신짝처럼 버릴 수 있어야 비로소 의료 선교사가 될 수 있습니다. 때문에 의료 선교사가 되기를 바라는 사람은 의사가 되기 이전에 하나님의 소명자가 되어야 합니다.

성경적 치료 & 의학적 치료

공관복음서를 보면 예수님은 결코 말씀만 선포하신 것이 아닙니다. 예수님은 언제나 말씀을 하시고 나서 치유사역을 하셨습니다. 맹인을 눈뜨게 하셨고, 앉은뱅이를 일으켜 세웠습니다. 나환자를 정상으로 치료했고, 귀신 들린 자를 온전하게 하셨습니다. 심지어 죽은 자도 두 번이나 살리셨습니다. 그런 관점에서 예수님은 분명 의사였습니다. 하지만, 우리가 익히 알고 있는 의사와는 많이 다릅니다. 즉, 성경적 치료는 말씀 곧 하나님의 능력으로 치료하는 것이기 때문입니다.

현대 의학은 과거에는 결코 상상도 못 해 본 경지에까지 이르렀습니다. 개복수술의 역사도 100년에 달합니다. 이제는 눈에 보이지 않는 미세혈관에 관을 삽입하고, 장기를 이식하고, 피부를 재생하여 붙이고, 뼈를 이식하기도 합니다. 진단, 임상, 약학 등 모든 세분화된 의학분과마다 최고의 수준으로 발전해 있습니다. 하지만 여전히 우리가 100% 알고, 진단하고 치료할 수 있는 병은 (외과적 수술을 제외하면) 그리 많지 않습니다.

이렇게 말하고 나면 "현대 의학이 필요 없는 것인가?"라고 반문하는 분이 있을지 모릅니다. 당연히 '절대 그렇지 않습니다.'

현대 의학은 하나님께서 우리에게 주신 이성을 바탕으로 수많은 시행착오와 도전을 통해서 축적된 지식이자 지혜에 해당합니다. 그것은 마치 농부가 농작물을 기르기 위해 비와 바람을 터득하듯이,

어부가 고기를 잡기 위해 바다 속 지도를 머리에 담듯이, 인체에 대한 탐구의 노력에 따른 위대한 자산입니다. 때문에 현대 의학은 그 자체로도 이미 소중한 것입니다. 다만, 처음에 전제했듯이, 현대 의학이 하나님이 허락하신 이성에 기초하고 있다는 사실을 알아야 합니다. 아무리 의학기술이 발전해도 인체의 신비를 다 이해할 수 없습니다.

반면 하나님을 믿는 믿음을 통해 죽은 자를 살리신 예수님을 안다고 해서 누구나 그렇게 할 수 있는 것은 아닙니다. 예수님의 기사와 같은 기적들이 지금도 세계 곳곳에서 보고되기는 합니다만, 그것만 믿고 현대 의학의 치료를 거부할 경우 거의 대부분이 상황을 더 악화시킬 뿐입니다. 제 장인의 경우가 그랬습니다.

따라서 중요한 것은 하나님이 허락하신 상황을 이해하고, 그 속에서 믿음과 의학처방을 적절하게 사용함으로써 근본적인 해결을 도모하는 것이 필요합니다. 말씀과 기도와 치료는 상호 배타적인 관계가 아니라 상호보완적인 관계입니다. 그것은 마치 영(靈), 혼(魂), 육(肉)의 삼요소를 갖추는 것과 같습니다.

의료전문인으로서 훈련하라

바로 앞 절에서 말한 바와 같이 의료 선교사가 되기 위해서는 의사가 되어야 합니다. 현대 의학의 기능적 요소가 절반을 차지하기 때문입니다. 다만 의사의 영역을 양의사와 한의사 정도로만 여기다가는 지독한 엘리트주의에 빠져서 본질을 잃어버리게 됩니다. 즉, 소명자가 아닌 능력자가 되고 맙니다.

나는 임상병리사입니다. 임상병리사는 병원에서 기초검사를 진행하는 사람들입니다. 혈액을 채취해서 그 혈액을 분석합니다. 병원균을 연구하고 적절한 약품을 연구하기도 합니다. 불과 싸우는 사람을 소방관이라 부르고, 범죄자와 싸우는 사람을 경찰이라고 부르듯이, 병과 싸우는 사람은 당연히 의사라고 해야 합니다. 비단 임상병리사만 해당하는 이야기가 아닙니다. 방사선과, 간호과, 재활의학과 등에서 일하는 사람들은, 적어도 한국에서는 '의사'라고 불리지 않습니다. 이러한 사회적 편견을 깨뜨리기 위해서라도 각 분야를 선택하여 공부하는 사람들은 자신이 먼저 '의사'로서의 자부심을 마음에 아로새길 필요가 있습니다.

그리고 정말 최선을 다해 공부해야 합니다. 의료행위는 인체를 직접 대하는 것입니다. 때문에 아무리 작은 실수라고 해도 환자에게는 치명적일 수 있습니다. 간혹 의학드라마가 방영되면 반드시 수술실 장면이 나오는데, 브라운관을 통해 전해지는 수술실의 긴장도에 놀라곤 합니다. 하지만, 실제 수술실에서의 긴장도는 TV에 나오는 수술실과 비교할 바가 아닙니다. 수없이 반복하고 또 반복해서 꿈에서라도 같은 수준의 치료행위를 할 수 있어야 비로소 전문의가 될 수 있는 것입니다.

대체의학이 정통의학에서 인정받지 못한다고 대충 책 한 권 달랑 읽으면 배울 수 있는 것이 아닙니다. 대체의학의 역사는 정통의학보다 오래고, 그 분야 역시 다양합니다. 체계화되기에는 너무 넓고 깊다 보니 소수의 사람들에게만 전해져 온 것이지요. 그래서 오히려 더 배우기도 어렵고 완벽히 재현하는 사람들도 드뭅니다. 하지만, 대체의학을 제대로만 익혀내면 양방과 한방에서 도저히 불가능하다고 여겼던 통전적 치료에 가장 근접해 있는 것 역시 대체의학일 수 있습니다.

통전적 치료

통전적 치료는 전인치유를 달리 표현한 것입니다. 전인 치유가 하나님이 주신 건강한 영, 육, 체를 회복하게 하기 위해 상담, 기도, 말씀, 그리고 처방 등을 적절하게 사용하듯이 통전적 치료 역시 같은 과정으로 치료합니다. 다만, 이제껏 이 말은 상담학을 비롯한 일부 분야에서만 사용되면서 임상에서는 그다지 주목을 받지 못한 것도 사실입니다. 그러나 갈수록 복잡해지는 사회 속에서 사람들은 극도의 스트레스와 싸우면서 다양한 심적, 영적 상처를 경험하고 있습니다. 그에 따라 나타나는 병증 역시 단순히 의학적 처치로서는 짐작하기 어려운 경우도 종종 나타나곤 합니다.

때문에 환자가 가진 병의 근원을 먼저 진단하고 그로부터 나타난 증세를 다룰 수 있는 통전적 치료를 염두에 두어야 합니다. 즉, 병세가 아닌 환자를 먼저 살피고 환자 스스로 병세를 이길 의지를 갖게 해야 합니다. 그것이 양방이나 한방과 같이 정통이라고 자부하는 의학에서도 궁극적으로 추구하는 것이라는 점을 기억해야 합니다.

03

전인치유의 하나님

전인치유

내가 전인치유 사역을 한다고 할 때마다 많은 사람들이 "도대체 전인치유가 무엇입니까?"하고 물어 옵니다. 아마도 평상시에 들어 보지 못한 꽤 낯선 개념이어서 그렇겠지 하고 이해하지만, 실상 우리는 전인치유에 대해 상당한 이해를 가지고 있습니다.

창세기를 통해 하나님께서 사람을 창조하시는 장면을 읽을 때면 그 신비로움에 놀라게 됩니다.

> 하나님이 이르시되 우리의 형상을 따라 우리의 모양대로 우리가 사람을 만들고 그들로 바다의 물고기와 하늘의 새와 가축과 온 땅과 땅에 기는 모든 것을 다스리게 하자 하시고 하나님이 자기 형상 곧 하나님의 형상대로 사람을 창조하시되 남자와 여자를 창조하시고 하나님이 그들에게

> 복을 주시며 하나님이 그들에게 이르시되 생육하고 번성하여 땅에 충만하라. 땅을 정복하라. 바다의 물고기와 하늘의 새와 땅에 움직이는 모든 생물을 다스리라 하시니라(창세기 1:26-28).
>
> 여호와 하나님이 땅의 흙으로 사람을 지으시고 생기를 그 코에 불어넣으시니 사람이 생령이 되니라(창세기 2:7).

하나님은 당신의 대리자로서 인간을 창조하셨습니다. 그래서 당신의 형상을 따라 땅으로부터 흙을 내어 육신을 만드셨고 생기 곧 하나님의 영을 불어넣어 '생령'이 되게 하셨습니다. 때문에 인간은 하나님이 창조하신 만물의 영장(靈長)이며 동시에 전인(全人)이라고 불리게 된 것입니다. 그런 인간의 영광이 깨진 것이 바로 아담과 하와가 저지른 선악과 범죄였습니다. 그 범죄로 인해 우리는 전인(全人)의 지위를 상실하고 말았습니다.

> 여호와 하나님이 그 사람에게 명하여 이르시되 동산 각종 나무의 열매는 네가 임의로 먹되 선악을 알게 하는 나무의 열매는 먹지 말라 네가 먹는 날에는 반드시 죽으리라 하시니라(창세기 2:16-17).

전인(全人)의 지위를 상실한 인간에게는 '고통'이 찾아왔습니다. 영원히 행복하게 살 수 있었던 에덴동산에서 쫓겨났을 뿐만 아니라, 땅으로 돌아갈 때까지 땀 흘리며 수고해야 비로소 땅의 소산을 먹을 수 있었고, 여자는 해산의 고통을 겪어야 했습니다. 그리고 얼마 지나지 않아 자식들 간 살육이라는 끔찍한 죄의 결과를 맺게 되었습니다. 이후 인간은 끊임없이 죄의 산을 쌓으며 고통 속에서 울부짖어야 했습니다. 아담과 하와의 범죄로부터 비롯된 이 끔찍한 결과는 우리를 죄에 결박시켰지만, 그리스도이신 예수님께서 십자가에서 보혈을 흘림으로써 온전히 회복되었습니다. 그래서 우리는 "주는 그리스도시요, 살아 계신 하나님의 아들이십니다(마태복음 16:16)."라고 고백함으로써 전인(全人)의 본성을 온전히 회복하게 된 것입니다.

그런데, 여기서 쉽게 간과하는 사실이 하나 있습니다. 그것은 바로 전인(全人)의 회복이란 단순히 신앙적 회복에서 그치는 것이 아니라는 사실입니다. 다시 말해, 전인(全人)으로서의 회복은 우리의 영적, 육적 상태가 온전해짐을 뜻합니다. 물론 우리가 예수님께서 부활하신 후 보이셨던 것처럼 완전한 상태에 이르는 것은 천국에 들어갈 때에야 비로소 가능하겠지만, 비록 완전한 상태가 아니라고 해도, 전인(全人)의 회복을 통해 우리는 이 땅에서 다시 하나님의 교통하심 가운데 하나님의 치유하심을 온전히 경험할 수 있다는 뜻입니다. 그것은 영적 상태뿐만 아니라 육신과 혼을 모두 포함하는 완전한 상태를 의미합니다.

따라서 '전인치유'는 이러한 인간의 영성, 지성, 감성, 의지와 육체를 회복하는 것으로, 온전한 치유는 오직 하나님의 말씀 가운데 성령의 임재하심으로만 가능합니다. 우리가 하나님의 구원을 말할 때 영적 범주에서 '사망에 이르는 죄의 완전한 용서'만을 의미한다고 말하지 않습니다. 왜냐하면 하나님의 구원은 하나님께서 창조하신 우리의 육신까지 완전하게 회복하는 것을 의미하기 때문입니다. 그러므로 우리의 구원도 '전인구원'이라고 할 수 있으며, 이러한 전인구원의 한 형태로서 인간의 정신적, 육신적, 영적 건강을 위한 관리와 치료를 '전인치유'라고 정의할 수 있는 것입니다.

오늘날 한국 교회와 각 성도들이 겪는 많은 문제들이 바로 이러한 전인(全人)에 대한 이해가 부족한 데서 비롯됩니다. 즉 어떤 이는 교회 내 문제를 영적으로만 접근해서 오직 기도로써 해결하려 하고, 또 어떤 이는 육적으로만 파악해서 시스템이나 돈, 지식 등으로 해결하려고 합니다. 하지만, 그러한 시도들은 일순간 문제를 해결한 듯 해도, 결코 완전한 해결에는 이르지 못합니다. 온전한 치유를 통해 온전한 구원에 이르려면 이제라도 '전인치유'를 배워야 합니다.

전인치유 사례 1_ 류희분 집사

류희분 집사님을 알게 된 것은 내가 성령의 인도하심 가운데 의료선교사로서 전인치유 사역을 막 시작하던 때였습니다. 류 집사님은 오래도록 혈루병을 앓고 있던 차에 마침 내 소문을 듣고 성경 속 이야기가 생각나서 찾아온 것이었습니다. 고된 외국인 노동자의 삶을 이겨내기 위해 낮에는 공항 화장품 매장에서 근무하고 밤에는 다시 시내 선물가게 직원으로 일하는 류 집사님의 이야기를 들으면서 나는 그에게 필요한 것이 비단 혈루병을 멈추는 것에 국한된 것이 아님을 깨달았습니다. 그에게는 육체의 병 외에도 마음속 깊숙이 감춰놓은 상처가 있었던 겁니다. 류 집사님은 한 번 결혼에 실패했던 이력을 갖고 있었습니다.

아무튼, 가장 시급한 혈루병을 치료하기 위해 나는 가장 먼저 류 집사님을 위해 안수기도를 하고 상담했습니다. 성령 하나님께서 나를 통해 당신을 만나시고 또 마음과 육신의 연약함을 돌보실 것을 온전히 믿는 고백을 드리도록 권면했습니다. 그리고 마침내 그 고백을 직접 들은 후에 나는 백회혈 부근에 승제혈에 평형침을 횡자로 시술했습니다. 첫 시술을 하는 내내 류 집사님의 얼굴이 평화를 되찾아 온화해짐을 느낄 수 있었습니다.

평형침의 시술과 함께 류 집사님의 마음속 상처를 치유하기 위한 말씀의 선포도 반복했습니다. 하나님께서는 내가 류 집사님을 위해 기도할 때마다 필요한 말씀을 생각나게 하셨습니다. 그리고 류 집사님이 완전하게 회복될 것에 대해 말씀해 주셨습니다. 그렇게 약 일주일이 지난 후 류 집사님이 환한 표정으로 날 찾아와서 그 지겨운 혈루병이 씻은 듯 낳았다며 감사를 표했습니다. 더불어 다시 새로운 마음으로 새 삶을 살 수 있을 것 같다며 감격스러운 고백을 하였습니다.

류 집사님을 다시 만난 것은 그로부터 몇 년이 지난 뒤입니다. 어느 날 갑자기 나를 찾아와서는 살려달라며 우는 것이 아닙니까! 깜짝 놀라 '무슨 일이냐?'고 묻는 내게 류 집사님은 자신이 '위암'에 걸려 죽게 되었노라고 하소연했습니다. 흥분한 류 집사님을 진정시킨 후 "집사님은 미국시민권자이고 또 한국의 의료보험에도 아직 가입되어 있는 것으로 아는데, 미국이나 한국의 유명한 대학병원을 찾아가지 왜 내게 오셨어요?"하고 물었습니다. 아무래도 위암이 중하면 개복(開腹)수술을 통해 암을 제거하는 것이 필요하다는 상식에 따라 드린 질문이었습니다. 류 집사님은 한참동안 대답은 않고 울며 고개를 가로 젓다가 간신히 말을 꺼냈습니다.

"사실, 한국에 가서 정밀검사를 받았어요. 그런데, 제 간이 매우 나빠서 마취를 하면 그 자체로서 위험해질 수 있다고 하네요."
"집사님, 큰 병원에서도 쉽지 않은 것을 제가 어떻게 도와드릴 수 있을까요?"

근심하며 대답하는 내게 집사님은 간절한 목소리로 말했습니다.

"차 목사님, 제가 어리석었어요. 목사님께서 전에 제 혈루병을 치료해 주시고 제 상처도 다 어루만져 주셨는데, 저는 병이 낫고 제 멋대로 살았거든요. 이번 한 번만 저를 도와주세요. 저를 위해 기도해 주시고, 치료해 주세요."

거듭 고민하는 내게 성령님께서 감동을 주셨습니다. 류 집사님이 나를 찾아온 것은 하나님께서 류 집사님을 온전히 사랑하시기 때문이라는 것을 깨닫게 하셨습니다. 하지만 그에 대하여 다짐을 받아야 했습니다. 그래서 나는 집사님을 바라보며 분명하게 물었습니다.

"류 집사님, 하나님께서 나를 통해 집사님을 위암에서 해방시키리라 믿는지요?"
"아멘! 그렇습니다."
"성령 하나님이 집사님을 온전히 인도하시도록 믿음으로 사실 건가요?"
"네, 반드시 그렇게 하겠습니다."

조금의 망설임이나 의심도 없이 확고한 믿음으로 대답하는 류 집사님을 보면서 부담감도 컸지만 반대로 큰 감동이 되었습니다. 이후 한 달 동안 매일 침을 놓고 뜸을 처방했습니다. 또한 죽염을 복용시

켰고, 말씀을 통해 집사님이 자신을 온전히 하나님께 의지할 수 있도록 도왔습니다. 완치를 장담하기에는 턱없이 부족한 시간이었고 또 치료였을지 모르지만, 견디기 쉽지 않은 고통 가운데에서도 류 집사님과 나는 하나님이 함께하신다는 믿음을 더 확실히 갖게 되었습니다.

그렇게 한 달 간 최선을 다해 치료한 후 내가 LA 한의과대학으로 돌아온 지 한두 달이 지났습니다. 어느 날 수업을 하고 있는 중에 갑자기 류 집사님에게서 전화가 왔습니다.

"목사님, 저 다음 달에 김태영 집사와 결혼해요. 축하해 주실 거죠?"

"네? 축하합니다만 … 집사님 위암은 호전되었나요?"

깜짝 놀라서 걱정하며 묻는 내게 류 집사님은 세상에게 가장 기쁜 목소리로 자신의 소식을 전했습니다.

"목사님이 한 달간 치료해 주신 후에 한국에 나가서 다시 검사를 받았는데요. 암 덩어리가 온데간데없는 거예요. 병원에서는 기적이라고 놀라던 걸요. 하나님께 감사하고 또 목사님께 너무 감사했어요."

"아멘. 집사님 진심으로 축하합니다."

하나님이 하시는 일은 언제나 신비롭기만 합니다. 그리고 완전합니다. 하나님은 당신의 자녀를 치유하실 때 세상의 방법처럼 그저 육신의 병만 고치는 데 그치지 않으십니다. 하나님은 당신의 자녀가 전인(全人)을 회복하기를 원하십니다.

류 집사님이 겪은 두 번의 치료는 그의 병, 곧 혈루병과 위암을 고치는 것에서 그친 것이 아니었습니다. 하나님께서는 그의 마음속에 감춰진 실패한 결혼으로 인해 상실된 자존감을 회복하고 그가 다시 건강한 가정을 이룰 수 있도록 인도하셨습니다. 그 놀라운 역사를 나를 통해 이루신 것은 내게도 큰 감격과 감사의 제목입니다.

더불어 하나님은 류 집사님을 통해 내 수고를 갚아 주셨습니다. 한참 뒤 내가 괌에서 개원할 때입니다. 가진 돈도 없이 그저 의료 선교적 사명을 감당하기 위해 찾아간 그곳에서 다시 만난 류희분 집사님과 그 남편 김태영 집사님은 나를 위해 사재를 들여 "은혜한의원"

완치 후 류희분 집사(좌)와 샤론 집사(우)

의 실내 장식과 간판을 시공해 주었습니다. 자신의 아내를 고쳐 주어서 행복한 가정을 이루게 도와주셨으니 기쁘게 은혜를 받아서 더 많은 이들을 고쳐달라는 당부와 함께 말입니다. 하나님은 이렇게 멋지게 일하시는 분입니다.

할렐루야, 여호와 라파!

전인치유 사례 2_ 원주민 베키

내가 괌에서 한의사로 사역할 때입니다. 매일 20-30여 명의 사람들을 치료하면서 제법 명의로 소문이 났습니다. 그때 한 지인이 소개한 원주민 베키(Becky)가 나타났습니다. 남편의 등에 업혀온 베키는 하반신이 마비된 상태였습니다.

괌의 원주민들의 삶은 단조롭습니다. 관광업이나 어업에 종사하는 사람들이 대부분입니다. 베키 역시 5명의 자녀를 키우면서 관광상품을 생산하는 공장에서 일하고 있었습니다. 그런데 어느 날부터 아침에 몸을 일으키기 어려워지더니 곧 아예 움직일 수 없었다고 합니다.

미신을 믿는 가족들은 베키에게 귀신이 들어가서 그렇게 된 것이라고 수군댔지만, 베키의 남편은 아내를 데리고 양방 병원을 찾아가서 진료를 받게 했습니다. 그런데 병원에서는 뚜렷한 진단을 내리지 못했습니다. 고통을 호소하는 아내를 그냥 두고 볼 수 없었던 남편

진료를 받는 베키

이 결국 내게 찾아온 것이었습니다.

나는 베키를 보는 순간 이것이 영적 문제에서 비롯된 것임을 직감했습니다. 귀신이 들어가서 베키를 못살게 구는 것이 아니라 하나님께서 베키를 만나기를 원하신다는 확신이 들었습니다. 나는 우선 베키에게 내 마음의 감동을 고백하고 기도해 주었습니다.

그리고 내가 치료하는 내내 그 치료과정 속에 하나님께서 함께하실 것을 믿어야 비로소 효과가 나타날 것이라고 알려 주었습니다. 베키는 의아해하면서도 아무런 반박을 하지 못하고 그저 고쳐만 달라고 했습니다.

나는 수족온열치료기에 황토소금을 타서 40분간 손발을 담구고 혈액순환을 시켜 막힌 혈이 통하게 했습니다. 그리고 평형침과 족심도요법을 시행했는데, 시술한 지 불과 1시간도 못되어 베키는 자리에서 벌떡 일어나 자기 발로 집으로 갔습니다. 물론 이전처럼 뛰어다니기까지 몇 차례 더 치료 받아야 했지만, 더는 남편에 의지해서 오지 않았습니다.

베키를 치료하면서 나는 하나님께서 베키를 만나 주시기를 간청했습니다. 비록 내가 예상한 것보다도 훨씬 빨리 치료되는 바람에 충분히 듣고 변화될 시간이 부족해 보였지만, 그래도 베키가 내 얘기를 기억해 주기를 바랐습니다.

베키가 치료받고 돌아간 그 주에, 나는 하나님이 역시 신실하신 분이라는 것을 확인했습니다. 주일 예배를 드리는데, 베키와 남편, 그리고 자녀 5명이 다 교회에 나왔습니다. 베키는 교회에 대해, 더구나 외국인 선교사가 사역하는 교회에 대해 완고한 남편에게 내가 했던 얘기를 전하면서 자신을 살려준 선교사의 말을 무시하면 안 된다고까지 했다고 합니다.

나는 베키로부터 소개를 받아 찾아온 많은 원주민들에게 자연스럽게 복음을 전할 수 있었습니다. 거기에는 괌 정부의 주지사의 비서실장을 지낸 조지 밤바도 있었습니다. 그 정도의 거물이 작은 한의원을, 그것도 외국인이 운영하는 한의원을 찾아 치료를 받았다고 하면 사람들은 쉽게 믿으려 하지 않습니다. 하지만, 주님은 언제나 불가능하다 여기는 것을 가능하게 하십니다.

또한 선교사로서 내가 가진 약점을 멋지게 채워 주신 것이기도 합니다. 영어가 부족해서 직접 찾아다니며 전도하려면 그 수고가 만만치 않았을 게 분명합니다. 그런데 하나님은 그런 내 사정까지도 헤아려 주신 겁니다. 우리 하나님은 참 멋진 분이십니다.

On September 06, 2007 I met an old man who knows about accupuncture and he was a doctor from Korea too. That night, he examined me and started treating me too. I was in so much pain but after that night I just started walking normal and can't hardly feel pain for days. Now I do believe that he can really heal people and I'm just so worry that I have to pans my pain to them. (pastor and wife). I thank both of you too tuo for everything. (6months of pain and 3 kinds of medication to take my pain away only)

DeLeon Guerrero, Delena Rebecca Takai ~ "Becky"

베키의 감사 편지

3부
사랑하는 이에게

01

부모님께 드리는 편지

반면교사, 아버지

사랑하는 아버지.

일생(一生)의 생명을 주신 아버지에게 펜을 들어 편지를 드리는 데 거의 40여 년이 조금 넘게 걸렸습니다. 살면서 간간이 아버지 생각을 했습니다. 가끔은 아버지가 그립고 보고 싶어서 눈물짓기도 했구요. 그런데, 펜을 들어 제 마음을 고백하는 것이 왜 그렇게 힘들었는지 설명하기는 어렵네요. 하지만, 왜 이렇게 늦었냐고 서운해 하지 마시고, 이제라도 찾아온 아들을 너그러운 마음으로 반갑게 맞아 주세요.

어릴 때 아버지는 제게 영웅(英雄)이셨습니다. 아버지는 못하는 것도 없으셨고, 늘 주변을 챙겨 돕는 분이셨어요. 철이 들기도 전부터 동네 아재, 이모들이 저에게 "차 의사 아들이구먼!" 하면, 저도 모르게 어깨를 '으쓱' 하곤 했습니다. 그래서 제 마음속으로 '나는 커서 아버지처럼 의사가 될 거야.'라는 다짐을 수없이 하곤 했습니다. 혹시 기억하실지 모르지만, 저는 아버지에게 칭찬을 많이 듣고 싶었습니다. 7형제 중 그래도 가장 눈치가 빠르고 행동이 민첩해서 아버지의 심부름을 도맡아 하기도 했지만, 일부러 더 아버지의 눈에 들기 위해 노력하기도 했습니다. 대체로 아버지의 덤덤한 반응에 실망하기도 했지만, 가끔 아버지가 기분 좋은 칭찬을 해 주시고 용돈도 주실 때면 세상을 다 얻은 듯 했으니까요.

물론 완벽하진 않으셨죠. 술을 즐기신 탓에 가끔 실수도 하셨고 나중에는 알코올 중독에 이르기도 하셨지요. 또 지독하리만치 가부장적이신 데다, 어머니가 돌아가신 후 여러 새엄마들을 만나셨고, 저희 형제들에게는 항상 엄격하셨기에 무섭기도 했어요. 그래서 적잖이 반항하기도 했습니다. 고교시절부터 아니, 중학교 때부터 저는 늘 한편으로는 아버지의 눈에 들기 위해 착한 아들이었지만, 다른 한편으로는 아버지의 삶을 부정하며 반항하는 못된 아들이기도 했거든요. 물론 제 나름으로는 아버지께서 알지 못하게 잘 속였다고 생각하지만, 아버지는 그런 제 모습을 보고 많이 속상하고 또 아파하셨을 것을 이제는 너무 잘 알고 있습니다. 그래서 진작부터 진심을 다해 아버지를 사랑하지 못했던 것이 못내 송구하고 죄송할 따름입니다. 그래도 아버지가 꼭 알아주시길 바라는 것 한 가지는 제가 아버지를 무척 자랑스러워했고 좋아했다는 사실입니다.

아버지, 얼마 전 유튜브에서 한 가요 프로그램을 봤습니다. 김진

호라는 가수였는데, "가족사진"[1]이라는 노래를 부르더군요. 아참, 아버지는 생소할 용어들이 좀 등장하네요. 지금 시대와 아버지가 사셨던 시대가 많이 달라졌어요. 이제는 TV도 아닌 휴대용 전화기로도 스마트폰으로 손안의 인터넷이라는 가상의 공간에서 많은 일을 하고 있습니다. 다 설명 드리기는 복잡하고 어려우니, 이해해 주세요. 아무튼, 그 가수의 노래를 들으며 많이 울었습니다. '60이 넘고서야 나는 아버지의 등이 보였는데, 이 젊은 친구는 아주 일찍 그걸 알았구나.'라는 생각이 들 정도로 말이죠. 그 노래 가사에 이런 부분이 있어요.

"… 어른이 되어서 현실에 던져진 나는 철이 없는 아들딸이 되어서 이곳저곳에서 깨지고 또 일어서다 외로운 어느 날 꺼내 본 사진 속 아빠를 닮아 있네 …."

그래서 아버지 사진을 꺼내 보니, 제가 아버지를 많이 닮았다는 사실을 새삼 깨닫게 되었습니다. 최선을 다해 살았지만 기구했던 인생사도 그렇고, 의사로서 다른 사람들을 치료했지만 정작 내 몸의 아픈 구석은 제대로 돌보지 못했던 것도 비슷하고요. 외모만이 아니라 인생사 모두가 저는 아빠(아버지)를 닮아 있네요.

저도 아버지처럼 아내를 잃었습니다. 물론 어머니는 병으로 돌아

---

1 공연실황 : https://www.youtube.com/watch?v=rrhpoxZmUaQ

가시면서 아버지 곁을 떠났고, 제 아내는 세상을 사랑하는 마음의 병으로 제 곁을 떠났지만, 저 역시 아버지처럼 알코올중독의 지경에 이르기까지 힘들었던 시기를 지나면서 어머니를 잃고 방황하시던 아버지를 이해하게 되었던 것 같습니다. 그리고 왜 그렇게 아버지가 좋은 어머니를 맞이하고 싶어 했는지도 알게 되었습니다. 그 지점에서 저는 사실 아버지를 따라가지 못합니다. 저는 제 고통에만 신경을 쏟다가 금쪽같은 아들 녀석마저 잃고 말았으니까요. 제가 아버지처럼 진환이를 좀 더 일찍 돌아보기만 했다면 그 녀석은 지금도 살아서 가끔이나마 제게 기쁜 소식을 전해 주었을 게 분명합니다. 그래서 저는 죄인입니다. 만약 아버지가 살아 계셔서 진환이를 보셨다면, 그리고 마음껏 예뻐해 주시기라도 했다면, 그나마 제 마음이 이렇게 아프지는 않았을 겁니다. 지금도 저는 할아버지와 아버지의 사랑을 제대로 받지 못하고 생을 마친 진환이를 생각할 때마다 마음이 무너지곤 합니다.

아버지, 1975년, 그러니까 제가 19살 때, 아버지가 하늘로 돌아가시며 부탁하신 대로, 저는 의사가 되었습니다. 임상병리사이면서 한의사가 되었지요. 아마도 2010년에 제가 한의사 면허증을 취득하던 그날, 아버지가 살아 계셨다면 얼마나 기뻐하셨을까 생각해 봅니다. 그간, 아버지처럼 많은 사람들을 치료했고, 제법 '명의(名醫)' 소리를 들을 만큼 중병을 고쳐내기도 했어요. 한국에서도 또 미국에서도 사람들을 치료했습니다. 아버지가 바라셨던 대로, 아버지를 뛰어넘는 의사가 되어 세계인들을 상대로 인술을 펼쳤으니, 이제는 저를 충분

히 자랑하셔도 되지 않을까요? (웃음)

아버지, 저는 육체의 병을 고치는 의사이기도 하지만, 마음의 병을 고치고 사람들의 영을 하나님께로 인도하는 의사(목사)이기도 합니다. 생전 아버지가 말씀하셨던 적도 있지요.

"사람들의 병은 거의 전부 마음의 병에서 시작된다."

그래서 저는 '전인치유'를 목적으로 하는 전인치유사가 된 겁니다. 깨지고 상처 난 마음과 영을 어루만지는 것은 우리를 창조하신 하나님의 말씀과 사랑이 아니면 불가능한 것이기 때문이지요. 그 마음과 영이 회복될 때, 비로소 제가 시행하는 치료가 빛을 발합니다. 분명 아버지가 지금 제 모습을 보셨다면 그렇게 꿈꾸셨던 바가 바로 '전인치유사'라는 사실을 고백하셨을 겁니다.

그래서 사실, 저는 아버지에게 죄송하기만 합니다. 하나님을 처음 만나고 구령의 열정으로 천안 시내를 돌며 전도하고 다녔으면서, 정작 아버지에게는 하나님을 소개하지 못했으니까요. 내가 제일 사랑했던 아버지인데, 그저 돌아가시기 전까지 하나님을 끝내 받아들이지 못하셨던 것을 원망하기만 했습니다.

제가 좀 더 일찍 아버지께 하나님의 말씀과 사랑을 알려드리고 함께 하나님을 예배했었더라면 얼마나 좋았을까요?

아버지의 일생을 힘들게 했던 여러 문제들이 해결되어 아버지가 행복한 삶을, 단 하루라도 진심으로 만족하는 삶을 사시고 돌아가셨다면 얼마나 좋았을까요?

그래서 저는 부질없는 바람일 수도 있지만, 할 수 있을 때마다 아버지를 위해 기억하며 기도드립니다.

"하나님, 지금이라도! 제 육신의 아버지가 계신 그곳에서 하나님을 믿을 수 있다면, 하나님을 구주로 고백할 수 있도록 허락해 주시고, 인도해 주세요. 그리스도이신 예수님의 이름으로 기도드립니다. 아멘."

아버지. 저는 아버지가 계신 곳이 하나님의 나라이기를 간절히 소원합니다. 비록 죽음의 순간에도 예수님을 구주로 고백하지 못하셨지만, 그곳에서라도 하나님의 은혜와 긍휼을 구하시기를 바랍니다. 이미 육신을 벗고 혼이 되셨기에 영으로 하나님을 만나셨을 지도 모릅니다만, 혹 아직도 하나님을 모르신다면, 이제라도 예수님을 구주로 영접하세요. 저는 아버지와 다시 만날 때, 그렇게 몹시 그리워했던 어머니와 진환이 역시 만나서 함께 노래 부르며 가족의 정을 나누고 싶습니다. 아버지의 평안과 평화를 위해 기도합니다. 보고 싶습니다. 아버지.

풍문(風聞) 교사, 어머니

어머니. 공상희 여사님.

참 그립고 그리운 단어입니다. '어머니!'

저만 그런 것은 아니겠지만, 불과 4살 때 당신을 잃고 평생을 그리워만 했기에, 그 이름이 제게는 특별하고 또 특별하기만 합니다. 살면서 어머니의 이름 석 자를 제대로 불러본 적도 없어서, 그게 아쉽기만 합니다.

머리가 좀 트이고 초등학교에 들어갈 무렵, 아버지께 엄마가 왜 없냐고 물어봤다가 꾸중을 들은 적이 있습니다. 그때 집에 새어머니가 있었지만, 제게는 조금도 '어머니' 같지 않았거든요. 가끔 형님들이 들려준 어머니 얘기를 마음에 간직했던 터여서 난 어머니를 만나는 꿈도 꾸곤 했습니다. 학교에서 소풍이라도 갈 때면, 전 간밤에 몰래 부엌으로 나가 기도하기도 했습니다.

"하나님 혹시, 만약, 가능하시다면 엄마 좀 잠깐 보내 주세요. 내일 소풍 가는데, 도시락이라도 싸 주실 수 있게요. 안 될까요?"

기적처럼 다음날 아침, 잘 준비된 도시락을 들고 감격하여 소풍을 갔었더랬지요. 이제와 생각하니, 분명 그 도시락은 아버지가 준비하셨던 것일 겁니다. 그래서 아버지는 제가 교회에 다니는 것을, 간혹 외삼촌을 만나 예배를 드리는 것을 과히 나무라지 않으셨어요.

초등학교 3학년 때 동네에서 아이들과 놀다가 크게 싸운 적이 있습니다. 누가 먼저 시작했었는지는 정확히 기억이 나지 않지만, 그때 분명히 시비한 친구가 이렇게 말했습니다.

"네 엄마는 도대체 누구야? 매번 엄마가 바뀌니 누가 진짜 너를 낳은 엄마야?"

저보다 덩치가 더 큰 친구여서 평소 같으면 싸움을 피했을 테지만, 그날은 그냥 지나칠 수 없었습니다. 악착같이 달려들어 한 대라도 더 때려 주려고 했습니다. 나중에 싸우는 소리를 듣고 주변에 있던 어른들이 달려와서 떼어놓고 꾸짖으셨지만 저는 끝까지 달려들었고, 결국 '독종'이라는 얘기까지 들어야 했습니다. 그날 저녁 아버지께도 꾸중을 듣고, 혼자 집 뒤편으로 나가 얼마나 울었는지 어머니는 아마 짐작도 못하실 겁니다.

가끔 외삼촌이 저를 불러 어머니 얘기를 해 주셨습니다. 어머니가 아버지 때문에 독실하게 신앙을 지키진 못했지만, 늘 우리 형제들과 아버지를 위해 기도하시던 분이었다고, 그러니 우리 형제들 역시 하나님을 믿고 서로 사랑하고 위해 주며 함께 세상을 살아야 한다고 말입니다. 사실, 전 그때 외삼촌의 말씀도 그저 들어야 하는 어른들의 '잔소리' 정도로 여겼던 것 같습니다. 당신이 목사님이니까 우리를 데려다 예수님 믿는 신자로 만들려고 하는 수작이라고까지 생각하기도 했습니다. 하지만, 이제 와서 돌이켜 생각해 보면, 그때 외삼촌이 전해 주신 말씀이나 그의 진심이 담긴 훈계가 바로 어머니의 부탁에서 비롯된 어머니의 것임을 깨닫습니다.

어머니가 늘 암송하셨다는 시편 1편의 말씀을 저는 고등학교 2학년이 되어서야 읽어봤습니다.

> 복 있는 사람은 악인들의 꾀를 따르지 아니하며 죄인들의 길에 서지 아니하며 오만한 자들의 자리에 앉지 아니하고 오직 여호와의 율법을 즐거워하여 그의 율법을 주야로 묵상하는도다 그는 시냇가에 심은 나무가 철을 따라 열매를 맺으며 그 잎사귀가 마르지 아니함 같으니 그가 하는 모든 일이 다 형통하리로다 악인들은 그렇지 아니함이여 오직 바람에 나는 겨와 같도다 그러므로 악인들은 심판을 견디지 못하며 죄인들이 의인들의 모임에 들지 못하리로다 무릇 의인들의 길은 여호와께서 인정하시나 악인들의 길은 망하리로다(시편 1편).

미국 선교사님들이 제가 출석하던 교회에 와서 간증할 때, 저는 가슴이 뛰었습니다. 세계를 누비며 말씀을 전하고 싶다는 열망이 샘솟을 때, 문득 어머니가 묵상하셨던 시편이 떠올랐습니다. '복 있는 사람', 시냇가에 심은 나무와 같은 사람. 열매를 맺고 항상 형통하는 사람. 악인이 아니라 하나님이 사랑하시는 의인이 되는 삶! 분명 어머니는 우리 형제들이 그와 같은 사람이 되기를 바라셨던 것이겠지요. 어머니가 외삼촌의 품에서 소천하시면서 끝까지 기도하셨던 이 말씀을 반복해서 읽으며 저도 같은 마음이 되어 기도하고 또 기도했습니다. 그리고 이후 '복 있는 사람'은 제 삶의 목표 가운데 하나가 되었습니다.

그리고 어머니와 같은 여자를 만나는 것이 저의 꿈이 되었습니다. 오롯한 신앙과 좋은 성품을 지닌 사람을 갈망했던 겁니다. 마침 제가 출석하던 교회에서 첫사랑 김영애 자매를 만났습니다. 전 그 자매를 보는 순간 묘한 감정에 사로잡혔습니다. 마치 오래도록 그리워했던 어머니를 만난 듯했습니다. 나이는 저보다 1살 어린 친구였지만, 목사님이신 아버지의 영향으로 늘 차분하고 선하며, 잘 웃고, 사람들을 잘 믿고 도와주는 탓에 그녀를 신뢰하고 좋아하는 사람이 많았습니다. 저는 영애 자매를 통해 어머니를 만났습니다.

첫사랑에게서 어머니를 찾았던 것처럼, 저는 결혼할 때도 제 아내에게 어머니의 모습을 갈구했습니다. 그렇게 완고하고 보수적인 아버지를 한결같은 헌신으로 사랑하신 어머니, 짓궂고 말 잘 안 듣는 아들 형제들을 도리어 인자함으로 훈계하신 어머니, 가진 것이 없어도 이웃과 나눔이 가능하다는 것을 삶으로 보여 주신 어머니를 요구했습니다. 어쩌면 제가 결혼생활을 실패하고 가정을 잃게 된 것은 그렇게 어머니의 모습을 아내에게 강요했기 때문인지도 모릅니다.

그리운 어머니.

이제는 어느덧 제가 노년의 시기에 들었습니다. 그리고 어머니의 기도를 대신하고 있습니다. 목사가 되기 전부터 저는 새벽에 교회에 나가 어머니처럼 기도하고 있어요. 어머니가 어머니의 얘기를 들어주실 분이 오직 하나님 한 분뿐임을 아셨던 것처럼, 저도 제 얘기를 다 들어주고, 나를 위로하고, 또 뜻대로 사용하실 분이 오직 하나님이심을 알기 때문입니다. 어머니가 아버지의 구원과 우리 형제들의 구원 그리고 장래를 위해 기도하셨던 것처럼, 저도 가족과 이웃을 위해 기도합니다. 다만 안타깝고 가슴 아픈 것은 아버지 역시 일찍 돌아가신 탓에 하나님을 영접하시도록 돕지 못했고, 지금도 저희 형제들 가운데 어머니의 기도를 잊고 예수를 믿지 않고 있는 형제들 때문입니다. 하지만, 제가 안도하는 것은 동생을 위해 제가 이 땅에서 기도하는 것처럼 어머니가 천국에서 함께 기도하고 있는 것을 느낄 수 있기 때문입니다. 곧 동생이 복음을 다시 듣고, 하나님께로 돌아와서 어머니와 저의 소원이 성취될 것을 믿습니다.

어머니. 평생을 어머니에 대한 그리움으로, 아니 어머니의 사랑을 갖고 싶다는 열망으로 살아온 아들 차상기를 기억하시고, 제 남은 삶과 사명을 위해 기도해 주세요.

곧 총신대학교 사회복지과를 졸업한, 믿음과 희생과 봉사정신이 좋은 이순오 자매와 가정을 이루고, 퇴임한 선교사, 목회자들, 특별히 홀로 된 사역자나 사모들과 함께 삶의 공동체를 이루어 예배하며 선교하는 꿈을 갖고 있습니다. 제가 어머니 없이 홀로 크면서 겪었던 설움이 자라는 아이들에게 더는 생기지 않도록 가난한 가정의 소년소녀 가장들을 지원하는 계획도 진행 중입니다. 어머니의 소원대로, 저는 이러한 일들을 통해 하나님의 복 있는 사람이 되기를 바라고 있습니다. 지켜봐 주시고, 응원해 주세요. 나중에 천국에서 어머니를 만나 함께 찬양하면 참 좋겠습니다.

만나고 싶습니다. 어머니 ….

사랑하는 아들, 딸에게 보내는 편지

아들에게

사랑하는 아들 진환아.

아빠는 오늘도 하루를 시작하면서 네 이름을 가장 먼저 떠올렸다. 지금 너는 어디에 있을까? 지금 진환이가 30대 중반쯤 되었을 텐데, 아빠랑 많이 닮았을까? 지금도 짜장면을 좋아할까? 요리사가 되고 싶다는 네 바람을 이루었을까? 아빠는 네 생각을 할 때면 질문이 너무 많아진다. 네가 아무런 대답을 해 주지 않아서, 아니 대답할 수 없어서 답답할 때도 있고 서글프기도 하지만, 아빠는 언젠가는 그 대답을 꼭 들을 수 있을 거라는 걸 알고 있어.

그래서 아빠는 언제나 네가 있는 그곳에서 하나님을 온전히 만나고 하나님을 믿고, 하나님의 말씀대로 살 수 있기를 간구한다. 너는 내 사랑이니까, 너는 내 보물이니까.

진환이를 처음 만난 건 네가 세상에 태어나기도 전이다. 초음파를 통해 네 심장소리를 듣던 날! 아빠는 심장이 그렇게 무섭게 요동치는 것을 처음 느꼈다. 그 심장소리가 네 심장소리인지, 아빠의 심장소리인지 분간할 수 없는 묘한 심리상태에서 아빠는 태어나지도 않은 네게 말을 걸었어.

"진환아, 안녕? 아빠다. 이렇게 만나게 되어 반갑다."

긴장과 떨림의 10개월을 보내고 엄마가 너를 낳았을 때, 놀랍게도 아빠는 네가 만나 본 적이 없는 내 아버지, 그러니까 네 할아버지를 떠올렸다. 너를 만나기 전에는 '애증'이라는 말로 아버지를 기억했었는데, 너를 만나고 나니 '이해와 존경'으로 바뀌더구나. 아무튼, 너의 작은 몸에서 그렇게 큰 울음소리가 나오는 것이 신기했고, 네가 미소를 띨 때면 세상이 온통 환해지는 경험도 했어. 네 작은 눈에는 아빠가 모르는 또 다른 세상이 담겨 있는 듯했어. 하루 종일 너를 보고 있어도 조금도 지루하지 않았지.

네가 어릴 때 아빠가 무척 바쁘게만 사는 사람으로 생각했지? 병원 일하는 것 좋아하고 친구들 만나는 것 좋아하면서, 정작 너에게는 엄격하고 무서운 아빠였던 것 같아. 그렇지? 이제와 변명처럼 들리겠지만, 아빠 마음은 조금도 그렇지 않았어. 병원 일이 아무리 좋은들 너와 놀이터에서 함께 뛰어 노는 것보다 재밌지 않았고, 아무리 친구들이 좋아도 네가 웃어 주는 것만큼 좋을 수 없었단다. 그런데 왜 자주 그렇게 하지 못했냐고? 아마도 아빠가 정말 소중한 것을 지키는 방법을 제대로 알지 못했던 것 같아. 나는 최선을 다해 일하고 부와 명성을 얻으면 네게 좀 더 많은 것을 해 줄 수 있을 거라고 생각했단다. 이제는 너도 알겠지만, 아빠가 동서의원의 원장으로 일하면서 동시에 방송통신대학교에서 경영학을 공부한 것도 가족들에게 더 나은 미래를 선물하고 싶다는 생각 때문이었어. 그래서 아빠가 할 수 있는 것보다 더 열심히 일하고 공부하고 그랬어.

너와 네 동생에게 엄격했던 것도 너희가 무엇인가를 크게 잘못했거나 혹은 미워서가 절대 아니었어. 오히려 자주 너희와 시간을 보내지 못했던 미안함과 혹여 너희가 아빠처럼 방황할지도 모른다는 불안감 때문에 괜히 더 오버해서 화를 냈던 거야. 아빠는 너희보다 어릴 때 어머니를 잃고 어린이 시절을 무척 힘겹게 보냈거든. 하지만, 그걸 핑계 삼고 싶지 않아. 그저 미안할 뿐이다.

초등학교 3학년 때인가? 진환이, 네가 학교에서 장래 희망사항을 발표하고 아빠에게 혼난 적이 있었어. 기억나니? 너는 그때, 요리사가 되고 싶다고 했어. 희고 긴 모자를 쓴 셰프(chef)가 되어 사람들을 행복하게 만드는 맛있는 요리를 만들겠다고 했지. 그런데 아빠가 비웃음을 지으며 어이없어 하다가 결국 너에게 나쁜 소리를 했어.

"사내자식이 요리를 배워서 어따 써먹겠다는 거야? 그런 말도 안 되는 생각 집어치우고 의사가 되게 공부나 열심히 해!"

그때 네가 얼마나 서럽게 울었는지 너는 기억 못할 수도 있겠다. 그날 밤 아빠는 스스로 옳은 일을 한 거라고 얼마나 다짐하고 또 다짐했는지 몰라. 분명 그렇게 말한 것, 그렇게 생각하고 강요한 것이 잘못이라는 사실을 알았기 때문에 더 강하게 부정하려고 했던 것 같아. 평생 그렇게 원망했던 내 아버지도 내게 그런 식으로 말씀하신 적이 없는데, 나는 세상보다 더 사랑하는 내 아들에게 그런 심한 말을 아무런 망설임도 없이 해 버렸으니, 창피했거든. 하지만, 그것을 인정하는 게 더 힘들었던 것 같구나. 그래서 내색도 하지 않으려고 했어. 하지만 그날의 일을 까맣게 잊고 있다가 너를 잃고 나서야 아빠는 지워지지 않는 상처가 되어 남은 그 일들을 다시 생각하게 되었어.

'그때 진환이에게 좀 다정하게 말해 줄 것을, "네가 셰프가 되면 아빠가 네가 만든 맛있는 요리를 먹을 수 있으니 무척 행복하겠다."라는 말을 했어야 하는데 ….'

하지만, 무엇보다 아빠가 진환이에게 미안하게 생각하는 일은 바로 가정을 지키지 못한 거야. 네가 불과 10살 남짓 되었을 때였기 때문에 아빠와 엄마가 헤어지고 가족이 서로 떨어져 지내야 한다는 것은 상상할 수 없는 상처가 되었을 거야. 미안하고 또 미안하다. 학교에서 늘 적극적으로 친구들을 이끌고 성적도 좋았던 네가 갑자기 공부에 흥미를 잃고 방황하기 시작했을 때, 아빠가 네 상처를 돌아보고 위로할 수 있었어야 했는데, 아빠는 아빠의 상처에만 빠져 있었구나.

갑자기 운영하던 병원이 문을 닫게 됐고, 또 엄마와 뜻밖에 이별을 하게 되면서, 더구나 가짜인줄 알았던 그 이별이 진짜가 되어 돌이킬 수 없는 상황이 되었을 때, 아빠는 어찌할 바를 몰랐었어. 어떻게든 상황을 수습하고 너희들에게 돌아가려고 했는데, 뜻대로 되지 않았다. 네가 방황하는 것을 알았지만 일단은 엄마가 너를 잘 돌볼 수 있을 거라고 믿었어. 하지만, 당연히 아빠가 해야 할 몫이 있다는 것을 제대로 알지 못했던 것 같아. 그래서 네게 너무 미안하다.

네가 엄마를 따라 필리핀으로 가면서, 아무런 인사도 없이 생이별한 것도 서러운데, 5년 쯤 지나서 네가 하나님께 돌아갔다는 소식을 들었을 때 아빠는 세상을 잃은 것 같았어. 그 아픔을 어떤 말로 표현할 수 있을까? 그 원망을 누구에게 쏟아 놓을 수 있을까? 내가 네 곁에 있었다면 결코 그렇게 허무하게 보내지 않았을 거라는 걸 알기에, 너의 죽음은 전적으로 아빠의 책임으로 여겨졌어. 그 자책으로 한없이 무너지고 또 무너졌다.

사랑하는 아들, 진환아.

아빠는 네 이름을 가진 다른 사람들을 만날 때면 한 번 더 쳐다보곤 해. 그리고 너와 비슷한 젊은 사람이면 아주 잠깐이라도 대화를 시도한다. 내 아들에게 줄 수 없었던 사랑을 조금이라도 나누고 싶어서 말이야. 하지만, 그럴수록 네가 더 그립기만 하다.

진환아, 아빠는 네가 지금 하나님 곁에서 평화와 자유를 누리고 있을 것을 믿는다. 어쩌면 그곳에서 네가 정말 맛있는 음식을 만들어서 할머니에게 대접하고 있을지도 모른다는 상상을 할 때면 그나마 웃음을 지을 수 있어. 그리고 그곳에서 너를 만나서 너와 이야기 나누고, 네가 만들어 주는 맛있는 음식을 먹고도 싶다. 나중에 아빠를 만나면 그렇게 해줄 수 있는 거지?

이 편지를 네게 보낼 수 있으면 정말 좋겠구나.

네가 이 편지를 읽고 아빠의 미안함과 너를 향한 사랑을 조금만 알아주면 좋겠구나.

네가 이 편지에 단 한마디라도 답장을 보내 주면 정말 좋겠구나.

비록, 이런 내 바람이 지금 이루어지지 않아도, 하나님이 아빠의 소원을 기억하시고, 나중에 너를 만나서 그 소원을 이루게 하실 것을 믿고 감사드린다. 오늘 하루도 평안하고 행복하렴. 하나님 곁에서 아무런 고통이나 두려움 없이 건강하게 기쁜 영생을 누리렴. 보고 싶다. 아들아.

시 / 아들아 내 아들아

차상기

아들아 내 아들아~
밤마다 추억의 앨범을 넘기고
침상을 적시며 눈물을 흘린다
보고 싶은 내 아들아
꽃보다 예쁘고 아름다운
눈에 넣어도 안 아플 내 아들아
넌 내게 하나님이 주신 최고의 선물
네가 나를 두고 먼저 하늘로 가다니
아빠는 마음이 몹시 아파서
매일 하염없이 눈물로 지새운다

주님 품에 있을 내 아들 진환아~
차라리 내가 네 대신 죽었더라면
마음이 찢어지는 고통이 없었을 텐데
아빠를 두고 먼저 왜 떠났느냐?
아들아 사랑하는 내 아들아

사랑하는 내 아들아~
다윗이 아들 압살롬을 잃은 슬픔보다
내 마음은 천 배 만 배 더 아프고
가슴은 멍들고 한이 맺혀 있단다

아들아 내 아들아~
너로 말미암아 하나님의 마음을 알게 됐고
독생자 예수를 죽게 하시고 부활의 소망을 주신
주님께 감사하고 있단다

네가 못다 한 삶을 내가 대신 살다가
천국에서 다시 만나 기쁨을 영원히 나누자
아들 사랑한다 사랑해, 응!

딸에게

세상에서 가장 예쁜 딸, 지혜에게 펜을 든다.

지혜야, 사랑하는 내 딸아. 너무 보고 싶었던 너였기에, 네가 20여 년 만에 아빠를 찾았을 때 아빠는 이스라엘 백성이 무너진 예루살렘 성전을 다시 세우고 감격하여 울었던 것처럼 하나님께 감사기도 드리며 울었어. 아빠의 평생소원이 너를 다시 만나서 너와 시간을 보내고, 너의 이야기를 듣고, 너의 꿈을 응원하고, 너를 마음껏 사랑하는 것이기 때문이야. 아빠가 이렇게 말하면, 넌 분명히 "피~, 거짓말!"이라고 할지 모르겠다만, 아빠는 가지고 있는 여러 소원 가운데 늘 너를 첫손가락으로 꼽아. 왜냐고? 나는 차지혜의 아빠이기 때문이지.

지혜가 어렸을 때, 지혜를 데리고 갔던 어린이대공원, 박물관, 교회 그리고 유치원이 다 생각난다. 항상 아빠 손을 잡고 걷다가 힘들면 품에 꼭 안겨서 다녔던 지혜는 세상에서 가장 달콤한 '사랑'이 무엇인지를 알게 해 준 아빠의 보물이었어. 아빠는 늘 네가 아빠 곁에서 그 예쁜 미소를 보여 줄 거라고 믿었어. 비록 그 소원은 이루어지지 않았지만….

네가 아빠를 찾아와서 그간의 미움과 서러움을 다 얘기했을 때, 아빠는 마음으로 계속 탄식했어. 네가 어느 정도 아빠와 엄마가 가졌던 아픔에 대해 성인으로서 이해를 보여 준 것이 다행이었지만, 여전히 오빠의 죽음에 대해 아빠를 오해하고 있는 것을 드러냈을 때는 아빠의 마음이 정말 많이 아팠다. 세상에 어느 부모가 자기 자녀의 죽음 앞에서 떳떳할 수 있을까? 만약, 아빠가 진환이 곁에 있었다면 절대로 진환이를 그렇게 속절없이 떠나보내지는 않았을 거야. 아빠는 임상병리사로 병을 진단하고 적절하게 처치할 수 있는 사람이니까. 하지만, 아빠와 엄마의 이혼은 단순히 한두 사건으로 인해 이루어진 것은 아니야. 아빠는 단 한 번도 엄마와 이혼하고 너희를 잃은 채로 살고 싶다는 생각을 해 본 적이 없어. 다만, 아빠는 '내가 열심을 다해 일하면 모두가 행복해질 거야.'라는 생각에 사로잡혀서 엄마와 너희들이 필요로 할 때 제대로 함께 있어 주지 못했던 거야. 그리고 그것이 '무관심'으로 오해되어 결국 엄마와 헤어지고 너희들을 떠나보냈던 거란다. 아빠가 젊은 시절 어린 생각으로 너희에게 좋은 가정, 건강한 가정을 선물하지 못한 것 같아서 미안하고, 용서를 구한다.

"지혜야, 아빠를 용서해 줄래?"

지혜가 미국으로 유학을 떠나기 전에 아빠에게 선교사의 비전을 품게 되었음을 말해 주었지. 그때, 아빠는 속으로 얼마나 놀라고 또 감사했는지 몰라. 왜냐고? 하나님이 내 마음속 깊은 곳에 있는 아픔을 위로하시고 당신의 계획을 이루어가시고 있다는 것을 깨달았기 때문이지.

할아버지가 아빠에게 유언으로 남기신 것은 "의사가 되어 가난한 사람들을 도우라."는 것이었어. 아빠는 우여곡절을 겪으며 각고의 노력 끝에 33년 만에 한의사가 되어 그 꿈을 이루어 드렸단다. 할아버지는 비록 동네에서 한의사로 대접받으셨지만, 정식 면허증이 없어서 늘 마음에 한(恨)이 있으셨거든. 그런데 나는 한의사 면허증을 딴 후 괌에서 은혜한의원을 세우고 그걸 기지(基地)로 해서 세계를 돌며 선교하리라 마음먹었는데, 너도 알다시피, 슈퍼박테리아에 감염되면서 급거 귀국하게 되었고, 생명의 위험을 여러 번 겪은 끝에 주님의 은혜로 건강을 회복했지만, 이제는 세계선교의 꿈보다 전인치유센터를 통한 공동체 설립과 후진 양성에 더 큰 소망을 두게 되었거든. 마음은 여전히 20대 청년인데, 그래서 내가 배운 의술과 말씀을 가지고 가난한 사람들을 찾아가서 그들의 머리와 가슴을 울리는 슈바이처가 되고 싶은데, 지금은 몸이 연약해서 동네 시장터 등을 돌며 복음을 선포하는 것이 전부란다. 물론, 지금 하는 이 노방전도가 세계선교 못지않게 얼마나 귀한 것인지는 따로 설명이 필요 없을 정도이지만, 아빠의 마음속에 자리한 좌절감과 아쉬움은 그동안 쉽게 가시질 않았어.

그런데, 네가 아빠에게 "미국에서 공부한 후 아프리카로 갈 거예요. 그곳에서 제가 배운 것으로 교육선교사로 사람들이 가난과 질병에서 해방되고 말씀으로 자유를 찾는 것을 돕고 싶어요."라고 고백했을 때, 아빠가 어떤 생각을 했겠니? 20여 년이나 떨어져 지냈던 내 딸이 하나님을 알고 온전한 예배자로 서 있는 것만 봐도 감사하고 또 감사한데, (네 의도는 그렇지 않겠지만) 아빠의 중단된 꿈을 너로 인해 다시 꿈꾸게 되니 그 기쁨은 이루 말할 수 없는 것이었단다. 사실, 아빠는 몸이 병약해진 후 세계선교의 '세'자도 떠올리기 싫었어. 그런데 네 고백을 들은 후, 다시 아빠의 마음에도 '세계선교'의 꿈이 되살아나기 시작했단다. 하나님이 지혜를 통해 죽어 있던 아빠의 사명을 깨닫게 하신 것이지. (고맙다, 딸.)

젊은이처럼 현장으로 나가 열정적인 사역을 하게 될 가능성은 낮지만, 아빠는 세계선교를 위한 큰 그림을 그릴 수 있게 되었어. 이것을 위해 함께 기도하고 또 공부하면서 차차 얘기 나누면 좋겠다. 아빠가 너의 왕팬이 되어 응원하고 기도할게. 너도 아빠의 팬이 되어 기도해 주지 않을래?

사랑하는 딸, 지혜야.

네가 아빠에게 당부하는 '건강하세요.', '식사 거르지 마세요.' 등의 잔소리 같은 말들이 아빠는 너무 정겹다. 아빠의 성정이 마치 '부산남' 같아서 늘 큰 목소리로 딱딱하게 굴지만, 네 '잔소리'를 듣고 나면 아빠의 얼굴엔 미소가 한가득 생겨. 잘 모르는 사람은 아빠가 젊어진다고 칭찬도 해 주더라. 그렇게 아빠를 염려도 해 주고 기쁘게 해 주는 것처럼, 아빠는 네가 엄마와 다른 가족들에게도 잘해 주리라 믿는다. 우리가 비록 '가족'으로서 함께 살 수는 없지만, '가족'

이었었기에 서로를 위해 기도하고 응원할 이유는 충분한 것 아니겠니? 아빠는 우리가 그렇게 중보 기도자로서 서로를 위해 기도하면 좋겠구나.

간간히 네 기도제목을 아빠에게 전해 주렴. 그리고 그 일들이 어떻게 진행되는지도 알려다오. 비록 멀리 떨어져 있어도, 네가 무슨 과목을 공부하며 힘든지, 어떤 친구들을 만나 모임을 시작하는지, 어느 나라 어떤 민족을 위해 기도하고 있는지 … 아빠는 듣고 싶구나. 함께 기도하고 싶구나. 그리고 하나님이 네 소원을 온전하게 이루시길 간절히 바란다.

끝으로 지혜야.

60여 년을 살면서 아빠는 방황을 무척 많이 했어. 나름 온전한 삶을 살기 위해 발버둥 처온 시간이었지만, 모든 것은 하나님이 계획하신 대로, 하나님이 원하시는 때에, 하나님이 원하시는 방식대로 이루어진다는 것을 이제야 깨닫게 된다. 사실 머리로 이해하는 것은 벌써 했는지도 몰라. 하지만, 그것을 온전히 인정하고 삶을 맡기는 것은, 아빠의 경험으로는, 결코 쉽지 않은 일이었단다. 그래서 아빠는 지혜가 보여 준 신앙과 삶이 얼마나 훌륭한 것인지 알고 있고, 지혜를 믿고 지혜를 자랑하게 된다. 사람들에게도 좀 자랑하긴 하지만, 하나님께 기도드릴 때도 아빠는 지혜를 자랑해.

"하나님, 지혜는 제 딸이라고요. 그렇게 예쁘고 똑똑하고 바른 생각으로 사는 딸을 주셔서 감사해요. 그런데 이 귀한 딸이 주는 기쁨을 하나님도 즐거워하시면 좋겠어요. 부디 제 딸의 소원을 함께해 주세요. 지혜의 소원이 하나님의 계획 속에 있게 하시고, 하나님이 바라시는 그곳에서 하나님의 뜻대로 사용되면 좋겠습니다. 하나님이 기꺼이 지혜를 위해 수고하시고, 지혜를 통해 영광 받으시면 좋겠습니다."

아빠는 늘 이렇게 자랑하며 기도한다.
너를 위해 … 앞으로도 쉬지 않을 거야.
그러니 지혜야.
어디서든 주님 안에서 평화를 누리렴.
어디서든 주님의 말씀을 외우고 또 묵상하렴.
누구를 만나든지 네가 받은 은혜를 나누렴.
무엇을 하던지 하나님의 복이 너로부터 흘러나갈 거야.
사랑한다. 내 딸.
건강하게 지내다가 다시 만나자.

03

가족을 사랑하세요

　어린 시절, 나는 건강한 가정을 갖는 게 소원이었습니다. 내가 네 살 때, 어머니가 막내 동생을 낳고 얼마 지나지 않아서 돌아가셨고, 이후 아버지는 여러 명의 새어머니를 맞이하셨습니다. 하지만, 대부분 1-2년 이상을 함께 살지 않았습니다. 누구의 잘잘못을 따지기 전에, 유초등기, 아동기, 청소년기에 속했던 우리 5형제는 그런 환경 속에서 큰 혼란을 겪어야 했습니다. 누구에게 고민을 얘기할 수 없었고, 명절에 새 옷을 준비해 주거나 소풍 때 김밥을 준비해 주는 따뜻한 손길은 꿈에서조차 생각도 못했습니다. 아버지는 우리 형제들에게 유독 엄격하셨는데, 아마도 "엄마 없이 자라는 애들"이라는 말을 듣지 않게 하려는 뜻이었던 것 같습니다.

　아버지는 한의사였지만 정식 면허를 취득하지 못해서 자전거를 타고 왕진(방문치료)를 하여 생계를 꾸리셨는데, 항상 넉넉하지 못한 형편이어서 우리 형제들은 수시로 끼니를 거르기도 했습니다. 심지어 아버지는 어머니가 돌아가신 후 술을 많이 드셨는데, 나중에는 알코올 중독자가 되어 점점 폭력과 폭언이 심해졌습니다. 그래서 우리 형제들은 물론이고 다른 가족들도 아버지를 두려워하며 피했는데, 새어머니가 여러 명이 된 주된 이유이기도 합니다. 그래서 나는 결혼하면 건강한 가정, 화목하고 유대감이 깊은 가정을 이루고 싶었습니다. 하지만, 나도 첫 가정을 이루고 10년 만에 이혼하여 그 꿈은 실패로 끝났습니다. 그런 이유로 '가족', '가정'에 대해 이야기하는 것은 부끄럽기도 하고 자격이 없는 것 같아서 피하고 싶었지만, 그런 아픔을 통해 하나님이 내게 깨닫게 하신 것과 지금 새로 준비하는 내 가정을 위해 기도하는 마음으로 가정에 대해 나누어야겠다고 생각했습니다.

흔들리는 가정

최근 대한민국에서 가장 심각한 문제로 대두되고 있는 것은 '가족의 해체' 현상입니다. 국가사회의 기본은 사람인데, 그 사람은 가정을 통해 생산되고 양육됩니다. 그리고 장성한 사람이 다시 가정을 이루는 순환계를 통해 세대에서 세대로 이어집니다. 물론 과학기술의 발전으로 인공수정과 같은 방법을 통해 한부모 가정이나 독신자가 아이를 갖는 경우도 있다고 합니다만, 그것으로는 한 시대, 한 사회를 구성하는 세대를 이룰 수 없습니다. 때문에 '가족의 해체'로 대표되는 만혼, 이혼, 저출산 등의 문제는 우리 사회의 근간을 흔드는 문제라고 할 수 있습니다.

2012년 통계청에서 발표한 자료에 따르면, '자녀를 반드시 가져야 한다'는 비율은 1997년 73.7%에서 2012년 46.3%로 추락한 반면, '자녀를 반드시 가질 필요는 없다'는 대답은 1997년 26.0%에서 2012년 53.5%로 늘어났습니다. 즉, 새로운 세대의 가정에서는 자녀가 없어도 된다는 비율이 이미 절반을 넘어섰다는 것을 의미합니다. 그런데 그 이 응답결과의 이유들은 더욱 충격적입니다. 가장 주된 이유로 고용불안과 소득불안을 꼽고 있기 때문입니다. 쉽게 말해서 돈이 많이 드니까 낳지 않겠다는 얘깁니다. 자녀를 낳아 기르는 것을 비용의 문제로 격하시킨 것도 속상한데, 한 발 더 나아가 "왜 그런 희생을 해야 하는가?"라고 되묻는 사람도 꽤 된다고 합니다. 결국 출산율이 지속적으로 떨어지면서 '평균 출생아수'[2]는 1992년 2.2명에서 2012년 1.16명으로 줄어들었습니다. 우리 사회가 급격히 고령화되는 것은 의학의 발전으로 기본 생명이 연장된 탓도 있지만, 출산율이 떨어지면서 다음세대의 인구수가 급격히 줄어든 것이 더 우려할 사항이 되었습니다.

자녀만 낳지 않는 것이 아닙니다. 부모 부양관도 크게 변해서 '부모부양은 가족의 책임'이라는 인식은 1998년 89.9%에 달했으나, 2012년 들어서는 33.2%로 급감했습니다. 물론, 여러 자녀를 둔 과

---

2 기혼 여성이 생애동안 출산한 자녀 수

거에도 부모님을 모시는 문제로 자녀들 간 갈등이 있었습니다. 하지만, 적어도 1998년도의 인식처럼 늙은 부모님을 모시는 것은 자녀로서 당연한 의무라고 여겨졌습니다. 하지만, 이제는 부모님은 나이가 들어도 두 분이 지내시는 게 당연하고, 혹 홀로 되시더라도 부모님 세대끼리 같이 살도록 요양원에서 지내시는 것이 좋다는 사람이 더 많습니다.

젊은 세대의 결혼적령기는 늦어지다 못해 만혼(晚婚)이라는 말이 유행어가 되었고, 그렇게 힘들게 결혼하고서도 이혼은 증가해서 인구 1,000명당 이혼 건수는 1990년 1.1건에서 2013년 2.3건으로 두 배 이상 높아졌고, '혼인 건수 대비 이혼 건수'의 비율은 더욱 심각해서 1990년 11.4%에서 2013년 35.7%로 세 배 이상 늘어났습니다. 근래에는 20년 넘게 결혼생활을 해온 노년부부의 황혼 이혼마저 늘고 있는 추세입니다. 이와 더불어 우리나라의 자살률이 OECD 회원국 중 1위라는 자조(自嘲)는 어제 오늘의 일이 아닙니다. 우리는 지금 전통적인 대가족문화에서 핵가족으로 바뀐 것을 넘어 가족의 해체시기에 살고 있습니다.

부모의 이혼이 아동의 발달적, 행동적, 정서적 측면에서 부정적 영향을 미친다는 것은 익히 알려진 바입니다. 또한 이혼, 사별 등으로 한부모와 살고 있는 자녀 10명 중 4명은 우울증을 앓고 있다는 연구보고도 있습니다. 이는 양부모 가정의 자녀에 비해 두 배가 넘는 수치입니다. 심지어 홀로 자란 아이의 경우 성인이 되어서도 부모에 대한 의존성과 타인에 대한 배타성이 강한 '성인아이'의 성향을 갖는 경우도 많다고 합니다. 이와 같이 가족의 해체는 어느 한 가정의 문제에서 멈추지 않습니다. 그것은 이미 심각한 사회문제가 되었고, 얼마 지나지 않아 심각한 국가문제로 대두될 것이 뻔합니다. 어쩌면 이미 그렇게 되었는지도 모르겠습니다.

지금까지 우리 사회에서 가정은 공동체의 가치기준을 다음 세대에 전달하는 일차적인 교육을 담당해 왔습니다. 가정에서 부부, 부모와 자녀, 형제자매, 친척 등의 관계를 통해서 조건 없이 주어지는 '사랑', '믿음', '행복'의 가치를 경험함으로써 그 가치를 인성의 밑바탕으로 삼게 되는 것입니다. 그런데 오늘날에는 부모도 자녀도 모두 경쟁사회 속에서 살아남기 위해 몰두하다보니 모두 자기 일에만 바쁩니다. 귀가시간과 식사시간이 각각 다르고, 가족 간 대화가 사라졌습니다. 회사 혹은 학교인지 가정인지 도무지 구분이 안가는 사무적인 말을 주고받을 뿐입니다. 부모가 자녀에게 가장 많이 하는 말이 '공부 열심히 해라', '남보다 잘 해야 한다.'입니다. 가정에서 다른 사람과 더불어 살아가는 법이 아니라 경쟁과 이기심을 부추기고 있습니다. 우리는 가정의 진짜 가치를 잃어버렸습니다.

최고의 가치

성경에 처음 등장하는 사람은 아담입니다. 하나님은 만물을 창조하시던 6일째 날에 사람을 만드셨습니다(창 1:26-27). 사람을 만드실 때는 먼저 남자를 만드셨고 이어서 여자를 만드셨는데, 그때, "사람이 혼자 사는 것이 좋지 아니하니 내가 그를 위하여 돕는 배필을 지으리라(창세기 2:18)."고 하시면서 남자와 여자를 한 가정으로 묶으셨습니다. 그리고 그들에게 복을 주시면서 "생육하고 번성하며, 땅을 정복하고 모든 생물을 다스리라(창세기 1:28)."고 명령하십니다. 즉, 이전까지 창조하신 모든 만물을 인간에게 내어 주시면서 인간이 하나님의 형상대로 지음 받은 최고의 존재임을 선포하신 것입니다. 즉, 인간의 첫 사명은 가정을 이루는 것이며, 그 가정을 토대로 생육하고 번성하고 또 만물을 다스리는 것이 가능하다는 것입니다. 그래서 기독교에서 가정을 이루는 것은 사람의 뜻이 아니라 하나님께서 맺어 주신 것으로 간주합니다. 즉, 부모 자식 간 관계처럼 '천륜(天倫)'으로 여기는 것입니다.

신약성경 디모데전서에서 사도 바울도 디모데에게 감독과 집사를 세울 때 염두에 둘 자격요건을 가르치는데, 빠짐없이 등장하는 한 구절이 바로 "자기 집을 잘 다스리는 자(감독: 4절, 집사: 12절)"입니다. 바울은 여기서 더 나아가 가정을 잘 다스리지 못하면 하나님의 교회를 돌볼 수 없을 거라고까지 말합니다.

> 사람이 자기 집을 다스릴 줄 알지 못하면 어찌 하나님의 교회를 돌보리요(디모데전서 3:5).

하나님의 교회를 돌볼 수 없다는 것은 하나님께 속한 사람이 아니라는 뜻과 연결됩니다. 하나님께 속한 사람은 하나님의 뜻을 사랑하고 사명으로 삼아 사는 사람을 뜻하기 때문입니다. 따라서 하나님께 속한 사람은 하나님의 교회를 돌봅니다. 교회를 돌보는 것이 결단코 목회자가 목양하는 것만을 의미하지 않습니다. 교회를 돌보는 것은 하나님께 속하는 것을 말합니다. 그만큼 가정을 화목하게 하는 것이 중요하다는 교훈입니다.

서양철학의 대부인 독일의 철학자 임마누엘 칸트(Immanuel Kant, 1724-1804)도 가정에 관해 다음과 같이 말했습니다.

> "자식을 기르는 부모야말로 미래를 돌보는 사람이라는 것을 가슴속 깊이 새겨야 한다. 자식들이 조금씩 나아짐으로써 인류와 이 세계의 미래는 조금씩 진보하기 때문이다."

우리 전통사상에도 이와 꼭 같은 구절이 있습니다. 바로 『명심보감(明心寶鑑)』의 "치가(治家)"편에 등장하는 '가화만사성(家和萬事成)'이라는 한자어인데, "집안이 화목하면 모든 일이 잘 이루어진다."라는 뜻으로 해석됩니다. 반대로 집안이 화목하지 않으면 모든 일이 잘못된다는 뜻으로 해석될 수도 있습니다. 이뿐만이 아닙니다. 『대학(大學)』의 "8조목(條目)"에 등장하는 '수신제가치국평천하(修身齊家治國平天下)'라는 말은 천하를 평화롭게 하려면 자신을 먼저 잘 갈고닦고, 그 수양으로 집안을 잘 다스리고, 그로부터 나라를 안정케 해야 한다는 뜻입니다.

身修而后 家齊
(자신이 수양된 이후에 집안이 잘 다스려지고)

家齊而后 國治
(집안이 잘 다스려진 이후에 나라가 잘 다스려진다.)

國治而后 平天下
(나라가 잘 다스려진 이후에 천하가 평화롭게 된다.)

이상에서 보듯 가정은 동서고금(東西古今)을 막론하고 모두가 인정하는, 사람이 잘 되고 사회가 번영하는 데 필요한 최고의 가치라고 할 수 있습니다. 여기서 한 가지 더 명심해야 할 것은 이 최고의 가치는 마지막에 얻는 결실이 아니라 처음부터 추구되어야 할 기초에 해당한다는 사실입니다.

나는 "결혼하면 이런 가정을 일구도록 해야지."라며 다짐했던 적이 한두 번이 아닙니다만, 사실 가정이 가지는 가치를 제대로 알지도 못했던 것 같습니다. 그래서 늘 내가 열심히 일하고 돈을 잘 벌고, 사회적으로 지위를 높여 명성과 권위를 갖게 되면 가족이 모두 행복하리라고 생각했습니다. 하지만, 그것은 '빛 좋은 개살구'가 되기 십상입니다. 정작 아내와 아이들이 필요한 건 따로 있었습니다. 가정을 잃고 난 후 그 일들이 얼마나 후회가 되었었는지 짐작도 못하는 분들이 많을 겁니다.

그러한 아픔을 겪으면서 나는 가정을 최고의 가치로 만들기 위해서는 반드시 가족들이 함께 시간을 보내고 서로의 관심사에 귀를 기울여야 한다고 생각하게 되었습니다. 어느 공동체이든 한 개인의 능력으로 완성되는 공동체는 없습니다. 예외 없이 공동체 성원 모두가 함께 노력해야 비로소 진정한 공동체가 됩니다. 그리고 그러한 공동체를 이루는 원동력은 바로 역지사지(易地思之)[3]의 자세입니다. 가정공동체는 특히 더 그렇습니다. 아빠, 엄마가 제아무리 열린 마음으로 자녀들과 소통하려고 해도, 자녀의 관심사에 대해 알지 못하면 소통은 일어나지 않습니다. 자녀가 성장하여 성인이 되어도 부모의 고민을 모두 알고 공유할 수는 없습니다. 하지만, 부모가 자녀의 입장에서 고민하고, 자녀가 부모의 입장에서 처신한다면 가정공동체는 튼튼한 신뢰의 기초를 쌓게 됩니다.

요즘은 맞벌이 부부가 많아서 서로 집안일을 나눠서 하는 가정이 늘고 있습니다만, 불과 몇 십 년 전만 해도 우리 사회에서 집안일을 허드렛일로 폄하하며 낮게 여긴 탓에 여성들조차 '부엌데기'라는 말로 같은 여성을 비하하곤 했습니다. 하지만, 엄마의 손길이 사라지면 집안 곳곳에서 금세 그 표시가 납니다. 입고 있는 옷, 집안의 청결, 먹는 음식 등 생활 전반이 무너지는 데에는 많은 시간이 필요하지 않습니다. 때문에 오늘날 집안일에 대한 인식이 많이 바뀌었고, 여성이 전담할 일이 아니라 가족 모두가 공동으로 담당해야 한다는 인식이 점점 높아지고 있습니다. 더 나아가 남자가 집안일을 하고 여성이 밖에서 일하는 가정도 적지 않습니다. 많은 사람들이 동양과

---

[3] 역지사지(易地思之): 처지(處地)를 서로 바꾸어 생각함이란 뜻으로, 상대방(相對方)의 처지(處地)에서 생각해 봄(출처: 학생백과사전).

서양의 가정에 대한 전통적인 생각이 다를 것이라 예상하지만, 실상 크게 다르지 않습니다. 시대와 지역이 달라도, 세대와 성별이 달라도 '가정'이 인간 공동체의 시작이라는 것에 이견(異見)이 있을 수 없습니다.

그래서 나는 건강한 가정을 위한, 최고의 가치를 회복하는 가정을 만들기 위한 방법으로 10가지 계명을 적고 기도하고 있습니다. 이 10가지 계명의 효용을 하나하나 설명하기는 어렵지만, 기도와 말씀 묵상을 통해 하나님께서 깨닫게 하신 이 계명들은 그동안 내가 행한 전인치료 과정을 통해 여러 가정에 상당한 영향을 주었습니다. 처음부터 모든 것을 다 할 수는 없습니다. 하지만, 가정이 본래의 의미를 회복할 때 진짜 삶이 펼쳐진다는 것을 기억한다면, 이 10가지 계명은 많은 것이 아니라 오히려 적은 기초요건이 될 것입니다.

1. 한 달에 한 번 다 같이 집안 청소하기
2. 가족이 함께 하는 한 가지 취미생활 갖기
3. 개방적인 의사소통을 위한 토론시간 갖기
4. 균형 잡힌 시각을 갖도록 역할 바꾸기
5. 개인, 그리고 가족의 공동 목표 갖기
6. 서로 간섭하지 않는 자유시간을 갖기
7. 사소한 것으로 다투지 않도록 서로에게 요구하기
8. 근심, 걱정을 접어두기
9. 함께 여행하기

10. 정기적으로 가정에서 예배하며 서로를 위해 기도하기

그리스도 중심의 가정

　가정의 중요성은 다시 설명할 필요 없을 만큼 누구나 동의하는 바일 겁니다. 한 번 실패를 경험했지만, 그 실패 이전에도 또 이후에도 나는 건강한 가정을 갖는 소원을 결코 잊어본 적이 없습니다. 그것은 하나님께서 내게 주신 사명 가운데 하나이기 때문입니다. 그러면, 이렇게 중요한 가정을 잘 이루고, 가족을 잘 사랑하려면 어떻게 해야 할까요? 나는 이미 앞장에서 최고의 가치를 가지는 가정을 위한 10계명을 제시했습니다. 하지만, 그러한 방법을 사용하기에 앞서 중요한 한 가지를 되새겨야 합니다. 즉, 가정을 이루도록 허락하신 분이 하나님이시라는 사실입니다.
　서두에 언급했듯이, 창세기를 보면 하나님께서 아담과 하와에게 연합하여 가정을 이루게 하십니다. 그리고 생육하고 번성하라고 사명을 주십니다. 이 가정이 인간의 모든 역사의 출발점입니다. 때문에 가정을 최고의 가치로 만들려면 그 가정을 만든 하나님의 뜻을 먼저 알아야 합니다. 즉, 가정의 중심에 그리스도를 모셔야 합니다. 최고의 가치를 가지는 가정은 온전히 하나님께서 다스리시는 가정이 되는 것입니다. 이렇게 말하면 혹 "목사이니 별 수 없군. 또 같은 소리네."라고 하시는 분이 있을지도 모릅니다. 하지만, '지겹게 반복

하는 같은 소리'가 아니라 삶을 통해, 뼈저린 아픔을 통해 배운 '경험적 지혜로서 같은 소리'라는 사실을 알아주면 좋겠습니다.

가정의 중심에 그리스도를 모시기 위해서 다음의 두 가지 원칙을 세우는 것이 필요합니다. 바로 '예배'와 '기도'입니다.

1) 예배를 통해 하나가 되라

오늘날 가정에서 문제점으로 꼽히는 것 중 하나가 '불통'입니다. 부부간만 해도 연애시기를 지나고 나면, 결혼하고 직장생활과 자녀양육으로 바쁘게 지내게 됩니다. 그러다보면 지친 마음과 몸을 집에 와서 부부가 서로 위로해야 하는데, 실제로 서로 잘 대화하는 가정은 드물기만 합니다. 자녀들과 부모 간 '불통'은 좀 더 심각합니다. 자녀들이 관심을 갖고 좋아하는 것이 무엇인지를 묻는 부모는 많지 않습니다. 오직 더 나은 미래를 위해 해야 할 것을 임의대로 정하고 강요하기 일쑤입니다. 나도 같은 경험을 했습니다. 내 아들 진환이가 어렸을 때, 진환이는 요리사가 되기를 희망했지만, 나는 그런 진환이를 꾸짖으며 의사가 되라고 강요했습니다. 그것은 진환이가 하나님께 돌아간 지금, 나에게 지울 수 없는 상처로 남아 있습니다.

가정에서 대개 주고받는 상처의 말들은 서로에 대한 몰이해에서 출발합니다.

'당신이 나에 대해 뭘 알아?'

'자기만 혼자 대단한 일을 하는 것처럼 구네.'
'나를 좀 쉬게 해 주면 안 되니?'
'집에서까지 내가 이렇게 일해야 하나?'
…
'이게 다 너를 위한 결정이야!'
'어떻게 내가 좋아하는 게 무언지 물어볼 생각도 못해요?'

이렇게 부부간, 부모자식 간 서운함과 원망의 생각을 품기 시작하면 대화가 있을 방법이 없습니다. 그리고 그 불통은 가족의 해체로 이어집니다. 그런데 예배를 함께 드리면 이런 생각들보다 앞서서 하나님의 말씀에 귀를 기울이게 됩니다. 하나님의 말씀은 우리 각자의 중심을 하나로 통일하게 합니다. 하나님의 말씀은 우리를 가르쳐 선한 일을 행할 수 있게 합니다.

> 모든 성경은 하나님의 감동으로 된 것으로 교훈과 책망과 바르게 함과 의로 교육하기에 유익하니 이는 하나님의 사람으로 온전하게 하며 모든 선한 일을 행할 능력을 갖추게 하려 함이라(디모데후서 3:16-17).

가족을 사랑하는 방법은 가족에게 선한 일을 행하는 것입니다. 무례함과 폭력을 버리고, 존경과 사랑을 나누는 것입니다. 그것은 하나님을 온전히 예배할 때, 하나님의 주권을 인정하고 그분의 영광을 찬양할 때 이루어집니다. 때문에 예배자는 '나'가 아닌 '하나님' 중심의 생각과 삶을 살게 됩니다. 우리가 매주 교회에 모여 예배하고, 매일 새벽에 기도하며, 또 삼일밤 예배와 금요 철야 등을 드리는 이유는 그러한 다짐을 잊지 않고 매일 매일을 하나님께 의지하여 살기 위한 것입니다.

이러한 예배자의 삶이 내가 속한 가정공동체에서 시작되어야 합니다. 부모와 자녀가 모두 예배자로서 함께 있을 때, 비로소 육적인 상하관계나 경제적 종속관계를 벗고 평등하게 됩니다. 온전히 서로를 하나님의 사람으로 존경하고 사랑하게 되며, 그러한 유대관계를 통해 서로를 온전히 격려하고 지지할 수 있게 됩니다.

그런데 흔히 가정예배를 권하면, '시간이 부족하다'거나 '말씀선포나 대표기도가 어렵다'라는 핑계를 댑니다. 물론 바쁜 현대인들의 일상에서 정기적으로 가정예배를 드리는 것이 어려울 수 있습니다. 하지만, 예배가 꼭 1시간 이상을 공적 예배와 같은 예전(禮典)을 갖추어 행해야 하는 것이 아닙니다. 영국의 청교도 운동사에 있어서 예배를 함축하는 『웨스트민스터 예배 모범』에는 "모든 가정이 통상 아침과 저녁에 시행하야 하는 가정예배는 기도와 성경읽기와 찬양으로 이루어진다."라고 규정되어 있습니다. 그밖에 리처드 백스터는 "가정예배를 위해 오직 2명만 있어도 된다."고 주장했고, 조지 휫필드는 "마음만 올바르게 갖추어져 있다면 가정예배를 드리는 데 있어서 다른 어떤 비밀한 능력이 필요하지 않다."고 말했습니다. 따라서 가정에서 예배할 때 반드시 부모가 예배의 모든 것을 주관해야 하는 것은 아닙니다. 또한 교회에서 모이는 공적 예배처럼 예전을 모두 따라야 하는 것도 아닙니다. 자유롭게 서로의 삶을 나누며, 필요한 말씀을 찾고 서로의 생각을 나눌 수 있습니다. 물론 어린 자녀에게 최소한 성경의 비유와 그 속에 담긴 속뜻을 제대로 풀어 주기 위해 부모가 미리 준비해야 하겠지만, 중요한 것은 그런 예배를 통해 자녀가 부모와 동등하게 예배자로 서는 경험을 한다는 사실입니다.

2) 서로를 위한 중보자가 되라

나는 매일 아침 새벽에 하나님께 기도합니다. 그때 내가 꿈꾸는 비전 10가지를 정해서 기도하고, 사랑하는 아내[4]와 딸을 위해 기도하고, 형제들과 먼저 소천한 부모님과 아들 진환이를 위해 기도합니다. 그리고 교회와 모든 그리스도인들을 위해 기도하고, 우리나라와 민족을 위해 기도합니다. 해외 선교지의 선교사들과 가난으로 고생하고, 종교적 이유로 탄압받으며, 정치적 이유로 전쟁에 시달리는 연약한 사람들을 위해 기도합니다. 무엇보다 이 모든 사람들을 통해 하나님께서 하나님의 선한 계획을 이루실 것을 위해 간절히 기도합니다. 그렇게 기도하고 있노라면 하나님의 손길이 내 마음을 어루만지는 것을 느낄 수 있습니다. 하나님의 마음이 바로 내 마음에 전해집니다.

---

4 나는 이 책을 쓰는 동안 만난 이순오 자매에게 청혼을 했습니다. 아마도 이 책이 완성되어 세상에 내놓을 때쯤이면 한 가정을 이룬 상태일 지도 모르겠습니다. 성혼(成婚)하기 전에 '아내'라고 칭하는 것은 다소 과할 수 있지만, 아내에게 첫 선물로 이 책을 주고 싶어, 먼저 그렇게 표현했습니다.

중보기도는 "남 잘돼라."는 축복(祝福)기도입니다. 내게 좋은 사람만 잘되는 것이 아니라 나와 상관없는 사람도 잘되길 바라는 기도입니다. 바로 하나님 아버지의 마음입니다.

중보기도를 하려면 상대방의 상황을 알아야 합니다. 좋은 일, 나쁜 일, 즐거운 일, 슬픈 일 등 당장 닥친 상황뿐만 아니라 계획하고 있는 미래까지 나눌 수 있어야 합니다. 때문에 중보기도자는 다른 사람의 생각과 삶에 깊은 관심을 갖게 됩니다. 상대를 향한 깊은 관심은 깊은 이해를 낳습니다. 때문에 중보기도자는 우는 사람과 함께 울고, 웃는 사람과 함께 웃을 수 있습니다. 우리는 이와 같은 중보기도자가 되어야 합니다. 가장 먼저 우리 가족에게 중보기도자가 되어야 합니다.

중보기도를 위한 몇 가지 원칙이 있습니다.

가장 먼저 서로 존중하고 애정을 나누어야 합니다. 자신의 삶과 생각을, 더 나아가 감춰진 죄와 연약한 부분을 나누려면 보통의 관계로서는 어림없습니다. 가족이라고 무조건 가능한 것이 결코 아닙니다. 부부간, 부자간, 모자간 뗄 수 없는 친밀한 유대관계가 형성되어야 합니다. 그렇기 위해서 상호존중과 애정의 표현만큼 좋은 방법은 없습니다. 나는 한때 매일 출근하기 전 아내와 아이들을 꼭 안아주고 축복기도를 드리기도 했습니다. 그때는 하루가 상쾌하고 즐거웠습니다. 하루의 시작을 아내와 아이들을 향한 사랑의 표현으로 하는 것만큼 성공적인 시작은 없을 것입니다.

둘째로, 매일 기도해야 합니다. 중보기도는 어쩌다 생각나면 하는 것이 아닙니다. 상대가 갖고 있는 문제가 해결되도록 함께 기도하는 것이기 때문입니다. 따라서 일정한 기간 동안 분명한 목표를 가지고 한마음으로 기도해야 합니다.

셋째로, 매일 확인해야 합니다. 중보기도를 통해 하나님께서 우리의 소원을 들어주십니다. 하지만, 그 때와 방법을 알 수 있는 사람은 없습니다. 따라서 우리는 중보기도를 통해 하나님께서 어떻게 소원을 이루셨는지를 서로 확인해야 합니다. 그러한 확인과정을 통해 가족이 서로를 위해 기도하고 있음을 재차 확인하게 되고 신뢰와 만족감이 더욱 늘어갈 수 있습니다.

넷째로, 기도하면서 들었던 자신의 마음과 생각을 공유해야 합니다. 우리의 소원이 늘 올바른 것이 아닙니다. 우리는 가끔, 아니 거의 대부분 개인적인 욕구를 하나님의 이름으로 간구하곤 합니다. 혼자 기도할 경우 이런 나의 욕구를 적절하게 수정하기 어렵습니다. 때문에 중보기도를 통해 우리는 올곧게 하나님을 향한 마음을 가질 수 있습니다.

그리스도 중심의 가정을 이루는 것은 가족 구성원 모두가 예배자이자 중보기도자로 세워지는 것을 의미합니다. 가족이 한 자리에 모였을 때나 각자의 삶의 현장에 홀로 있을 때라도, 모두가 하나님을 향한 예배와 서로를 향한 기도를 쉬지 않는 것입니다. 이러한 가정은 혹 세상의 가치 있는 것들이 부족하다고 해도 전혀 문제될 게 없습니다. 세상이 갖지 못한 비밀들이, 하늘로부터 넘치도록 부어질 것이기 때문입니다. 그 비밀들은 행복, 평화, 기쁨, 사랑입니다.

신앙과 삶은 전수된다

자녀는 부모의 등을 보고 배웁니다. 즉, 부모가 신앙의 모범을 보이지 않으면 자녀들은 자연스럽게 그 삶을 거부하기 마련입니다. 문제는 대부분의 사람들이 자기가 '자녀'일 때는 이 명제를 받아들이면서도 자신이 '부모'가 되면 "게가 앞으로 걸을 수 있어서 자녀에게 똑바로 걸으라고 하는 것이 아니다."라며 자기 합리화에 빠지고 만다는 점입니다.

SBS에서 2005년부터 2015년까지 방영했던 "우리 아이가 달라졌어요"라는 프로그램이 있었습니다. 원래 기획은 오락/예능 프로그램이었던 것이 나중에 독립프로그램으로 편성되면서 시사/교양 프로그램에 가깝게 되었습니다. 이 프로그램은 총 68회 방영되었는데, 프로그램의 특성상 등장하는 유아나 소아의 문제 행동들을 낱낱이 보여 주었습니다. 이 프로그램을 본 분은 이미 알고 있겠지만, 처음에는 비행청소년 못지않은 습관을 가진 주인공들이 등장해서 "역시 매를 아끼면 애를 망친다."라는 영국 속담을 떠올리게 되지만, 방송이 중간 정도에만 이르면 정작 문제는 부모에게 있는 경우가 절대다수입니다. 거의 예외 없이, 자녀의 문제행동 뒤에는 부모의 폭력적인 언어와 체벌, 무관심과 방치가 존재했습니다. 부모가 감정적이고 원칙과 기준이 없으면서 도리어 아이들을 지적하고 혼내는데, 아이가 정상적으로 자란다면 그게 오히려 이상할 뿐이라는 것을 극명하게 보여 주었습니다.

이런 경우는 성경에서도 찾아볼 수 있습니다. 대표적으로 사무엘상에 등장하는 엘리 제사장과 두 아들 홉니와 비느하스를 예로 들 수 있습니다. 대제사장인 엘리의 두 아들은 아버지가 가진 권력을 빌미로 하나님께 드릴 제물을 가로채는가 하면 회막[5]문에서 수종드는 여인과 동침하는 등 말로 할 수 없는 죄를 범했습니다. 그런데 엘리 제사장은 말로만 타이릅니다. 그저 항간에 떠도는 소문인 듯 여깁니다.

> 그들에게 이르되 너희가 어찌하여 이런 일을 하느냐 내가 너희의 악행을 이 모든 백성에게서 듣노라 내 아들아 그리하지 말라 내게 들리는 소문이 좋지 아니하니라 너희가 여호와의 백성으로 범죄하게 하는도다(사무엘상 2:23-24).

결국 하나님을 온전히 경외하지 않고 범죄한 두 아들은 전쟁터에서 한날한시에 죽임을 당했고, 엘리 제사장 역시 그 소식을 듣다가 놀라서 의자에서 넘어지면서 목이 부러져 죽습니다(사무엘상 4장).

반면 엘가나와 한나 부부는 놀라운 신앙의 삶을 보여 주는데, 하나님께 매년제와 서원제를 거르지 않았고(사무엘상 1:21), 한나가 하

---

[5] 시내산에서 하나님의 말씀을 갖고 온 모세는 우상을 세워 하나님을 배신한 백성들을 도륙합니다. 그리고 진노한 하나님께 중보기도 하여 하나님께서 이스라엘을 버리지 않고 함께 하겠다는 증거로서 "그들 가운데 임재하는 것을 보여 주겠다."는 약속을 받습니다. 모세는 하나님의 지시대로 백성들로부터 따로 떨어진 곳에 천막을 쳤고, 곧 그곳에 구름기둥이 섰습니다. 즉, 하나님의 임재의 표상이었습니다(출애굽기 33:7-10). 모세는 이곳을 회막(會幕, אהל מועד)이라고 불렀습니다. 회막은 하나님의 집입니다.

님께 서원한 것을 온전히 지켰습니다. 자신의 평생의 소원이던 아들을 얻었지만, 그 아들이 젖을 떼기도 전에 하나님의 사람으로 살도록 제사장에게 데려갔던 것입니다. 특별히 사무엘상 2장 1-10절에는 한나가 드린 기도가 기록되어 있습니다. 이 기도만 묵상해도 한나가 어떤 사람인지, 사무엘에게 무엇을 가르쳤는지를 잘 알 수 있습니다.

> 한나가 기도하여 이르되 내 마음이 여호와로 말미암아 즐거워하며 내 뿔이 여호와로 말미암아 높아졌으며 내 입이 내 원수들을 향하여 크게 열렸으니 이는 내가 주의 구원으로 말미암아 기뻐함이니이다 여호와와 같이 거룩하신 이가 없으시니 이는 주 밖에 다른 이가 없고 우리 하나님 같은 반석도 없으심이니이다 심히 교만한 말을 다시 하지 말 것이며 오만한 말을 너희의 입에서 내지 말지어다 여호와는 지식의 하나님이시라 행동을 달아 보시느니라 용사의 활은 꺾이고 넘어진 자는 힘으로 띠를 띠도다 풍족하던 자들은 양식을 위하여 품을 팔고 주리던 자들은 다시 주리지 아니하도다 전에 임신하지 못하던 자는 일곱을 낳았고 많은 자녀를 둔 자는 쇠약하도다 여호와는 죽이기도 하시고 살리기도 하시며 스올에 내리게도 하시고 거기에서 올리기도 하시는도다 여호와는 가난하게도 하시고 부하게도 하시며 낮추기도 하시고 높이기도 하시는도다 가난한 자를 진토에서 일으키시며 궁핍한 자를 거름더미에서 올리사 귀족들과 함께 앉게 하시며 영광의 자리를 차지하게 하시는도다 땅의 기둥들은 여호와의 것이라 여호와께서 세계를 그것들 위에 세우셨도다 그가 그의

> 거룩한 자들의 발을 지키실 것이요 악인들을 흑암 중에서 잠잠하게 하시리니 힘으로는 이길 사람이 없음이로다 여호와를 대적하는 자는 산산이 깨어질 것이라 하늘에서 우레로 그들을 치시리로다 여호와께서 땅 끝까지 심판을 내리시고 자기 왕에게 힘을 주시며 자기의 기름 부음을 받은 자의 뿔을 높이시리로다 하니라(사무엘상 2:1-10).

그리고 다음에 바로 이어지는 말씀이 결론을 맺습니다.

> 엘가나는 라마의 자기 집으로 돌아가고 그 아이는 제사장 엘리 앞에서 여호와를 섬기니라(사무엘상 2:11).

즉, 엘가나와 한나의 올곧은 신앙의 삶은 아들 사무엘에게 전수(傳受)된 것입니다. 나이가 많고 적은 게 문제가 아니었습니다. 홉니와 비느하스는 성인이었지만 신앙의 삶을 살지 않았습니다. 아버지인 엘리가 대제사장이었지만, 그것은 오히려 독이 되었습니다. 결국 신앙의 삶도 불신앙의 삶도 전수됩니다. 오늘날 교회에서 중직자 가정의 자녀들이 가나안성도가 되어 문제로 지적됩니다. 그것이 마냥 세상의 가치관이나 즐거움으로 인한 것이 아니라는 사실을 인정해야 합니다. 내가 원하는 바가 전수되는 것이 아닙니다. 내 신앙이 곧 자녀의 신앙의 기준이 됩니다. 따라서 자녀가 신앙의 삶을 살기를 바란다면, 내가 먼저 신앙의 삶을 결단하고 살아야 합니다.

자녀에게 전수되는 것은 신앙뿐이 아닙니다. 계속 언급했듯이 '삶'

이 그대로 전수됩니다. 자녀에게 무례하게 대하면 그 자녀는 무례를 배웁니다. 자녀에게 폭력적으로 대하면 자녀도 역시 폭력을 배웁니다. 1977년 개봉된 영화로 전 세계인에게 큰 사랑을 받은 영화 "대부(Mario Puzo's The Godfather)"는 이 진실을 여실히 보여 줍니다. 9세 때 고향 시실리아에서 가족 모두가 살해당한 끝에 홀로 미국으로 도피한 돈 비토 코를리오네(말론 브란도)는 밑바닥에서 처절하게 생존한 끝에 기반을 다지고 시실리아로 돌아가 조직범죄를 통해 원수를 갚고 밤의 세계를 평정합니다. 그에게는 마이클(알 파치노)이라는 막내아들이 있었는데, 그는 범죄조직과는 상관없이 자라서 대학에서 공부한 인텔리였습니다. 폭력을 끔찍이도 싫어하는, 학자가 어울리는 성품과 외모로 영화 초반에는 보호받아야 하는 인물로 그려집니다. 하지만, 영화 중간에 아버지와 형제들이 차례로 반대세력들에 의해 죽음을 맞게 되자 결국 그는 가족을 보호한다는 구실로 '대부'가 되어 피의 보복을 단행합니다. 결국, 돈 비토 코를리오네의 조직은 다시 전성기를 맞게 되지만, 그의 인간적인 소망은 그렇게 무너지고 맙니다.

반대로 『미국 대통령 가(家)의 가훈』[6]이라는 책에서는 평범한 가정에서 태어나 세계 최강국 미국의 대통령이 된 인물들과 그들을 배출한 가문의 가훈을 소개하고 있습니다. 그 책은 조지 워싱턴을 필두로 존 애덤스, 존 F. 케네디, 로널드 레이건, 빌 클린턴 등 미국 역대

---

6 『미국 대통령 가(家)의 가훈』, 우지앙 외 지음, 노경아 옮김, 문학수첩리틀북, 2007년 1월 15일

대통령들의 가훈을 소개하고 있습니다. 그리고 그들이 받은 교육의 공통점을 10가지로 소개합니다.

1. 부모 먼저 말과 행동으로 모범을 보여라.
2. 겉으로는 부드럽게, 그러나 속으로는 엄격하게(외유내강) 아이를 지도하라.
3. 당장의 목표가 아닌 먼 훗날의 목표를 위해 준비하게 하라.
4. 어떤 하찮은 일이라도 최선을 다하도록 격려하라.
5. 가정에서 교육을 최우선 순위에 두고 아낌없이 투자하라.
6. 끝까지 아이를 믿어라. 아이에게 어떤 일을 하든 성공할 수 있다는 자신감을 갖게 하라.
7. 자립심을 갖게 하라.
8. 아이가 잘 되려면 가정이 화목해야 한다. 서로 사랑하고 존경하는 분위기를 만들기 위해 노력하라.
9. 건강한 몸에서 건강한 정신이 나온다. 공부만 시키지 말고 스포츠 활동을 통해 체력을 단련하라.
10. 어릴 때부터 책 읽는 습관이 몸에 배게 하라.

이 책에서 제시한 '부모 10계명'의 제1계명이 "부모 먼저 말과 행동으로 모범을 보여라."라는 사실을 주목해야 합니다. 부모는 대통령이 아니었습니다만, 자녀가 대통령이 되도록 그 자질을 형성하게 하는 삶의 교사입니다. 성공하라고 강요하면 되는 것이 아닙니다.

성공할 수 있는 모범을 보여야 합니다. 정직하라고 강요하는 대신 정직한 삶을 보여 주면 됩니다.

분명히 다시 말씀드립니다만, "신앙과 삶은 전수(傳受)됩니다."

시 / 우리집

차상기

항아리가 대문 곁에 마중 나오고
멋진 종탑이 천사의 나팔소리 울리고
정겨운 꽃들이 웃고 반기는 우리집

아름다운 정원은 푸른 초장
연못에는 금붕어가 한가롭게 춤추고
하늘에 고추잠자리 떠있는 사랑의 집

아침 창문을 열면 빛 사이 새들이 우짖고
신선한 공기가 가슴을 시원하게 하고
내 잠든 영혼을 맑게 깨운다

소나무가 병풍을 치듯 산허리를 감싸고
꿩들이 날고 물안개 피어 오르는
사랑과 은혜가 넘치는 감자골

천사 닮은 순박한 심령을 가진
옥이, 욱이, 순덕이와 76명이 사는
상한 자, 눌린 자, 어눌한 자들이

한 울타리에 모여 사는
예수공동체 우리집

햇살이 예배당에 가득 넘치고
십자가에 새싹이 다시 돋아나고
30돌 맞은 잔치가 매일 열리는 곳
선한 사마리아 세자매가 운영하는 집
함초롬히 기도가 익어가는 중보처
마음에 평화가 넘치고 무지개 뜨는
풍경이 있는 약속과 축복의 땅
그리스도의 향기가 있는 우리집

이웃을 사랑하세요

생전 아버지는 이웃들에게 '향토명의'로 불리셨습니다. 아버지는 태평양전쟁 당시 일본군에 징집되어 동남아 전선에서 복무했는데, 그때 포로로 잡힌 미군 군의관들에게 영어와 의술을 배웠고, 전쟁 후 고향으로 돌아와 배운 바 의술로 마을 사람들을 치료해 주셨기 때문입니다. 더구나 아버지는 사람들이 돈이 없어서 걱정하면 치료비도 받지 않으셨습니다. 그저 술 한 잔 내어 주면 괜찮다고 하시고 돌아서셨습니다. 그런 아버지는 당연히 내게 자랑이었습니다. 또한 아버지의 영향으로 나는 사람들을 돕는 것을 평생의 목표로 삼게 되었습니다. 그래서 임상병리사가 되었을 때도 늘 어린이와 노인들을 위한 무료 의료상담에 나서곤 했습니다. 동서병원을 인수하여 병원장이 되었을 때는 동네 노인정을 찾아 무료 진료센터를 운영하기도 했고, 고아원을 찾아 봉사활동을 펼치기도 했습니다. 한국종합건강검진센터를 운영할 때는 아예 한국경로복지회와 연계하여 내원하는 노인들을 대상으로 매일 100-150여 명을 무료로 진료해 주었습니다. 하지만, 이웃에 대한 선행은 한계가 있습니다. 즉, 선행은 영속적이지 못한 '행위'입니다. 때문에 선행이 '행위'에 그치지 않고 '생명'을 갖기 위해서는 조건이 하나 더 필요합니다. 바로 '사랑'입니다.

네 몸과 같이 사랑하라

성경에는 모세 5경이 있습니다. 창세기, 출애굽기, 레위기, 민수기, 신명기의 5개 경전을 말하는데, 이중 세 번째인 레위기는 이스라엘 12지파 중 제사장을 맡았던 레위지파를 향한 말씀입니다. 따라서 주된 내용은 하나님께 제사를 드리는 방법에 대해서, 하나님의 사람들이 사는 삶에 대해서, 정결한 것과 부정한 것에 대한 것들입니다. 바로 하나님께서 모세를 통해 이스라엘 백성들을 가르치신 율법입니다. 이 레위기의 19장에는 다음과 같은 구절이 있습니다.

> 원수를 갚지 말며 동포를 원망하지 말며 네 이웃 사랑하기를 네 자신과 같이 사랑하라 나는 여호와이니라(레위기 19:18).

하나님의 이름으로 당부하신 내용은 '네 이웃을 사랑할 때 네 자신을 사랑하는 것과 같이 하라'는 것입니다. 흔히 예수님께서 말씀하시고 또 사도 야고보가 기록했다고 아는 분들이 많지만, 실제로 이 말씀은 하나님께서 모세에게 주신 것을 예수님이 인용하신 것입니다. 즉, 하나님은 당신의 백성들이 서로를 향해 취할 태도로 '사랑'을 가르치셨습니다. 처음 율법을 주실 때부터, 아니 처음 아담에게 하와를 주실 때부터 이것은 변함이 없었습니다. 그런데 우리는 종종 이러한 하나님의 당부를 잊고, 이웃에 대해 내 뜻대로의 사랑을 베풉니다.

네덜란드 출신의 화가 빈센트 반 고흐(Vincent van Gogh)는 애초에 화가가 아닌 성직자의 길을 걷던 사람이었습니다. 그의 아버지도 목사였고, 그는 신학교에서 정식으로 공부하려 했지만, 암스테르담 신학대학교 진학에 실패하고 전도사 양성학교에 진학합니다. 1878년 한 선교단체 소속의 전도사가 되어 가난한 광부들에게 하나님을 전하는 길을 택하기로 한 반 고흐는 벨기에의 탄광지역인 보리나주로 떠납니다. 광산에서 일하는 노동자들의 삶은 지금이나 당시에나 크게 다르지 않습니다. 아니, 지금은 그나마 많이 현대화된 기술로 안전하고 충분한 보상이라도 받지만, 당시에는 안전도 적절한 보상도 없이 매일 죽음에 직면하면서 사는 밑바닥 삶이었습니다. 광부들은 고용주로부터의 착취와 목숨을 담보로 하는 척박한 작업 환경 속에서 말 그대로 먹고살기 위해 인간 이하의 삶을 견뎌내야 했던 겁니다. 반 고흐는 그런 광부들에게 하나님의 말씀을 전하며 몸과 마음이 가난하고 지친 이들을 위로하기 위해 혼신의 힘을 다했습니다. 그때 반 고흐는 선교단체로부터 생활비를 지원받았지만 마치 걸인과 같은 비참한 행색을 하고 다녔는데, 그것은 광부들에 비해 자신의 삶이 사치스럽다 생각했기 때문입니다. 고흐는 가난한 이웃들에게 먹을 것을 나누어 주었고, 입고 있던 옷을 벗어 주었습니다. 그럼으로써 정작 자신은 배고픔과 추위에 떨어야 했지만, 스스로를 학대할 정도로 아낌없이 베풀었습니다. 비록 정식 신학교를 졸업한 자격을 갖춘 전도사는 아니었습니다. 또 일생을 그렇게 지낼 수 있었던 것도 아닙니다. 아니 그러한 헌신으로 인해 오히려 전도사 자격이 박탈되었습니다. 하지만, 반 고흐는 자신의 신념을 포기하지 않았습니다. 그는 그림으로 선회하고도 그 그림을 통해 가난한 사람들을 구제하기를 바랐습니다. 이러한 반 고흐의 헌신적인 사랑은 형식주의와 근본주의에 빠져서 타락하고 있던 교회에 큰 울림을 주었습니다. 가난과 병으로 고생하던 보리나주 사람들은 반 고흐의 헌신을 기억하며 감사했습니다. 반 고흐가 입던 옷을 벗어 주고 차가운 바닥에서 몸을 떨며 자다가 죽음에 다다른 적이 여러 번 있었다는 기록을 보면서 나는 그의 헌신적인 사랑에 감동했습니다.

물론 이웃에 대한 사랑을 실천하기 위해 꼭 반 고흐처럼 같은 처지에 머물러야 하는 것은 아닙니다. 그것은 반 고흐의 신념에 따른 것일 뿐입니다. 하지만, 반 고흐가 보여준 이웃 사랑의 실체는 '네 자신을 사랑하듯이'라는 하나님의 말씀에 기인한 것입니다. 반 고흐가 만약 이웃을 그저 이웃으로만 생각했다면 결코 그는 옷을 벗지 않았을 겁니다. 그들의 배고픔이 자신의 것으로 여겨졌기에 그는 기꺼이 빵을 나눌 수 있었습니다.

네 자녀를 사랑하듯이 사랑하라

그런데 사실, 나는 반 고흐와 같은 사랑만으로 충분하지 않다고 생각합니다. '네 자신을 사랑하듯 이웃을 사랑하라'는 하나님의 말씀이 틀렸다는 뜻이 아니라, 정작 우리에게는 우리 자신보다 소중하게 여기는 것이 있기 때문입니다. 바로 '자녀'입니다.

부모가 된 사람들은 모두 공통적으로 하는 고백이 있습니다.

"만일 내 생명을 주어서라도 네게 좋은 것을 줄 수 있다면 …"

이 고백은 종종 연인들이 혹은 부부가 주고받기도 합니다만, 처음부터 끝까지 변하지 않고, 거의 모든 사람들이 예외 없이 하는 대상은 오직 자녀뿐입니다. 그렇습니다. 우리는 자녀에게 가장 좋은 것을 주고 싶어 합니다. 다른 사람에게는 돈 1,000원을 아끼지만, 내 자녀를 위해서라면 100만 원, 1000만 원을 아깝게 여기지 않습니다. 아니, 돈이 아니라 생명이라도 아끼지 않습니다. 때문에 이웃을 사랑하려면 나 자신이 아니라 내 자녀를 사랑하듯이 그렇게 사랑해야 합니다.

제가 아는 한 분은 한 회사의 대표였습니다. 그분은 회사원들을 고용하면서 그들에게 기술을 전수해 주었고, 그들이 일할 수 있는 일터를 제공했습니다. 회사의 수익이 발생하면 직위에 따라 불평이 없도록 공평하게 나누어 주었고, 직원들이 개인적인 일로 힘들어하면 직접 나서서 그 고민을 함께해 주었습니다. 그런데 그 직원들은 언제나 대표를 의심했습니다. 자기가 챙기는 것이 따로 있으니까 겉으로만 잘 대해주는 것이라고 의심한 것입니다. 그래서 수시로 파업을 단행했고, 제대로 일하지 않았습니다. 결국 회사는 큰 손실을 얻었고, 문을 닫을 위기에 처하게 되었습니다. 대표는 결단을 내려야 했습니다. 회사가 문을 닫으면 수백 명의 직원들이 직장을 잃고 그 가족들이 거리로 나앉아야 하기 때문이었습니다. 결국 대표는 직접 자신의 주식을 모두 팔아 회사의 빚을 청산하고, 자신은 부실경영의 책임을 지고 감옥으로 들어갔습니다. 덕분에 부도를 면한 회사는 정상화 되었고, 직장을 잃지 않은 직원들은 그제야 대표님의 헌신과 사랑을 깨닫게 되었습니다. 정작 대표에게는 초등학생인 자녀가 셋이나 되었기 때문입니다. 그들은 아빠도 잃었고, 부요함도 잃었습니다. 직원들은 눈물로 자신들의 잘못을 용서 빌었고, 대표의 가족을 위해 자신들의 월급을 모았습니다. 나중에 대표가 감옥에서 나와 다시 회사에 나왔을 때, 그는 대표의 자격이 아니었지만, 모든 회사 직원들은 그를 대표로 여겼습니다.

눈치 빠른 분들은 이미 짐작하셨겠지만, 이 이야기는 사실 예수님의 이야기를 좀 바꾼 것입니다. 이야기를 바꾸었다고 그냥 지어낸 얘기로 생각해서는 안 됩니다. 이 이야기보다 훨씬 더 놀랍고 신기한 이야기가 성경에 기록되어 있기 때문입니다. 그것은 성경 전체의 이야기이기도 합니다. 즉, 우리 사람들을 사랑하기 위해 하나님께서 자신의 독자를 십자가에서 죽게 한 사건입니다. 자녀를 사랑하듯이 우리를 사랑하셨습니다. 자녀를 도저히 죽일 수 없듯이 우리 역시 (죄에 대하여) 죽도록 내버려둘 수 없었습니다. 그래서 하나님은 사랑하는 아들을 세상에 보내어 그 사랑을 가르치셨고, 그 표징으로 예수 그리스도를 십자가에 달려 죽게 했던 것입니다.

때문에 우리가 이웃을 사랑하는 것은 내 몸과 같이 사랑하는 것에서 멈추지 않고 내 자녀를 사랑하는 것과 같이 해야 합니다. 교회에서 "세상의 빛과 소금의 역할을 감당하라."는 말을 자주 듣게 됩니다. 하지만, 빛과 소금이 가지는 가치를 귀하게 여기는 데서 그치면 안 됩니다. 빛과 소금의 역할을 하기 위해 내가 희생해야 한다는 것을 더 기억해야 합니다. 소금이 녹아야 짠 맛이 나오고 부패하는 것을 막습니다. 빛이 돌아올 수 없는 파동으로 사라질 때 주변을 환하게 만드는 겁니다.

> "침묵하고 싶지만 꼭 말을 해야 한다면 이런 걸세. 사랑하고 사랑받는 것. 산다는 것. 곧 생명을 주고 새롭게 하고 회복하고 보존하는 것. 불꽃처럼 일하는 것. 그리고 무엇보다 선하게, 쓸모 있게, 무언가에 도움이 되는 것. 예컨대 불을 피우거나, 아이에게 빵 한 조각과 버터를 주거나, 고통 받는 사람에게 물 한 잔을 건네주는 것이라네(빈센트 반 고흐, 『라파르에게 보낸 편지』에서)."

하나님을 사랑하듯 사랑하라

사도 바울은 우리가 지금 읽는 성경 66권 중 14권[7]을 저술한 사람입니다. 그는 가말리엘의 문하생으로 들어가 유대의 지식과 율법을 배운 당대의 엘리트였고, 바리새인이었고, 산헤드린공회의 회원이었고, 심지어 로마시민권까지 갖고 있었습니다. 그런데 그가 예수님을 만난 후에 이 모든 것을 하찮게 여깁니다.

> 나는 팔일 만에 할례를 받고 이스라엘 족속이요 베냐민 지파요 히브리인 중의 히브리인이요 율법으로는 바리새인이요 열심으로는 교회를 박해하고 율법의 의로는 흠이 없는 자 그러나 무엇이든지 내게 유익하던 것을 내가 그리스도를 위하여 다 해로 여길뿐더러 또한 모든 것을 해로 여김은 내 주 그리스도 예수를 아는 지식이 가장 고상하기 때문이라 내가 그를 위하여 모든 것을 잃어버리고 배설물로 여김은 그리스도를 얻고 그 안에서 발견되려 함이니 … (빌립보서 3:5-9).

바울은 하나님을 사랑하는 사람입니다. 때문에 하나님을 사랑하는 데 방해가 되는 자신의 모든 소유를 내려놓습니다. 지식, 명예, 신앙, 그리고 삶까지 말입니다. 그렇게 함으로써 모든 것이 하나님 안에서 다시 살게 합니다. 하나님을 사랑하는 사람들은 그렇게 하나

---

[7] 학자에 따라 여전히 논쟁이 되고 있지만, 일반적으로 로마서부터 히브리서까지 바울이 쓴 것으로 알려져 있습니다.

님께서 새롭게 하신 것을 누리며 삽니다. 성경에서만 이러한 이야기를 들을 수 있는 것이 아닙니다. 나는 살면서 바울처럼 귀한 고백을 드리며 사는 사람들을 많이 만났습니다. 그중 특별히 탤런트 김혜자 선생님과의 일화가 있습니다.

"전원일기"[8]라는 드라마 하나로 한국인의 며느리이자 어머니가 된 김혜자 권사님은 한국텔레비전기독신우회가 주관한 성경공부 모임에서 함께 공부하며 처음 만났습니다. 하지만, 첫 만남부터 순조롭지는 않았습니다. 그 당시 저는 사업도 실패하고 또 이혼도 당하면서 한참 불행을 겪고 있었기 때문에 매일 술을 마시지 않으면 잠을 잘 수 없었습니다. 그날도 예외 없이 술에 취해 성경공부 모임에 간 것입니다. 성경공부가 끝나고 교제시간이 되었을 때, 더는 참을 수 없다는 듯이 김혜자 집사님(당시에는 서리집사였습니다.)이 나를 책망했습니다.

"차 선생님, 성경공부하러 오시는 분이 그렇게 술냄새를 풍기면 되겠습니까?"

평소 드라마에서 만나던 온화한 모습은 어디에도 없었습니다. 추상같은 호통에 정신이 번쩍 들고, '아이쿠, 이거 야단났구나.' 하고

---

8 "전원일기(田園日記)"는 1980년 10월 21일부터 2002년 12월 29일까지 MBC에서 방영한 농촌 드라마로, 한국 드라마 사상 최장수 프로그램의 기록을 갖고 있습니다. 총 1088회에 걸쳐 방영되었으며, 정애란, 최불암, 김혜자, 김수미, 김용건, 고두심, 유인촌 등 많은 스타들이 출연했습니다.

어쩔 줄 몰라 할 때, 정영숙 권사님이 나를 한쪽으로 데려가서 위로했습니다. 그러고는 주님의교회(담임 이재철 목사) 임동진 장로님을 소개하며 말씀을 듣고 어려움을 이겨내라고 권면했습니다.

'사고'에 가까운 첫 만남이었기에 한동안 김혜자 집사님이 보이기만 해도 슬쩍 몸을 감추었습니다. 미안했기 때문입니다. 그런데, 내가 옥수동 경로의원의 기금을 마련하기 위해 '자선바자회'를 개최할 때입니다. 현대백화점 무역센터점에서 개최하는 자선바자회를 위해 모임에서 알고 지낸 여러 연예인들에게 참석을 요청했습니다. 하지만, 대부분 사인회를 하려면 일정한 출연료가 제공되어야 한다며 거절했습니다. 나는 '자선바자회'를 통해서 개인적인 수익을 목표로 하지 않는다고, 도움이 필요하다고 말했지만 섭외는 쉽지 않았습니다. 그때, 여운계 선생님께서 김혜자 집사님을 섭외해 보라고 말했습니다. 다만, '하나님의 일을 같이 해 보자.'라고 말씀드려 보라고 하셨습니다.

마음에 부담이 적지 않았습니다만, 목마른 사람이 우물을 찾는다고 곧 전화를 드렸습니다. 의외로 김혜자 집사님은 반갑게 맞아 주셨습니다.

"집사님, 이미 들으셨을 수도 있을 텐데, 이번에 제가 자선바자회를 하나 계획하고 있습니다. 노인들을 위한 경로의원의 기금을 마련하려는 행사인데요. 도와주실 수 없는지요?"

"아. 네. 차 원장님. 무엇을 도와드리면 될까요?"

"연예인 사인회를 바자회 이벤트로 가지려 하는데요. 참석해 주실 수 있나요?"
"사인회요? 저는 제 이름을 파는 그런 행사는 참석 안 하는데요. 미안합니다."

차갑게 식은 목소리에 마음속으로 덜컥하는 소리가 들리는 듯했습니다. 그리고 곧 여운계 선생님의 충고가 생각났습니다.

"아뇨. 집사님. 집사님의 이름을 팔라는 것이 아닙니다. 이건 순전히 제가 기도 중에 하나님께서 주신 비전을 이루기 위해 계획한 것이고요. 그래서 아무런 대가도 드릴 수 없어요."
"아무런 대가 없이…. 무료로 진행하는 것인가요?"
"네. 그저 가난하고 힘없는 노인들에 대해 알리고, 그들을 지원할 병원을 위한 기금을 마련하려는 목적이에요."
"알겠습니다. 하나님의 일이면 같이 할게요."

사인회는 대성공을 거두었습니다. 몰려드는 사람들에게 한결같은 미소로 대하며, 집사님은 시종일관 경로의원과 노인복지에 관해 설명했습니다. 그 인연으로 나중에 쁘렝땅 백화점 행사와 경로대찬지 등에도 따님과 함께 참여해 주셨습니다. 여기서 다 밝힐 수는 없지만, 김혜자 집사님은 나보다도 먼저 여러 아픔을 겪으면서 하나님을 만났다고 했습니다. 그리고 자신을 건지신 하나님이 너무 좋아서 하나님의 일이라면 늘 감사로 순종하고 있다고 했습니다. 그런 그의 모습을 보면서 큰 위로와 감동을 받았습니다.

　김혜자 선생님은 지금 남대문교회의 권사님으로 국제구호개발 NGO인 월드비전과 함께 아프리카, 네팔 등지에서 가난과 질병으로 고통당하는 사람들, 특히 어린이들에 대한 상황을 알리고 그들을 지원하기 위한 갖가지 프로그램에 적극적으로 참여하고, 『꽃으로도 때리지 말라』는 책을 출간하기도 했습니다.

　하나님의 사람은 바빠도 사랑하고, 하나님의 사람은 돈이 없어도 사랑하고, 하나님의 사람은 아파도 사랑합니다. 김혜자 선생님은 내게 그것을 몸소 가르쳐 주었습니다.

쁘렝땅 백화점 자선 바자회 사인회 모습

경로대잔치 축사

05

예수님을 믿으세요

하루살이 인생

> 사랑하는 자들아 주께는 하루가 천 년 같고 천 년이 하루 같다는 이 한 가지를 잊지 말라(베드로후서 3:8).

오래 전 친구 이강무 목사의 부탁으로 여주 시골 마을로 의료 선교를 갔던 적이 있습니다. 교회는 좀 비좁아서 마을 회관에 이동진료소를 차리고 마을 노인들을 대상으로 침, 뜸, 부항을 시술하고 복음을 전하고 있었습니다. 그런데 갑자기 소낙비가 내립니다. 빗소리가 얼마나 시원하고 청량한지 분주한 손마저 잠시 멈추고 그 정경에 취했습니다. 그러다가 문득 처마 밑을 보게 되었는데, 거기에 수많은 하루살이 떼가 빙빙 돌고 있는 것을 보게 되었습니다. 아마도 방안으로 들어오려다가 뜸을 뜨는 냄새와 연기 때문에 들어오지 못하고 처마 밑에 몰린 듯했습니다. 잠시 그 하루살이들을 보고 있노라니 눈물이 터지고 말았습니다. 혼자 한참을 울고 있으니까 친구가 묻습니다.

"이봐, 차 목사. 왜 그래? 무슨 나쁜 일이 있는가?"
"아. 별것 아니야. 하루살이를 보니까 그냥 울음이 나왔어."
"하루살이?"
"응. 쟤네들은 자신들이 오늘 하루밖에 살지 못하는 것을 전혀 알지 못하잖아. 그래도 저렇게 비를 피해 살려고 기를 쓰고 처마 밑으로 모여드네. 문득 그 모습이 나랑 비슷하다는 생각이 들어서."

그렇습니다. 하루살이의 모습은 꼭 얼마 전 내 모습 같았습니다. 비록 내가 목사가 되어 의료 선교를 펼치러 지방에 내려오기는 했지만, 불과 얼마 전에 가정도 잃고 병원도 잃은 처지였기 때문입니다. 하루살이들이 기를 쓰고 처마에 모인 것처럼 나는 '성공'을 위해 기를 쓰고 달려왔습니다. 제법 성공도 거두었습니다. 하지만, 그것은 '하루살이'에 불과했던 겁니다.

과학기술과 의료기술이 최첨단을 걷는다는 오늘날 인간의 평균수명은 80세를 넘어섰습니다. 그나마 아주 건강하게 큰 사고 없이 살아야 100년이 못되게 사는 겁니다. 창세기에 등장하는 아담, 므두셀라, 노아 등은 900년을 훌쩍 넘게 살았다고 하는데, 거기에 비해도 참 보잘 것 없는 인생입니다. 그런데 그 짧은 인생 마저도 온전히 홀로 살지 못합니다. 세상에 태어나서 20년 가까이는 부모의 도움으로 배우며 살고, 70이 넘은 후로는 자녀의 도움을 받아 삽니다. 그러니까 인생 100년이라고 해도 온전히 내 삶은 고작 50년뿐입니다.

그 짧은 50년의 삶을 최선을 다해 살면서 놀라운 업적을 이룬 사람들이 많습니다. 대제국을 건설했던 징기츠칸, 알렉산더, 진시황, 카이사르 등도 있고, 사람들을 위해 발명과 발견을 한 과학자 에디슨, 퀴리 부인, 아인슈타인과 같은 사람들도 있습니다. 인류의 예술적 발전에 기여한 빈센트 반 고흐, 렘브란트, 레오나르도 다빈치와 같은 화가도 있었고, 베토벤이나 모차르트와 같은 음악가들은 불멸의 음악을 남기기도 했습니다. 하지만, 결국 그들의 인생은 끝이 났습니다. 영원히 사는 사람은 없습니다. 가난하고 재능이 없는 사람들만 그런 것이 아니라 역사가 증언하는 최고의 엘리트들도 죽음을 이겨내지 못했습니다. 심지어 예수님과 같이 4대 성인으로 추앙받는 마호메트나 석가나 공자도 마찬가지입니다.

물론 "인생이 끝이 났다."라는 말로 모든 것을 정리하려는 것이 아닙니다. 또한 짧게 끝날 것이기 때문에 인생 자체가 의미 없다는 말도 절대 아닙니다. 하지만, 인생이 제한적이고 비교적 짧은 시간이기에, 우리가 태어났으면 반드시 죽음을 맞이해야 하기 때문에, 그 시간에 우리가 무언가 대단한 업적을 남기는 것도 중요하지만, 그 업적이 진정한 가치를 가질 수 있도록, 우리의 짧은 삶이 그 자체로서 진정한 의미를 가질 수 있도록 사는 것이 무엇보다 중요합니다. 그것을 모르면 그저 처마 밑에 모여서 비를 피하는 하루살이와 다를 바 없습니다.

예수님을 믿음

"예수님을 믿으세요."라고 말하면 사람들은 손사래를 치기 바쁩니다. 구속된다는 느낌 때문이랍니다. 간혹 "이스라엘의 신을 왜 믿느냐?"고 못되게 말하는 사람도 있습니다. 하지만, 인생이 왜 시작되었고 왜 죽음으로써 끝나는가에 대해 의문을 품어 본 사람이라면 그 대답을 듣기 위해 예수님의 말씀을 들어 볼 기회를 가지면 좋겠습니다.

로마서는 바울이 쓴 편지입니다. 그런데 단순한 편지가 아니라 기독교 사상의 요체(要諦)를 담고 있는 최고의 변증서이기도 합니다. 그 로마서에 한 구절이 의미심장합니다.

> 그러므로 한 사람으로 말미암아 죄가 세상에 들어오고 죄로 말미암아 사망이 들어왔나니 이와 같이 모든 사람이 죄를 지었으므로 사망이 모든 사람에게 이르렀느니라(로마서 5:12).

바울은 한 사람, 즉 아담이 선악과를 먹음으로써 죄가 세상에 들어왔다고 말합니다. 그리고 그 죄로 말미암아 사망이 우리에게 임했다는 것입니다. 실제로 창세기에는 에덴동산에서 사는 아담의 삶을 얘기합니다. 동산에 있는 실과는 영원한 생명나무로, 그 생명나무의 과실을 먹으면서 아담은 영원히 살 수 있었습니다. 하지만, 아담은 뱀의 유혹을 받아 선악과를 따 먹은 하와를 견책(譴責)하는 대신 선악과를 나누어 먹었습니다. 그것은 하나님처럼 되고 싶은 탐욕에 따른 것이었습니다(창세기 3:4-6). 그 죄의 결과로 아담과 하와는 에덴동산에서 쫓겨났습니다. 아담은 생명을 위해 노동해야 했고, 하와는 해산의 고통을 감수해야 했습니다. 그들 때문에 땅과 모든 자연이 저주를 받았고, 인간은 제한된 삶 속에서 억압하는 자연과 투쟁하며 태초의 하나님의 말씀을 좇는 고난에 처하게 되었습니다. 하지만, 그렇게 고난 가운데 최선을 다해도 이미 인간의 본성에 뿌리내린 죄의 문제를 해결할 방법은 없었습니다. 그래서 아무도 죽음을 피할 수 없습니다.

반면, 로마서 5장에는 정 반대의 얘기도 들어 있습니다. 바울은 "우리가 아직 연약할 때에 기약대로 그리스도께서 경건하지 않은 자를 위하여 죽으셨도다(6절)."라고 말합니다. 그리고 그것은 "우리가 죄인이지만, 그리스도께서 십자가에서 죽으심으로써 하나님의 진노하심으로부터, 곧 죽음으로부터 구원을 받을 것(9-10절)"이라고 강조합니다. 즉, 아담으로 인해 죄가 들어와서 우리가 사망에 이르게 되었지만, 예수님께서 십자가에서 죽으심으로써 의로움이 우리에게 들어와서 영생을 얻게 할 거라는 말입니다.

> 그런즉 한 범죄로 많은 사람이 정죄에 이른 것 같이 한 의로운 행위로 말미암아 많은 사람이 의롭다 하심을 받아 생명에 이르렀느니라(로마서 5:18).

 예수님을 믿는 것은 어떤 한 종교에 귀의하여 좋은 말씀을 듣고 선한 일을 행하는 것에 그치는 것이 아닙니다. 예수님을 믿는 것은 우리의 본성에 내재한 죄의 문제를 해결하는 것이며, 그 죄의 결과로 피할 수 없는 하나님의 심판과 죽음을 해결하는 것입니다. 예수 그리스도의 피로 의인이 되어 영생을 얻는 것입니다. 다시 말해서 예수님을 믿는 것은 우리의 본질적 정체성을 회복하는 것입니다. 그것은 하나님의 형상에 따라 지음 받은 최초의 사람, 곧 하나님의 자녀이자 청지기인 아담의 모습을 의미합니다(창세기 1:26). 예수님이 하셨던 것처럼 죽음의 권세를 무너뜨리는 것입니다. 완벽한 해방이며 자유입니다.

 하지만, 예수님을 향한 믿음을 고백하고 온전히 회개한 사람도 그 즉시 완전한 성화의 순간을 맞이하지는 못합니다. 그것은 우리가 속한 세계가 타락한 세계이기 때문입니다. 분명히 우리는 예수님을 믿는 믿음으로 하나님 나라에 임했을 때 완전한 성화의 옷을 입겠지만, 그 전에 이 땅에서 죄의 유혹에 맞서 싸워야 합니다. 그리고 그 싸움은 우리를 곤고하게 할 것입니다. 아니, 우리의 지식이나 재주로는 그 싸움에서 결코 한 순간도 견딜 수 없을 것입니다. 그래서 예수님은 보혜사 성령님을 약속하셨고(요한복음 14:16), 그 성령 하나님께서 우리 안에 내주하시면서 우리를 보호하시고 인도하시게 된 것입니다(요한복음 14:26).

그러므로 우리가 이 땅에서 잠시 고난에 처할 때라도 예수님을 믿으면 그 문제들을 해결할 수 있습니다. 단순히 개인적인 일들도 그렇지만, 나와 이웃 그리고 우리 사회를 절망하게 하는 죄의 문제에 있어서도 그렇습니다. 예수님을 믿는 것은 우리가 정치, 사회, 문화, 예술, 체육 등 모든 분야를 통해 그렇게 염원하는 온전한 평화와 행복을 누리고, 인간의 가치와 인생의 의미를 제대로 깨닫는 유일한 방법입니다.

고난의 순간이 닥칠 때

> 모든 은혜의 하나님 곧 그리스도 안에서 너희를 부르사 자기의 영원한 영광에 들어가게 하신 이가 잠깐 고난을 당한 너희를 친히 온전하게 하시며 굳건하게 하시며 강하게 하시며 터를 견고하게 하시리라(베드로전서 5:10).

이미 앞에서 말한 대로, 그리스도인은 고난을 두려워하지 않는 낙관적인 인생관을 가져야 합니다. 사도 베드로가 말한 것처럼 고난은 우리를 '굳건하게 하고 강하게 하고 터를 견고하게' 하는 도구이기 때문입니다.

성경에 등장하는 몰약(沒藥, Myrrh)은 매우 향기로운 향료입니다. 이 몰약의 주성분은 작고 거친 가시나무의 껍질에서 추출됩니다. 즉, 몰약은 가시나무의 껍질에 구멍을 뚫어 그 수액을 채집한 것으로 아라비아어로는 '무르'라고 부릅니다. '무르'란 말은 '매우 쓰고 고약한 맛'이라는 뜻을 담고 있습니다. 그런데 이 악취 나는 수액이 정제과정을 거치면 향긋한 향수로 변합니다. 몰약 자체로서 의약품이나 방부제로 사용되기도 했지만, 이 몰약이 정제과정을 거쳐 진짜 몰약으로서 향기를 내뿜으면 그 값은 천정부지로 치솟게 됩니다. 그래서 동방박사들이 아기 예수님께 드린 영광의 선물 중 하나가 몰약이었습니다.

고난은 마치 정제과정과 같습니다. 그 과정을 통해 독소가 빠져야 비로소 몰약이 향료가 되듯, 우리 삶에서 죄가 빠져나가야 우리는 의인이 되기 때문입니다. 따라서 고난의 과정을 다른 관점에서는 성화의 과정으로 볼 수 있습니다.

병원을 잃고 망하여 기도원에 갔을 때, 나는 도저히 그 상황을 인정할 수 없었습니다. 방탕하게 살았던 것도 아니고, 사기 치거나 도적질하여 재물을 모으지도 않았습니다. 오히려 교회를 세웠고, 이웃을 도왔으며, 매일 성실하게 최선을 다해 살았습니다. 하지만, 믿었던 사람들은 나를 배신하거나 떠났고, 내가 일군 기업은 하루아침에 문을 닫고 말았습니다.

하지만 그 시간을 통해서 나는 다시 하나님을 만날 수 있었고, 신학을 공부하여 목사가 되었고, 미국으로 건너가 한의학을 공부하고 한의사가 되었습니다. 만약 그런 고난의 시간이 없었다면, 나는 결코 목사나 한의사가 되지도 못했고 하나님을 온전히 알지도 못했을 겁니다.

우리 삶에 고난이 닥칠 수 있습니다. 때로 우리의 잘못으로 고난을 당하기도 합니다만, 때로는 욥처럼 아무런 잘못이 없어도 고난이 임하기도 합니다. 때문에, 고난의 상황에서 내가 잘못했던 것을 반성하는 것은 필요하지만 결코 그것에 함몰되어서는 안 됩니다. 오히려 그 이면에 담긴 하나님의 선한 계획을 찾아야 합니다. 우리를 괴롭히는 고통, 패배, 가난, 억울함, 분노, 슬픔, 열등감 등을 과감하게 떨쳐버리고, 하나님이 주신 비전, 사랑, 은혜에 집중할 때, 고난이 변하여 인생의 좋은 향료 곧 몰약이 될 수 있습니다.

고난을 이겨낸 몰약은 어느 순간에도 나를 잊지 않고 나를 위해 기도하시는 성령 하나님을 믿는 믿음입니다. 나를 고난 가운데 내버려두지 않으시고 위로하시며 평화를 주시는 예수 그리스도를 향한 사랑입니다. 그리고 나를 위해 친히 아들까지 내어 주신 하나님께서 나를 고난 가운데 건지시고 큰 복으로 나를 세우실 것에 대한 소망입니다.

> 고난당하기 전에는 내가 그릇 행하였더니 이제는 주의 말씀을 지키나이다 주는 선하사 선을 행하시오니 주의 율례들로 나를 가르치소서 교만한 자들이 거짓을 지어 나를 치려 하였사오나 나는 전심으로 주의 법도들을 지키리이다 그들의 마음은 살져서 기름덩이 같으나 나는 주의 법을 즐거

워하나이다 고난당한 것이 내게 유익이라 이로 말미암아 내가 주의 율례들을 배우게 되었나이다 주의 입의 법이 내게는 천천 금은보다 좋으니이다(시편 119:67-72).

광야에서 외치는 소리

한때 나는 의사로서 세계를 돌아다니며 의료 선교를 하고 싶었습니다. 몇 번 해외단기선교를 통해 그 필요를 보았고, 하나님께서 내게 하나씩 준비시키신다는 생각을 했기 때문입니다. 하지만 지금은 매일 신 도봉시장, 도깨비시장과 주변 산책로로 나가 복음을 전합니다. 몸이 건강한 것도 아니고, 의료 선교사로 진료를 하는 것도 아닙니다. 나에겐 아직 치료와 회복의 시간이 필요하고 그 시간이 다 잘 지나도, 세계선교를 하기에는 무리한 점이 많습니다. 하지만, 난 실패한 것이 아닙니다. 나는 광야에서 외치는 소리이기 때문입니다. 예수님을 믿는 사람은 모두 광야에서 외치는 소리가 됩니다. 왜냐하면, 이전의 나와 같이 삶의 의미를 깨닫지 못해서 죽음으로 달려가는 사람들을 두고 볼 수 없기 때문입니다.

성경에 등장하는 인물 가운데 세례 요한은 참 독특한 사람입니다. 그는 낙타털 옷을 입고, 메뚜기와 석청을 먹었다고 합니다. 그리고 요단 강가에서 사람들에게 세례를 베풀었습니다. 그의 가르침이 '독설(毒舌)'에 가까웠지만, 그의 가르침에 권세가 있어서 당시 대제사장들을 비롯해서 위정자들이 감히 세례 요한을 건들지 못했습니다. 많은 사람들이 그를 하나님의 선지자로 여겼기 때문입니다. 그런데 그런 세례 요한은 자신의 정체성을 분명하게 고백합니다.

> 나는 너희로 회개하게 하기 위하여 물로 세례를 베풀거니와 내 뒤에 오시는 이는 나보다 능력이 많으시니 나는 그의 신을 들기도 감당하지 못하겠노라(마태복음 3:11).

세례 요한은 예수님의 오실 길을 예비하는 자였습니다. 즉, 예수님께서 구원자로서 이스라엘 백성들을 찾으실 것을 먼저 외치는 소리였습니다. 그는 이스라엘 백성들에게 경고합니다. 죄를 뉘우치라고 합니다. 이미 로마에게 지배당하는 민족입니다. 가난하고 억압받는 사람들이 무슨 죄를 그렇게 많이 졌다고 회개하라고 하는지 궁금할 지경입니다. 하지만, 요한은 단호합니다.

> 그 때에 세례 요한이 이르러 유대 광야에서 전파하여 말하되 회개하라 천국이 가까이 왔느니라 하였으니 그는 선지자 이사야를 통하여 말씀하신 자라 일렀으되 광야에 외치는 자의 소리가 있어 이르되 너희는 주의 길을 준비하라 그가 오실 길을 곧게 하라 하였느니라(마태복음 3:1-3).

요한이 바라본 것은 이 땅이 아닙니다. 이 땅의 권세에 아무런 욕심이 없기 때문에 그는 왕과 왕비에게 굴하지 않았습니다. 이 땅의 명예에 집착하지 않았기 때문에 선지자라 인정받으면서도 대제사장과 같이 에봇을 입고 성전에 거하지 않았습니다. 요한은 오로지 '천국'에 관심이 있었습니다. 요한은 하나님의 나라에 가고 싶었습니다. 그래서 그는 막연하게나마 예수님의 존재를 알고 있는 거의 유일한 사람이었습니다. 하나님께서 그에게 천국의 실체를 엿보게 하셨는지는 알 수 없습니다. 하지만, 그가 천국을 소원했기 때문에 그 천국에 들어가려면 회개하고 예수 그리스도를 통해 불의 세례를 받아야 한다는 것을 알 수 있었다는 것은 분명합니다. 그래서 예수님은 세례 요한을 두고 "이 세상에서 여자로부터 태어난 자 중에 요한과 같은 이가 없다(요한복음 7:28)."라고까지 말씀하셨습니다.

오늘날에도 마찬가지입니다. 하나님의 말씀을 깨닫고 예수 그리스도를 구주로 영접한 사람들은 광야의 외치는 소리가 됩니다. 받은 은혜를 나누지 않고는 도저히 견딜 수 없기 때문입니다. 그리고 그런 구령의 열정은 예수님의 사람인지 아닌지를 나누는 기준이기도 합니다.

최근 한국 교회가 안고 있는 문제 가운데 '가나안 성도'가 늘고 있는 것은 심각한 문제입니다. 간단히 말해서 가나안 성도는 '안나가 성도'라는 의미인데, 이들은 소속 교회가 예수님을 온전히 믿지 않기 때문에, 예수님을 좋아하지만 교회는 나가지 않겠다는 사람들입니다. 대체로 지식적이고 논리적인 사고를 하면서 상당한 성경적 지식을 갖춘 사람들이 대부분입니다. 청교도와 같이 금욕적인 생활도 자처하며 사람들에게 모범을 보이기 위해 애쓰기도 합니다. 그런 점들은 충분히 칭찬받을 일입니다. 하지만, 가나안 성도들의 대부분은 더 이상 전도하지 않습니다. 마치 자신이 예수님인 듯 삶으로 증명하려고만 합니다. 하지만, 삶으로 경건의 모양을 찾은 것은 바리새인일 뿐입니다. 예수님의 십자가를 경험한 사람은 오직 하나님의 나라를 바라며 광야에서 외치는 소리가 됩니다. 혼자만 구원받을 수 없기 때문에 가족과 이웃을 찾아 갑니다. 그리고 그들에게 하나님의 복음을 증언합니다.

> 오직 성령이 너희에게 임하시면 너희가 권능을 받고 예루살렘과 온 유대와 사마리아와 땅끝까지 이르러 내 증인이 되리라 하시니라(사도행전 1:8).

06

소명자(召命者)가 됩시다

숨이 멈추는 날까지, 사랑!

최근에 한국의 젊은이들에게 많은 영향을 끼친 책이 있습니다. 2006년 1월에 33살의 나이로 세상을 떠난 군의관에 관한 이야기입니다. 그가 하늘로 돌아간 후에야 사람들은 그의 진짜 모습을 발견하기 시작했습니다. 그리고 그 이야기들이 모여 책이 만들어졌습니다. 바로 『그 청년 바보의사』[9]입니다.

한 젊은 군의관이 유행성출혈열로 갑자기 세상을 떠났습니다. 그런데 아무도 몰랐던 그의 삶의 스토리는 정작 그의 장례식에서부터 시작됩니다. 그는 영락교회 청년부 출신이어서 교회장으로 치렀는데, 놀랍게도 고 한경직 목사님의 장례식 이후로 가장 많은 조문객

---

[9] 『그 청년 바보의사』, 안수현, 이기섭 지음, 아름다운사람들, 2009년 7월 20일 출간

들이 찾아왔다고 합니다. 평소 그를 아는 사람들마저도 놀라서 의아해하기 시작했습니다.

'젊은 의사가 죽었을 뿐인데 왜 이렇게 많은 사람들이 찾아올까?'

고인이 된 군의관은 평소 사회활동을 많이 하지 않았습니다. 그는 오직 의사로서 환자들을 돌보고, 하나님의 자녀로서 말씀을 실천하는 데 진력을 다했으므로 그의 죽음을 추모하는 이들이 그렇게 많을 것으로 생각하지 못한 것입니다. 그런데 신기한 것은 많은 사람들이 찾아온 것뿐만이 아니었습니다. 흥미롭게도 모인 사람들 대부분이 서로 모르는 사이였던 것입니다. 즉, 대부분이 각자 군의관과 삶을 나눈 인연으로 그를 추모하기 위해 모인 것이지 어떤 이해관계로 얽혀 찾아온 것이 아니었습니다.

그중 한 할아버지가 청년의사의 영정(影幀) 앞에서 이렇게 고백했습니다.

"나는 이 청년의사가 근무하던 병원 앞에서 구두를 닦던 사람이었습니다. 이 청년은 구두 닦을 일이 없으면서도 괜히 와서 구두를 닦고 필요 없이 돈을 더 많이 주고, 내 손을 만지면서 '할아버지, 춥지 않습니까? 식사는 하셨어요? 할아버지, 외로우면 하나님 믿으세요. 하나님이 할아버지를 사랑하시거든요.' 그러면서 예수님을 소개해 주고 나를 붙들고 기도해 주었습니다."

영정 앞에서 오열하던 또 다른 아주머니는 이렇게 말했습니다.

"나는 이 의사가 근무하는 병원의 세탁부입니다. 내가 세탁카트를 끌고 갈 때 아무도 나에게 관심을 가진 사람이 없었지만, 이 청년 의사는 나를 지나치는 법이 없었습니다. 걸음을 멈추고 '아주머니, 천천히 하셔도 돼요. 요즘 얼굴이 안 좋으시네요. 어디 아프지 않습니까?' 그러면서 약도 갖다 주고 나를 위해 기도해 주고, 하나님의 사랑을 전해 주었습니다."

그밖에도 여러 이야기들이, 그를 떠올리게 하는 미담이 쏟아졌습니다. 한 번은 어린 환자가 입원해서 그 의사가 아이를 눈여겨보다가 퇴원할 때 선물을 주겠다고 약속했답니다. 그런데 그 어린 환자는 집안 사정 때문에 병원비가 부담이 되자 몰래 퇴원하고 말았다는 겁니다. 상식대로면 경찰에 신고하고 주거지를 찾아 꾸짖고 비난하는 것이 당연했을 것입니다. 그러나 충분히 배신감을 가져도 될 만한 상황이었음에도, 그 청년의사는 어린 환자의 집을 찾아가서 미리 준비한 선물꾸러미를 안겨 주었다고 했습니다. 분명 그는 세상에 다시없는 '바보의사'라고 불렸을지도 모르겠습니다.

그런데, 우리는 이와 같은 바보 의사를 하나 더 알고 있습니다. 그도 역시 33년 정도 세상에서 살다가 하늘로 돌아갔습니다. 그는 로

마에 의해 억압받는 자기 민족에게, 종교적 형식과 규례에 얽매여 하나님께서 허락하신 자유를 누리지 못하는 이웃들에게, 세상의 권세를 이기고 하나님의 자녀가 될 수 있게 하는 참된 말씀을 가르쳤습니다. 그는 이스라엘 민족의 선조인 모세를 통해 하나님께서 주신 율법의 참뜻을 가르쳤고, 병으로 신음하는 사람들을 치료했고, 거짓, 탐욕, 증오, 그리고 다툼으로 병든 성전을 깨끗하게 하고 대신 '사랑'을 채워 넣었습니다. 그리고 마지막 순간에 그는 모든 사람들을 위해 스스로 십자가에서 죽어 하늘로 돌아갔습니다. 그분은 바로 예수님입니다.

바보의사 고 안수현 씨는 예수님을 닮은 사람이라고 할 수 있습니다. 개인적으로 그를 만나 교제한 적이 없어서 그에 대해 알 수 있는 것은 오직 유작인 『그 청년 바보의사』를 통해서 뿐이지만, 그의 삶을 증언하는 많은 사람들의 눈물어린 고백을 통해 그가 마지막까지 사명자로서 살았다는 것을 확신할 수 있었습니다.

그렇습니다. 그는 마지막 순간까지 '사랑의 사명자'로서 살았습니다. 예수님께서 이스라엘 민족에게 전하신 '사랑'은 2천년의 세월과 이스라엘과 한국이라는 공간적, 사회적, 문화적 차이를 뛰어넘어 안수현씨에게 전해진 것입니다. 그래서 안수현씨는 지식과 명예와 권력과 돈을 자랑하지 않았습니다. 자신의 신분을 내세우지도 않았습니다. 그는 가장 낮은 곳에서 일하는 사람들에게 인사했고, 어린 아이와의 약속을 소중하게 여겼습니다. 가난한 사람과 한 끼 식사를 나누며 자신에게 '사랑'을 가르쳐 주신 분을 소개하기도 했습니다.

그는 예수님처럼 그렇게 '사랑했습니다.'

예수님이 하늘로 돌아가신 후, 예수님을 좇던 제자들은 예루살렘과 유대와 지중해를 넘어 전 유럽으로 흩어졌습니다. 그리고 그들은 도망자가 아닌 전도자로서 끝까지 배운 바 사랑을 전했습니다. 안수현 씨 역시 마찬가지였습니다. 그는 예수님의 말씀이 오늘날에도 살아 숨 쉬도록 그 말씀의 사명자로서 끝까지 사랑하며 살았습니다. 그래서 안수현 씨는 비록 33세의 나이에 하늘로 돌아갔지만, 그로부터 예수님의 사랑을 경험한 많은 사람들이 그를 좇아 그리스도의 사명자로서 사랑을 나누며 살고자 애쓰고 있는 것입니다.

달리기 선수와 같이

사명자의 삶은 달리기에 비유할 수 있습니다. 달리기는 대개 일정한 거리가 정해져 있어서 누가 먼저 도착하는지의 순위를 겨루거나 혹은 도착하는 데까지 걸린 시간을 측정하는 경기입니다. 달리기는 거리에 따라 단거리, 중거리, 장거리로 나뉘고 각 종목마다 달리는 방법이 다르지만, 출발선에서 도착선까지 이르기 위해 아무런 도구의 도움 없이, 오로지 자신의 두 발로 뛰어 도착한다는 데에서 공통점을 가집니다. 뿐만 아니라 달리기는 멈춰 서서 걷는 법이 없습니다. 거리에 따라 빨리 뛰거나 천천히 뛰는 경우는 있지만, 느릿느릿 산보하듯 걷지 않습니다. 달리기 종목 가운데 '경보'라는 종목이 있습니다. 내딛는 다리의 무릎을 쭉 펴고 걷는 경기인데, 그마저도 '걷는다.'라고 설명하기는 어렵습니다. 무릎을 펴고 달리는 경기라면 또 모를까.

아무튼, 사명자의 삶은 달리기와 아주 비슷합니다. 사명자의 삶의 시작은 그를 부르신 하나님을 만난 그곳에서부터입니다. 그리고 다시 하나님을 만나는 순간 모든 사명을 마치게 됩니다. 즉, 사명자의 삶은 분명한 시작과 끝이 있다는 의미입니다. 그리고 그 시간은 영원한 것이 아니라 유한합니다. 일반적으로 '수명(壽命)'이 다하면 사명을 마치는 것으로 여기는데, 그 기준을 따르면 아무리 빨리 사명자로서 삶을 살아도 결코 100년을 살지 못합니다. 때문에 우리 각자가 하나님께서 주신 사명을 다하려면 결코 산보하듯, 유람하듯 느릿느릿 걸어 다닐 수 없는 것입니다. 다시 말해, 사명자는 늘 달리기 경주를 하듯 정해진 시간을 최선을 다해 살아야만 합니다.

하지만, 사명자의 삶이 달리기 경주와 다른 점도 있습니다. 즉, 소명자의 삶은 달리기 경주처럼 순위나 기록에 연연하지 않습니다. 달리기 경주는 대개 경쟁자보다 좋은 기록과 순위를 가질 때에만 의미가 있습니다. 물론 올림픽에서 페어플레이(Fair Play)의 훈훈한 모습을 보이거나 혹은 끝까지 최선을 다해 결승선을 통과하는 아름다운 꼴등에 대한 미담이 회자되기도 하지만, 본질적으로 달리기는 경쟁자를 물리치고 자신을 내세우는 시합입니다. 반면, 사명자의 삶은 순위가 아니라 '완주'에 초점이 맞춰져 있습니다. 사명자에게 주어진 사명은 누가 먼저 달성했는가의 경쟁으로 완성되는 것이 결코 아닙니다. 사명자의 삶은 오직 '(우리를) 부르시고 (우리에게 사명을) 부여하신 하나님의 뜻대로 그 일을 온전하게 감당했는가?'의 여부에 따라 완성됩니다.

매일, 하나님과 함께

얼마 전 인터넷을 검색하던 중에 마음을 잡아끄는 사진 한 장을 보았습니다. '백문일답 예수그리스도'라는 제목이었는데, 내용은 다음과 같습니다.

사명자의 삶은 처음과 끝이 늘 한결같습니다. 이 사진 속 짧은 글처럼 '오직 예수 그리스도'의 삶을 살게 됩니다. 기쁠 때만, 좋은 일이 있을 때만 예수 그리스도를 찾는 것이 아니라 슬플 때도, 화가 날 때도, 좌절을 겪을 때라도 사명자는 '오직 예수 그리스도'라는 답을 내놓습니다.

하지만, 삶의 매 순간마다 '예수 그리스도'를 해답으로 내놓는 것은 그리 만만한 일이 아닙니다. 제가 임상병리사로 제법 명성을 얻었을 때가 있었습니다. 당시 저는 노인치료를 위한 병원을 크게 운영하면서 하루에 150여 명에 달하는 노인들을 무료로 치료하기도 했는데, 그것을 두고 '소명'의 실천이라고 생각했었습니다. 하지만, 돌이켜 생각해 보니 실제로는 많은 사람들에게 '예수 그리스도'가 아닌 '의학지식'으로 답을 주려고 했습니다. '예수 그리스도'의 이름을 말하지만, 정작 제가 보여 주고 싶었던 것은 큰 병원과 우수한 의료 서비스, 그리고 많은 치료받은 사람들의 감사인사 등과 같은 세상의 성공이었던 것입니다. 그것은 겉으로 보기에는 '성공'이고 '사명의 완성'일 수 있지만, 정작 속 내용은 '자기자랑'내지 '사업'으로 채운 '실패'일 뿐이었습니다. 그래서 하나님께서 제가 이룬 것들을 흩으셨습니다. 처음에는 원망을 많이 했습니다. 제가 얼마나 열심히 하나님 말씀대로 살기 위해 노력했는지 아시지 않느냐고 항변도 해 봤습니다. 하지만, 하나님께서는 침묵하셨습니다. 그래서 애초부터 하나님께서 나와 전혀 모르는, 아무런 관계도 없는 분이 아닐까 싶기도 했습니다. 그렇게 절망하여 지내던 어느 날 하나님께서 저를 찾아오셔서 물으셨습니다.

"차 선교사야. 난 지금도 너와 함께 있어. 내가 보이지 않니?"

한참을 돌아 지금 저는 가진 것도 없고, 건강도 잃었고, 나이 들었지만, 선교사로 처음 헌신하면서부터 다짐했던 그 소명을 온전하게 되찾게 되었습니다. 매일 말씀을 읽고, 매일 기도하고, 매일 전도하고, 매일 봉사하고, 매일 예배하는 삶으로 바뀐 후 사람들을 만나서 제가 내리는 처방은 수십 년간 배워온 의학지식이나 성경지식이 아닙니다. 저는 오직 예수 그리스도를 말합니다. 의학지식이나 성경지식이 필요하지 않다는 말이 아닙니다. 의학지식이나 성경지식이 얼마나 아름답고 좋은 것인지를 안다면, 그것이 가장 빛나고 또 제 가치를 발휘할 수 있도록 해야 하는데, 그 바탕이 바로 예수 그리스도라는 사실을 알아야 합니다. 그렇습니다. 소명을 받은 사명자는 매일, 하나님과 함께 삽니다. 그리고 매 순간, 하나님께 의지합니다. 그리고 모든 문제에 '예수 그리스도'를 답으로 내놓습니다. 우리가 받은 사명의 삶은 그렇게 '예수 그리스도'로 채워질 때 완성됩니다.

> 비록 무화과나무가 무성하지 못하며 포도나무에 열매가 없으며 감람나무에 소출이 없으며 밭에 먹을 것이 없으며 우리에 양이 없으며 외양간에 소가 없을지라도 나는 여호와로 말미암아 즐거워하며 나의 구원의 하나님으로 말미암아 기뻐하리로다(하박국 3:17-18).

4부
차상기 의료 선교사의 건강 Q&A

무엇을 먹을까? 무엇을 마실까?

우리가 두렵게 하는 많은 질병들은 사실 간단한 생활습관의 변화만으로도 예방할 수 있습니다. 그럼에도 불구하고 늘 바쁘다는 이유로, 이 정도면 괜찮겠지 하는 자기위안을 통해 스스로 질병을 향해 걸어가고 있는 것입니다. 하여 4부에서는 실제 건강에 관련한 간단한 상식과 건강법을 소개하려고 합니다. 여기서 소개하는 글은 내가 2005년 빛과 향기 출판사를 통해 발행한『생명의 물 신비의 물 전해환원수』라는 책과 역시 내가 1993년 태웅출판사에서 발행한『신비의 물과 소금요법』에서 발췌, 편집한 것으로 사전에 출판사의 동의를 얻었습니다. 일부 발췌 글이어서 세세한 내용을 다루지 못하는 아쉬움이 있는데, 궁금하신 독자가 있다면 위 책을 꼭 구입하셔서 보시면 크게 도움을 얻을 수 있을 겁니다.

물

이 지구상에서 생명이 있는 것은 모두 그 원천을 물에 의지하고 있습니다. 인간은 물론 동물이나 식물 그리고 눈에 보이지 않는 작은 미생물도 물 없이는 살아갈 수 없습니다. 그래서 물은 생명의 근원이라고 불립니다. 일례로 사람은 음식을 먹지 않고서도 약 90일간 생존이 가능하지만 물을 마시지 않으면 신진대사가 원활히 이루어지지 않아 체내의 독소를 배출하지 못한 끝에 1주일도 못 가서 사망에 이르게 됩니다.

물이 인체 내에서 하는 작용은 매우 중요합니다. 우선 세포의 형태를 유지하고 대사(代謝) 작용을 높이며, 혈액과 조직액의 순환을 원활하게 하고 영양소를 용해, 흡수, 운반하여 필요한 세포에 공급해 줍니다. 또한, 체내에서 발생한 불필요한 노폐물을 체외로 배설시키고 혈액을 중성 내지 약알칼리성으로 유지하는 것도 물의 기능입니다. 뿐만 아니라, 체내의 열을 발산시켜서 체온을 조절해 주는 것도 물의 역할입니다. 다시 말해 물은 생명유지에 필수적인 매우 중요한 순환, 동화, 배설, 체온조절 기능 등을 수행하며, 한번 인체에 들어간 물이 소변이나 땀 등의 형태로 배설되어 나갈 때까지 체내를 순환하면서 얼마나 그 역할을 수행하느냐가 바로 건강의 '바로미터'라고 할 수 있는 것입니다.

1) 물의 종류

물은 생성되는 화학적 공식은 수소원자 2개와 산소원자 1개가 결합하는 것입니다. 이를 H2O라고 쓰고 읽는데, 고등학교 과정을 통해 우리는 물을 전기분해하면 수소와 산소가 분리되어 발생하는 것을 실험으로 확인하기도 합니다. 그런데 이런 물은 생성되는 장소에 따라 혹은 방법에 따라 구분되기도 합니다. 그리고 건강을 위해서는 이렇게 구분되는 물의 종류를 알아 두어야 합니다.

(1) 자연수

자연수에는 설수(雪水), 우수(雨水), 경수(硬水), 연수(軟水), 광천수(鑛泉水)로 나눌 수 있습니다. 명칭에서 알 수 있듯이 설수는 눈이 녹은 물이고, 우수는 빗물, 경수는 화학성분이 많이 포함된 물로 우물물이나 식수가 해당합니다. 경수의 반대인 연수는 저수지 혹은 강에 있는 물이며, 광천수는 암반에서 나오는 물로, 몸속에 저장된 초과 무기미네랄을 배출하는 기능 탓에 대체로 치료효과가 있는 물로 알려져 있습니다.

(2) 정수수

자연수와 다르게 정수수는 인위적인 방법으로 정화된 물입니다. 즉 필요에 맞게 가공한 물입니다. 여기에는 여과수(濾過水), 증류수(蒸溜水), 이온수(ion水), 역삼투압수(逆滲透壓水) 등이 있습니다. 간단히 설명하면, 여과수는 필터를 통해 정수된 정수기 물입니다. 이 물은 일부 고형물 등을 제거하는 데는 탁월하지만 중금속이나 박테리아는 제거할 수 없습니다. 다음으로 증류수는 물의 증발에 의한 수증기가 모여서 생긴 물인데, 포도당이나 주사액과 같은 순수한 물을 필요로 할 때 쓰입니다. 이온수는 전해이온수제조기를 사용하여 물을 전기분해 했을 때 물 속에 들어 있는 이온화된 무기물이 양극과 음극으로 분리된 물을 말합니다. 즉, 산성이온수(-이온군)와 알칼리성이온수(+이온군)의 두 종류가 생기고, 각각 외용수와 음료수로 나누어 사용합니다. 마지막으로 역삼투압수는 삼투현상을 응용하여 물 속에 용해된 물질을 반투성막인 멤브레인을 통해 분리, 제거하는 역삼투압방식 정수기를 통해 정수한 깨끗한 물입니다. 이 방식을 사용할 경우 중금속과 미세 바이러스도 상당량 제거할 수 있기 때문에 가장 안정적인 정수방식으로 알려져 있지만, 인체에 꼭 필요한 미네랄까지 걸러 내는 단점이 있습니다.

2) 물과 질병

인체는 하루에 약 300만 가지의 효소반응을 일으키며 물질을 분해, 합성, 산화, 환원 등 다양하게 변화시켜 생명을 유지합니다. 또 각종 생리활성물질 호르몬 등이 분비되어 자율신경계를 조절함으로써 생체의 향상성을 유지하고 활발한 방어활동을 통하여 각종 염증 및 면역체 질환을 예방합니다. 이러한 인체의 활동에 필요한 물은 성인을 기준으로 매일 2.5ℓ에 달하며, 이중 1-1.5ℓ의 물을 음용하여 얻게 됩니다. 즉, 성인들은 하루에 1ℓ이상의 물을 마셔야 건강을 지킬 수 있다는 얘기입니다.

우리 몸은 하루에 180ℓ의 물을 순환시키고, 6회 정도 정수 또는 재생하면서 생명을 유지합니다. 혈액의 83%가 물이기 때문에 좋은 물은 피를 맑게 하여 면역성을 높임으로써 병원균에 저항력을 갖게 하고 혈액순환을 정상으로 돌립니다. 즉, 이러한 정상적인 물의 순환이 이루어지지 않으면 혈액이 나빠지고, 혈액이 나빠지면 세균에 대한 저항능력이 떨어지면서 각종 질병이 발생하게 되는 것입니다. 대표적으로 변비와 암을 예로 들 수 있습니다.

변비는 장기의 질병이나 전신 근육의 약화로 인해 오는 질병으로 알려져 있습니다. 하지만, 달리 보면 대장과 소장의 신경과 기능이 조화를 잃고 장의 활동이 둔해져서 발생하는 병으로 볼 수 있습니다. 즉 인체 내의 균형이 맞지 않으면 변에 머물러 있어야 할 나쁜 물이 대장에 흡수되고 변비가 발생하는 것입니다. 암의 경우 이것이 명백히 드러나는데, 예를 들어 피부암 환자의 암세포를 보면 암이 자라는 환부의 주변 물분자의 조직이 무너져 있는 것을 확인할 수 있습니다. 그래서 한의학에서 암환자에게 가장 먼저 깨끗한 물을 마시게 하여 체내의 독소를 제거하는 것입니다.

3) 어떤 물을 마실까?

"한 번에 두 마리 토끼를 잡을 수 없다."는 말이 있습니다. 이제껏 물과 질병의 관계도 비슷했습니다. 불순물을 잡으려고 하면 미네랄이 도망가고, 위생을 잡으려하면 건강이 도망가니 어떻게 하는 것이 더 좋은 것인지 갑론을박 할 밖에 별 수가 없었습니다. 하지만, 현재의 기술이 보장하는 한에서 이것을 최대한 접목하여 해결한 것이 바로 '전해환원수'입니다.

(1) 전해환원수란?

옛날에 민간의학에 벼락을 맞은 대추나무를 삶아 먹으면 혹은 벼락 맞은 물을 먹으면 병이 낫는다는 얘기가 있었습니다. 실제로 내가 어렸을 때, 벼락이 논바닥에 떨어져 물웅덩이가 생겼는데 옆집 할머니가 그 웅덩이의 물을 길어다가 항아리에 넣어 놓고 흙이 가라앉아 식음하여 불편했던 몸이 나아지는 것을 본 기억이 있습니다. 이것은 아마도 벼락이 물에 닿으면서 물의 클러스터(물의 분자 덩어리)가 아주 미세하게 작아지고 강력한 음이온에 의해 초미세 육각수가 되면서 에너지를 갖게 된 탓일 겁니다. 이와 유사하게 과학의 힘으로 물을 만들게 되는데, 이를 전해환원수라고 합니다.

그 생성과정을 간단히 설명하면, 전해조(전기분해하는 구조물)에 특수 격막을 설치하고 양쪽 벽에 백금 티타늄의 전극판을 넣고 여기에 직류전기를 흘려보내면 음극판에서는 '+' 성질을 가진 이온 물질이 전해환원수가 되고 양극판에서는 '-' 성질을 가진 이온물질이 모여 전해산성수가 됩니다. 이때 음극에서 형성되는 전해환원수에는 미네랄이온과 수소가 많이 포함된 초미세 육각수로, 체내에서 활성산소, 산성노폐물 등과 결합하여 몸밖으로 배출하는 역할을 합니다.

(2) 전해환원수의 특징

전해환원수는 클러스터(송이, 다발)가 작아서 활동성이 높습니다. 즉, 인체 내부에서 발생하거나 외부로부터 흡수하여 쌓인 노폐물을 빠르게 용해하고 배출합니다. 또한 활성 미네랄(이온)이 풍부해서 각 세포와 기관이 적절한 밸런스를 유지할 수 있도록 도와 생명활동을 순조롭게 도와줍니다. 뿐만 아니라 장내 유익균을 도와 부패균의 증식으로 인한 각종 독성물질의 생성을 억제하는데, 이로부터 질병이 예방되는 효과를 볼 수 있습니다.

이러한 전해환원수의 효과로 가정에서나 병원에서, 나아가 농업현장이나 축산업 현장에서도 점차 그 활용이 늘고 있습니다. 가정에서 전해환원수를 사용하는 경우, 주방의 살균, 소독은 물론이고 야채나 과일을 세정할 때도 도움을 줄 수 있습니다. 특별히 알칼리성 이온수이기 때문에 비브리오균이나 O-157과 같은 병을 예방하는 데 탁월한 효과를 보입니다.

(3) 전해환원수를 만드는 방법

전해환원수를 손쉽게 만들려면, ① 물의 온도를 최대한 낮추고,

② 미네랄을 풍부하게 포함한 물을 전기분해하며, ③ 물을 자장처리하면 됩니다. 하지만, 이런 방법을 일반 가정에서 적용하기는 매우 어렵기 때문에, 대개 전해환원수를 만드는 방법이 적용된 이온정수기를 구입하여 사용하는 것이 편리합니다.

4) 전해환원수 체험 사례
  - 20년 당뇨병을 20일 만에 고침 받다(서울시 종로구 원남동, 민영수)

"어서 병원에 가야지요."

아내의 조심스러운 재촉이 여러 번 이어진다.

"안 간다니까. 물로 고칠 거야."

퉁명스럽고 짜증 섞인 내 대답이다. 2000년 9월 8일(금). 인천의료원에서 괴저병으로 썩은 양쪽 엄지발가락에서 셋째 발가락까지 세 개씩을 절단하고, 2차 눈 수술을 받고, 3차 이빨을 전부 뽑아버리는 수술을 받도록 결정된 날이었다.

당뇨병을 얻은 지 20년, 인슐린 주사를 50mm식 아침저녁으로 나누어 맞은 지 12년, 주사를 맞고도 식전 혈당치가 370mg/dl을 넘고, 식후 2시간마다 측정치가 500mg/dl을 훨씬 넘는 중증이 계속되면서 1999년 3월 고혈압으로 인한 중풍을 시작으로 당뇨 합병증의 고난이 시작되었다. 어느 날 강의 도중 언어장애가 닥치면서 수족이 마비되어 3개월 반이 넘는 지루한 투병생활 끝에 어렵사리 발을 끌면서나마 활동을 재개할 수 있었으나, 언어장애는 좋아지지 않아서 다시 교단에 서서 분필을 잡는 것은 꿈에도 생각하지 못했다.

2000년도에 들어서자 눈이 침침해지면서 단 1분도 신문과 TV를 볼 수 없게 되더니, 잇몸이 썩어 들어가면서 이빨이 훌러덩 빠지기 시작했다. 그런 다음에는 어느 날부터인가 발이 퉁퉁 부어올라 물을 넣어 부풀린 풍선처럼 바늘로 쿡 찌르면 물이 금방이라도 터져나올 것 같은 상태가 되면서 오른발 엄지발가락과 왼발 엄지발가락 밑부분이 썩어 푹 패여 있었다. 그렇게나 두려워했던 괴저병이 찾아온 것이다.

병원에서는 썩은 부분을 하루 빨리 절단해야 한다는 진단이었지만, 양쪽 발가락을 세 개씩 잘라내면 어떻게 걸어 다닐 수 있겠는가 생각하니 도저히 수술을 받을 용기가 나지 않았다. 급기야 자살할 결심으로 인천 앞바다에 빠져 죽기위해 낚싯배도 두 번씩이나 타고 나가보았지만, 그마저도 결행하지는 못했다.

4년 전인 1997년 여름방학을 이용해 일본선교차 나고야시 가나야마 지역에 갔을 때 뉴스를 통해 일본 고베 소재 쿄와병원에서 물로 당뇨병 환자를 치료하는 장면을 본 일이 있어서 그 병원에만 가면 나을 수 있을 거라는 확신은 있었지만, 치료비만 2,000만 원 이상이 드는 데에 엄두가 나지 않았다. 또 중국 장춘시에 있는 유명한 의사를 소개받아 건너가서 약 2주일간 치료받기도 했지만 별 효과를 보지 못하고 8월 15일에 돌아와야 했다. 그리고 어쩔 수 없이 인천의료원에서 9월 8일 드디어 수술을 받기로 결정했던 것이다.

그런데 9월 1일 서울총회신학에서 같이 교수로 봉직하던 까닭에 평소 내 증상을 너무도 잘 알던 차상기 교수님께서 좋은 약이 있다고 꼭 오라는 연락을 해 오셨다. 4일 동안 계속 30번 이상 끈질긴 전화와 또 아내의 권고도 있고 하여 만나서 거절할 생각으로 차상기 교수님을 찾아가게 되었다. 그 날이 내 인생을 완전히 어둠에서 광명의 세계로 바꾸어 주는 잊지 못할 날이 된 2000년 9월 4일이었다. 회사에서 비디오를 보여 주는데, 나와 똑같은 발가락이 문드러진 환자가 내가 입원을 염원했던 바로 그 쿄와병원에서 발가락 절단 수술 3일 전에 옮겨 가서 완치까지 되는 과정들이 생생하게 기록되어 있었다.

'그래, 바로 이것이구나!'

속으로 쾌재를 부르고 당장 '전해환원수'와 '산성이온수'를 한 페트병씩 얻어 '전해환원수'는 마시고 '산성이온수'는 따뜻하게 데워 60분 정도 발을 3회씩 담그자 발가락에서 흐르던 진물이 멈추면서 뼈까지 드러났던 썩은 부분에 면주실 만한 막이 형성되는 것이 아닌가! 9월 6일에 다시 찾아가 '전해수생성기' 한 대를 계약하여 바로 집에 설치하고 빨리 치유하려는 욕심으로 '강전해 전해환원수'를 2l 페트병 4개에 담아 마시고, '산성이온수'에는 오전과 오후 각 2회, 60

분씩 발을 담갔다. 3주일의 인내와 고통의 시간이 지나고 나자 썩어 문드러졌던 발가락이 완전히 아물었고, 인슐린 주사와 각종 약들을 모두 끊어 버리게 되었다. 그리고 벌써 1년 3개월이 흘렀다.

그동안 2주마다 검진해 주시던 의사선생님이 3월 3일 드디어 A급 판정을 내렸고, 5월 14일 건강진단 결과 완벽하게 치료되었다는 판정을 받았다. 우리 가정에 건강과 행복을 가져다 준 '전해환원수', 우리 집 모든 식구와 주위의 많은 환자들을 고쳐주신 차상기 박사님께 감사를 전한다.

소금

요즘 의사들은 대개 환자들을 향해 '음식을 짜게 먹지 말라.'고 요구합니다. 건강에 해롭다는 이유입니다. 하지만, 음식을 짜게 하는 소금이 인체에 마냥 해로운 것은 아닙니다. 오히려 천일염을 정제한 황토소금이나 죽염 등은 인체의 건강을 강화하는 효과를 내는 것으로 널리 알려져 있습니다. 즉, 소금을 적절하게 잘 사용하기만 한다면 성인병과 난치병을 예방할 수 있다는 말입니다.

1) 소금의 종류

소금은 보통 두 가지 방법으로 구분하는데, 하나는 추출방법에 따른 분류이고 다른 하나는 가공정도에 따른 분류입니다.

(1) 추출방법에 따른 소금의 구분

소금은 추출방법에 따라 천일염(天日鹽), 암염(巖鹽), 조염(藻鹽), 정염(井鹽), 정제염(精製鹽) 등으로 나뉩니다. 이중 천일염은 바닷물을 염전에 끌어들여 햇빛으로 해수를 증발시킨 후 남은 소금으로 대부분 우리나라를 포함한 아시아권에서 생산합니다. 특히 우리나라 서해안 신안도 백령도 근교에서 생산되는 소금은 유화정 성분이 다량 함유되어 최고품으로 평가받고 있습니다. 암염은 염분을 다량 포함한 호수가 물이 증발한 후 소금이 지층이나 암석에 붙어 만들어집니다. 대표적으로 이스라엘의 사해나 미국 유타주에 있는 그레이트 솔트 호수를 예로 들 수 있습니다. 암염은 천일염에 비해 염도가 높아서 대개 공업용으로는 좋지만, 식염으로는 천일염만 못한 단점이 있습니다. 조염은 미역이나 톳, 또는 해초에서 추출한 소금인데, 바닷물을 먹고 자란 해초를 건조시켜 불에 태운 다음 담수(淡水)로 녹이면 짠물이 되고 이것을 끓여 얻어 냅니다. 인체에 유익한 미네랄을 많이 포함하지만, 제조법이 복잡하여 대중화되지 못했습니다. 그밖에 정염은 땅속에서 나오는 짠물에서 얻는 것으로 한정된 지역에서 제한적으로 얻어냅니다. 정제염은 흔히 맛소금이나 꽃소금으로 부르는데, 자연염이 가진 간수성분을 제거한 화학염입니다.

(2) (천일염의) 가공 정도에 따른 구분

천일염을 가공하는 정도에 따라 매실염, 소염, 신염, 황토소금(죽염, 쑥소금) 등으로 구분하기도 합니다. 일반적으로 호염은 청염(淸鹽)이라고 하는데 거의 가공하지 않은 알이 거칠고 굵은 천일염입니다. 소염은 호염을 볶아서 만든 것으로 간수성분이 줄고 미네랄이 보존되어 건강에 좋습니다. 신염은 천일염을 물에 녹인 다음 소금에서 분리되는 불순물을 제거한 후 소금물만 다시 끓여 얻어낸 것으로 맛이 덜 짜고 질 좋은 소금으로 정평이 나 있습니다. 마지막으로 황토소금은 1,000℃ 이상에서 천일염에 붙어 있는 불순물을 제거한 것입니다. 그밖에 죽염이나 쑥소금은 이 황토소금을 다시 대나무나 쑥과 섞어 얻어낸 것으로 황토소금으로 봐도 무방합니다.

2) 황토소금[1]의 역할

소금은 일반적으로 신진대사를 돕고 어떤 음식보다 더 많은 미네랄을 인체에 공급해 줍니다. 그런데 황토소금은 즉, 정제된 소금은 천일염이 가진 독소를 제거한 상태에서 미네랄을 고스란히 보존한 탓에 미네랄의 성분이 높고, 높은 온도에서 조밀한 결정을 이룬 탓에 몸에 흡수가 빨라서 즉시 효과를 볼 수 있습니다.

---

[1] 황토소금에 대한 상세 정보는 '한국도농선교회'(http://www.kcgm.net/)에서 확인할 수 있습니다. 이 책의 추천사를 쓴 한국도농선교회 최원수 본부장님은 개인적으로는 제자이지만, 황토소금을 가지고 3,000개 이상의 교회에서 간증과 강의를 한 존경받는 장로님이십니다.

인체에 소금이 부족하면 곧이어 미네랄이 부족하게 되고, 미네랄의 부족으로 신진대사가 저하됩니다. 그리고 신진대사의 저하는 결국 몸 안에 노폐물을 쌓아 질병에 걸릴 가능성이 높아지는 것입니다. 때문에 황토소금의 섭취는 질병예방을 위한 필수요건이라고 할 만합니다. 또한 소금은 삼투압을 유지시키는 역할을 합니다. 염분이 부족한 몸에 수분만 많이 공급되면 삼투압 현상이 저하되어 세포와 세포 사이에 수분만 남고, 그로부터 부종이나 소화장애와 같은 부작용이 발생합니다. 뿐만 아니라 소금은 해독과 살균작용에도 탁월합니다. 소금이 우리 몸에서 독과 균을 없애 주기 때문에 우리 몸은 0.9%의 소금만 가지고도 36.5℃의 온도에서 부패하지 않고 신선함을 유지할 수 있는 것입니다.

3) 황토소금의 복용방법

황토소금을 복용하는 방법은 일단 생수에 간간하게 타서 마시는 방법과 물 없이 소금만 먹는 방법이 있습니다. 이중 후자는 황토소금 한 티스푼 정도를 입 안에 털어 넣고 침과 잘 섞어 오래 입 안에 머금고 있다가 서서히 넘기면 되는데, 이때 침의 소화효소와 살균성분이 황토소금의 성분과 화합하여 더 큰 효능을 발휘하게 됩니다. 황토소금을 처음 복용하는 사람이 후자의 방식으로 복용하면 보통 가벼운 구토증세가 나타나기도 하는데, 그런 경우 전자의 방법을 권합니다. 즉, 농도를 좀 더 엷게 하여 거부반응을 줄이는 것인데, 익

숙해지면 점차 물 없이 복용하는 것으로 바꾸면 좋습니다. 황토소금의 복용 시 건강한 사람은 하루 15-30g을 기준으로 하지만, 몸이 허약한 경우 처음부터 무리하지 말고 적은 양으로 시작하다가 변비나 숙변이 제거된 후 양을 점점 늘려가는 것이 좋습니다.

4) 황토소금 체험 사례
- 관절염 황토소금으로 다스려(여운계 / KBS 탤런트)

평소 자연식을 주요 식단으로 하여 가정의 건강을 유지해 오고 있어서 식구들이 잔병치레를 거의 하지 않았다. 그런데 얼마 전부터 무릎 관절에 약간의 통증이 오기 시작하여 금년 1월 초에 우연한 기회에 황토소금을 소개받고 복용하기 시작했다. 2개월여 지난 후 부터는 황토소금 외에도 관절염에 좋다는 매실죽염을 함께 복용하였다. 처음에는 황토소금의 활용방법을 정확히 알지 못하여 관절염 치료에만 목적을 두고 복용하였지만, 지금은 가정상비약으로 대용하고 있다.

연기 중에 눈의 피로가 올 때는 안약으로도 쓴다. 손 부위에 피부 부종이 생기면 피부약으로 발라 주고, 피부습진이 생기면 황토소금

고 여운계 선생님은 내가 서울경로복지회를 설립하고 사회복지사업에 열심을 낼 때 처음 만났습니다. 당시 황토소금과 전해환원수를 가지고 여운계 선생님의 관절염을 치료했는데, 이후 내 순수한 열정에 감복하여 여러 가지로 도와주셨습니다. 내가 2005년 곰으로 선교사로 나간다고 하자 동료 전원주 선생님과 정은수 씨가 불러 밤늦게까지 직접 사회자를 자청하시며 송별회를 열어 주시기도 했습니다. 늘 아낌없는 조언과 격려와 질책으로 나를 살펴주셨던 고인을 기억하기에, 실례를 무릅쓰고 이 책에 고인의 글을 신고자 합니다.

가루를 그냥 바른다. 남편의 가래해소를 위해 생수와 함께 황토소금을 복용하시게 했더니 가래가 멈췄다. 또 숙변을 제거하기 위해 간혹 소화가 잘 안될 때에도 난 황토소금을 복용한다. 지금은 관절염의 통증마저 말끔히 없어져서 신기할 뿐이다.

값싸고 흔한 소금이 쓰이는 방법에 따라 약이 되기도 하고 독이 되기도 한다더니 정말 그렇구나 하고 실감했다. 그래서 요즘은 주위의 후배 탤런트들에게 적극 홍보를 하고 있다. 신장염에 고생하는 분, 어혈에 시달리는 J씨, 변비에 시달리는 T씨 등 내가 소개해 준 후배들은 모두 열심히 황토소금을 복용하고 있다.

이미 밝힌 대로 우리 집 식단은 주로 자연식이다. 즉 해조류, 생선, 미역, 김, 다시마 등으로 가정의 건강을 유지하고 있다. 감기에 걸리면 화학약이 아니라 생강차를 끓여 먹고, 새벽에 반드시 황토소금과 생수를 복용한다. 신기하게 약보다 효과가 빠르다. 그래서 지금은 다른 식구들도 흔쾌히 이 방법을 따른다.

이 세상에서 가장 흔한 것이 빛, 공기, 물, 소금일 것이다. 흔하다는 것은 그만큼 우리에게 필요한 요소라는 의미다. 우리가 그 소중함을 알고 소중하게 쓴다면 그 효용이 무궁무진하다는 뜻도 담긴 것이다. 그런 의미에서 소금의 활용방법을 더 적극 연구, 개발하여 잔병치레로 고생하는 가정주부들에게 많이 보급해 주면 좋겠다. 가족 모두가 건강한 가정을 위해 ….

02

대체의학이 궁금해요

새로운 바람

최근에 우리 사회에서뿐만 아니라 전 세계적으로 대체의학(alternative medicine)에 대한 관심이 증가하고 있습니다. 그동안 정통이라 자처하는 서양의학과 동양 한의학[3]에 의해 '사이비 의료' 혹은 '건강식품업자' 정도로 매도되었던 것과 전혀 다른 분위기입니다. 그것은 대체의학이 추구하는 자연적인 치료법에 의한 질병예방 효과가 탁월하다는 데 주된 이유가 있습니다. 화학약품이 비싸고 여러 부작용을 갖는 반면 자연 속에서 치료법을 개발하고, 연구하여 평상시 질병에 대한 예방책을 강구할 수 있다는 점은 상당한 호의(好意)를 이끌어 냈습니다. 뿐만 아니라 실생활에서 쉽게 대체의학에 접근

---

[3] 미국 등에서는 한의학도 대체의학으로 분류된다. 실제로 서양의 의학체계를 신봉하는 일부 국내 양의사들이 한의사를 주술사처럼 치부해서 사회적 물의를 일으키기도 했다.

할 수 있고, 의사나 특별한 의료시설 없이도 혼자서 간단히 체험할 수 있는 편리함도 강점입니다.

이러한 대체의학의 열풍에 맞춰 일부 의사들이 각종 대체의학요법을 임상에 활용하면서 점차 이용 환자들의 수가 늘고 있고, 급기야는 의과대학에 관련 교과과정이 생기기도 했습니다.

대체의학의 정의

대체의학이라는 말은 서구의학의 관점에서 정의된 것입니다. 그런데 서양에서는 서양의학 외에 다른 모든 것을 대체의학이라 통칭합니다. 즉, 서양의학에 따르면 동양의 한의학도 대체의학입니다. 그러나 우리나라를 비롯한 동양문화권에서는 오랫동안 한의학이 정통의학이었기 때문에 서양의학과 한의학의 범주에 들지 않는 기타 의학을 대체의학으로 보고 있습니다.

대체의학은 정통의학 내지 제도권의학(orthodox medicine)을 대신한다는 의미의 명칭입니다. 인간의 질병을 다루는 의학은 종합적이고, 전인적인 접근방식이 적용되어야 완전한 건강을 되찾을 수 있다는 관점을 주창하는 것으로, 기존 제도권 의학의 부족한 부분을 보충한다는 뜻에서 보완의학(complementary medicine)이라고 부르기도 합니다. 또 서양의학과 동양 한의학에 이은 제3의학(third line medicine)이라고 부르기도 합니다. 또한 환부를 직접 집중 치료하는 서양 의학과 달리 인체 전체를 보며 치료하기 때문에 전인의학(wholistic or holistic medicine)이라고 부르기도 하고, 화학 약물이 아닌 인체 본래의 자연치유능력에 맞추어 조율, 복원하는 의학이라는 의미로 자연의학(natural medicine)이라고도 불립니다. 최근 미국국립보건원(NIH) 산하 연구소의 공식 명칭은 보완대체의학(CAM: complementary & alternative medicine)입니다.

대체의학의 종류

대체의학의 역사와 종류는 사실 정통의학이라는 서양의학과 한의학보다 오래고 또 다양합니다. 기원전부터 침술(고대 중국), 요가(인도), 지압(일본), 약초요법(중국, 이집트), 마사지(중국, 일본, 이집트, 아프리카), 수치료법, 명상 등이 널리 이용되어 오늘날까지 전해지고 있습니다. 뿐만 아니라 18세기에는 최면요법이나 동종요법이 등장했고, 19세기에는 자연요법, 정골요법, 카이로프락틱 등이 개발되었으며, 20세기에는 향기요법, 반사요법, 자기암시법, 음악요법, 미술요법, 원예요법 등이 차례로 등장하여 발전해 왔습니다.

대체의학의 종류와 질환

대체의학	적용 질환
생약의학	갱년기장애, 수면장애, 심부전증 등
홍채진단	체질검사, 신진대사 및 장기 상태 진단 등
동종요법	우울증, 갱년기장애, 만성중이염, 고혈압 등
영양요법	노화방지, 관절염, 골다공증, 관상동맥질환 등
카이로프랙틱	요통, 관절부상, 스포츠 부상 등
테이핑요법	근골격계 통증
동의부항요법	청혈요법
족심도요법	혈액순환장애, 만성피로증후군, 편두통 등
향기요법	수면장애, 불안 등
음악치료	신경정신질환, 발육장애 등

홍채진단과 홍채학[4]

눈(홍채)은 신경계를 매개로 신체의 모든 장기와 조직에 상응합니다. 홍채학(Iridology)은 이러한 눈의 특징에 천착하여 홍채에 나타나는 변화로부터 연관된 조직의 질병상태를 진단하는 의학입니다. 다시 말해, 홍채의 색상과 구조적 변화를 관찰함으로써 인체 내 장기(臟器)의 건강상태 및 신진대사과정 중 발생하는 노폐물의 축적정도와 축적부위, 그리고 신체의 체질구별(體質區別) 등이 가능합니다. 이러한 원리를 이용하여 환자의 건강상태나 치료에 대한 반응, 및 질

---

4 대한홍채의학회 홈페이지 참조 : http://www.iridology.or.kr/mains

병의 진행이나 또 회복 상태 등을 진단하는 방법을 '홍채진단'이라고 하고, 그 모든 체계를 하나의 학문으로 정립하여 홍채학(Iridology)이라고 정의합니다.

대한홍채의학회를 비롯한 홍채학 연구자들은 이 홍채학을 '기초홍채학', '임상홍채학', '체질홍채학', '홍채구조학', '홍채색소학', '종양홍채학' 등을 세분화하여 체계적으로 연구하고 있는데, 오늘날 대전 박성일 한의원을 비롯하여 한방병원에서도 상당히 널리 사용되고 있습니다.

- 임상 홍채학: 홍채진단을 통하여 건강상태, 질병을 유발하는 유전적 경향, 체질, 신경계의 반응과 체액의 병리적 상태, 노화정도 그리고 증상과 질병 본질의 차이점 등을 파악할 수 있다. 최근에는 컴퓨터화 된 자동분석 장비를 이용하여 육안으로는 관찰할 수 없는 요소들까지 측정하게 됨으로써, 중추신경계질환이나 내장기관의 특별한 질환, 그리고 신경정신과 영역의 진단과 해석까지도 가능하게 되었다.
- 체질 홍채학: 체질은 인간존재 그 자체로서의 인격과 영혼을 발현하는 생명원리의 산생물로서 의학적으로는 유전의 결과이면 육체적 심리적 증후적 또는 잠복해 있는 징후의 산출물이다. 홍채체질에는 3대 기본 체질(유전인자), 5가지 소인, 5가지 특수체질로 분류한다.
- 종양 홍채학: 암의 특징은 전신적이며 유전적이고 체질상관

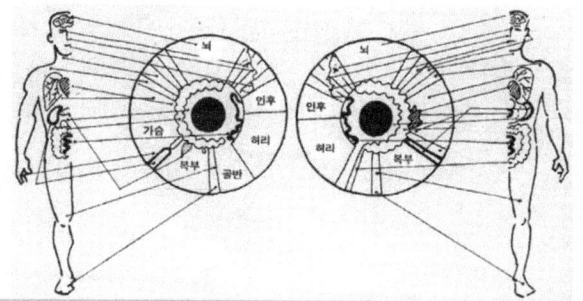

홍채와 인체 장기들의 연결 표시도

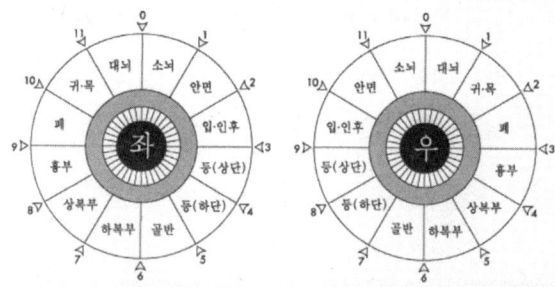

자가분석시 사용할 수 있는 시간대별 분석표시도

홍채의 7영역

홍채는 시간대별로도 구분될 뿐 아니라 원형의 7영역으로도 구분된다. 홍채에서 구분되는 7영역은 다음과 같다.

1. 위장영역
2. 소·대장 영역
3. 정맥·혈액(피) 영역
4. 근육 영역
5. 골격 영역
6. 혈관·임파 영역
7. 피부 영역

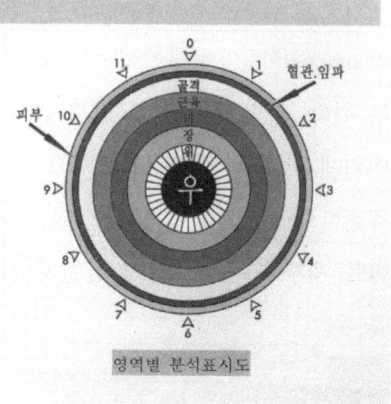

영역별 분석표시도

성이 있다는 점입니다. 따라서 홍채진단을 통한 암의 조기 진단 및 암의 유전적 인자의 관찰이 가능하며, 실제로 독일의 조셉 데크(J.Deck)에 의해 1950년대부터 이러한 시도가 체계화되어 왔습니다. 즉, 홍채진단을 통해 신체 내 환경의 상태를 파악함으로써 악성종양 및 난치병의 전신의학적 병리해석 및 암의 유전적, 체질적 발생 원인과 발암성 인자의 노출에 의한 후천적 원인의 구별이 가능해졌습니다. 뿐만 아니라 환자의 면역기능, 외과 치료 및 화학적 치료에 대한 심신의 적응정도를 가늠할 수 있는 체질능력의 상태까지 관찰할 수 있게 되었습니다.

카이로프랙틱[5]

카이로프랙틱(Chiropractic, 추나요법)은 그리스어 Chiro(손을 통하여)와 practic(이루어지다, 치료하다)이라는 단어가 합쳐진 용어입니다. 이는 철학, 과학, 예술이 모인 자연의 법칙을 따른 요법으로, 추골의 변위에 의해서 신경이 압박되고 있는 추골의 골관절면을 맨손으로 조절함으로써 불균형 상태에 있는 뼈를 정상 위치로 되돌려 신경압박을 제거하고, 뇌로부터 선천적 치유력을 100% 작용시켜 질환을

---

5 한국카이로프랙틱협회 : http://kca.or.kr/

예방 및 치료하는 자연요법입니다. 오늘날 카이로프랙틱은 대표적인 대체의학의 한 분야로서, 한방병원, 정형외과, 척추교정원 등에서 널리 사용되고 있고, 괌, 미국에서는 카이로프랙틱 의사도 인정하여 개업이 가능합니다.

현재 가장 널리 적용되는 교정기술은 '탐슨 테크닉', '메릭 리코일 테크닉', '디버스파이드 테크닉' 등이 있습니다.

- 탐슨 테크닉: C. 탐슨(Thompson) 박사가 창안한 기술로서 주로 골반부위의 변위를 발견하고 그와 관련된 교정기술을 말하며, 유압을 이용한 탐슨 테이블(Thompson table)을 고안하였습니다.
- 메릭 리코일 테크닉 & 타글 리코일 테크닉: 이 테크닉은 신경을 압박하고 있는 추골을 정상적인 위치로 유도하는 것으로 양손의 비교적 빠른 반동을 통해 교정하는 방법으로서 미국의 팔머 대학, 셔먼 대학, 클리브랜드 대학 등에서는 이 테크닉만을 주로 교육하고 있습니다.
- 디버스파이드 테크닉: 이 테크닉은 회전교정요법이라 하며 추골의 최대 회전가동력 추골근육의 연부조직의 최대장력을 이용하여 그 힘에 의해 교정효과를 발휘하게 하는 테크닉으로 정형외과/재활의학과 물리치료사 등이 많이 활용하고 있습니다.

에필로그

온전하게 하시는 하나님

'온전함!'

'온전(穩全)'이라는 단어는 형용사로서 "본바탕 그대로 고스란하다"라는 뜻과 "잘못된 것이 없이 바르거나 옳다"라는 뜻을 가집니다. 이 말은 내 평생의 소원을 한마디로 함축한 단어일 겁니다. 따뜻한 위로의 말이나 달콤한 사랑의 속삭임도 아닌데, 이 단어를 들을 때면 견우가 직녀를 만나듯, 죽음을 앞둔 춘향이가 급제한 이몽룡을 만나듯 가슴이 설렙니다.

어릴 적 나는 그저 아버님과 같은 '의사'가 되는 게 꿈이었습니다. 비록 술에 취하면 인사불성이 되긴 했지만, 늘 동네사람들에게 칭송을 듣는 아버지가 자랑스러웠습니다. 그때는 그저 '좋은 사람', '칭찬 듣는 사람'이 되면 최고라고 생각했던 겁니다.

질풍노도와 같은 청소년기의 방황의 시간을 버티게 해 준 것은 그나마 교회에서 만난 친구들과 선교사의 꿈 때문이었습니다. 무얼 많이 알고서 다닌 것이 아니라, 절박했기 때문에 사람들에게 다가서려고 했습니다. 아마도 구령의 열정을 체득한 것은 바로 이때가 아니었나 싶습니다.

대학과 군대 시절은 신앙인의 측면에서는 암흑기와 다름이 없었습니다. 오죽했으면 군에서의 별명이 주(酒)병장이었겠습니까? 비록 가장 보석같이 빛나는 청춘의 시기였지만, 어쩌면 그때부터 나는 사망의 음침한 골짜기로 스스로 걸어 들어가고 있었는지도 모릅니다.

직장생활을 하는 내내 나는 '성공'에 목말라 있었습니다. 아마도 내 '성공'이 하나님께서 내게 주신 의료 선교의 길을 가는 최고의 방법이라고 생각했던 것 같습니다. 그러한 착각이 나로 하여금 임상병리사에 머물지 않도록 여러 도전을 하게 했습니다만, 분명한 것은 더 이상 내게 하나님이 절실하지 않게 되었다는 사실이 아이러니합니다. 분명 하나님이 좋아하실 열정과 지식, 사람 섬김과 선한 사업에 일로 매진하고 있었는데 말입니다. 하지만, 내 생각과 하나님의 평가는 같을 수 없습니다. 그리고 결국 주님이 없는 나의 계획은 모두 망하고 맙니다.

교회를 세우고 국내외 지역을 다니며 사람들을 치료하고 복음을 전했지만, 정작 내 몸이 유전병으로 시달릴 때 무기력하기만 했습니다. 분명, 지금의 나는 호렙산에서 하나님을 처음 만나는 모세처럼 늙고 연약한 노인의 모습일 뿐입니다. 그런데, 그런 내가 지금도 포기하지 않은 한 가지는 바로 '온전함'입니다.

사실, '온전함'은 모든 그리스도인의 목표가 되어야 합니다. 예수님이 요청하신 말씀이기 때문입니다.

> 그러므로 하늘에 계신 너희 아버지의 온전하심과 같이 너희도 온전하라 (마태복음 5:48).

'팔복'으로 유명한 산상수훈의 마지막 부탁은 '하나님의 온전하심과 같이 너희도 온전하라'는 것이었습니다. 바울도 비슷한 이야기를 합니다. 바울도 자신의 영적 아들인 디모데에게 "온 영과 혼과 몸이 … 흠 없게 보전되는 것"을 '온전함'이라고 설명합니다.

> 평강의 하나님이 친히 너희를 온전히 거룩하게 하시고 또 너희의 온 영과 혼과 몸이 우리 주 예수 그리스도께서 강림하실 때에 흠 없게 보전되기를 원하노라(데살로니가전서 5:23).

하지만, 대부분의 사람들은 이러한 설명을 듣고 '온전함'에 대해 오해하고 맙니다. 아예 불가능한 것으로 여기고 시도조차 하지 않습니다. 왜냐하면, '온전함'을 '완벽함'으로 잘못 이해하기 때문입니다. 그러나 바울은 차치(且置)하고라도 우리가 자신을 아는 것보다 더 우리를 잘 아는 분이 예수 그리스도이십니다. 그런데 사람에게는 도저히 불가능한 '완벽함'을 예수님께서 우리에게 요구하셨을까요? 결코 그렇지 않습니다. 그래서 사도 바울은 디모데에게 온전함에 이르는 방법을 설명해 줍니다.

> 하나님의 말씀은 살아 있고 활력이 있어 좌우에 날선 어떤 검보다도 예리하여 혼과 영과 및 관절과 골수를 찔러 쪼개기까지 하며 또 마음의 생각과 뜻을 판단하나니(히브리서 4:12).

온전하게 하는 것은 하나님의 말씀입니다. 그 말씀의 검은 우리의 혼과 영과 육체(관절과 골수)를 다스립니다. 뿐만 아니라 생각과 뜻을 판단합니다. 즉, 흠 없이 주님의 날까지 이르게 하는 열쇠입니다. 또한 말씀은 우리를 '교훈하고 책망하고 바르게 함과 의로 교육하는 것'이라고 강조합니다.

> 모든 성경은 하나님의 감동으로 된 것으로 교훈과 책망과 바르게 함과 의로 교육하기에 유익하니 이는 하나님의 사람으로 온전하게 하며 모든 선한 일을 행할 능력을 갖추게 하려 함이라(디모데후서 3:16-17).

바울의 가르침을 통해 '온전한 사람'이 '완벽한 사람'과는 한참 거리가 멀다는 것을 엿볼 수 있습니다. 완벽한 사람은 없습니다. 예수님도 선한 이는 오직 하나님 한 분 뿐이라고 했습니다(마태복음 19:17). 그래서 바울은 오히려 자신의 연약함을 자랑합니다. 그리고 거기에 '온전함의 비밀'이 숨어 있다고 주장합니다.

> 나에게 이르시기를 내 은혜가 네게 족하도다 이는 내 능력이 약한 데서 온전하여짐이라 하신지라 그러므로 도리어 크게 기뻐함으로 나의 여러 약한 것들에 대하여 자랑하리니 이는 그리스도의 능력이 내게 머물게 하려 함이라 그러므로 내가 그리스도를 위하여 약한 것들과 능욕과 궁핍과 박해와 곤고를 기뻐하노니 이는 내가 약한 그 때에 강함이라(고린도후서 12:9-10).

바울이 주장하는 바 '온전함의 비밀'은 바로 '그리스도의 능력'입니다. 디모데에게 가르쳐준 대로 '말씀의 능력'입니다. 그 말씀이 자신의 삶에 깃들게 하기 위해 자신은 능욕이나 궁핍에 처해도, 박해와 곤고를 겪어도 기쁘다고 고백합니다. 예수님의 사랑을 한몸에 받았던 사도 요한도 바울과 똑같은 주장을 합니다.

> 누구든지 그의 말씀을 지키는 자는 하나님의 사랑이 참으로 그 속에서 온전하게 되었나니 이로써 우리가 그의 안에 있는 줄을 아노라(요한일서 2:5).

나는 힘이 없고 나이 많은 노인입니다. 젊은이의 힘과 열정도, 컴퓨터와 같은 기억력과 학습능력도 없습니다. 가족도 모두 떠났고 모아놓은 재산도 없습니다. 건강마저 그리 좋지 못합니다. 전문학사,

경영학 학사, 그리고 신학석사와 상담학 박사과정까지 수료했지만, 세상이 알아주는 내로라하는 대학의 학위들이 아니어서 그다지 내세울 것도 없습니다. 아니 그 모든 이력들은 나의 연약함을 감추기 위한 나의 욕심이었는지도 모릅니다. 나 스스로 그 연약함들을 극복하는 것이 '온전함'에 이르는 것이라고 생각했기에 나는 평생 그렇게 애쓰며 살았던 것입니다.

그런데 아이러니하게도, 이제야 나는 바울과 같은 고백을 드립니다. 그렇게 감추고 싶었던 나의 연약한 모습, 부족한 신앙들이 오히려 그리스도 예수의 은혜를 더하게 하는 마른장작과 같은 것이었음을 깨닫습니다. 하나님의 말씀을 듣고, 예수 그리스도의 십자가 아래 내 모든 것을 내려놓았을 때, 성령 하나님께서 나를 온전함에 이르게 하십니다.

누가 나에게 건강한 예전의 모습으로 돌아갈 수 있다면 가겠냐고 물어본다면, 나는 주저없이 "노(NO)!"라고 대답할 것입니다. 왜냐하면 아픈만큼 주님을 더욱 의지하고 은혜를 많이 받았기 때문입니다. 그래서 나는 지금 이대로 만족합니다.

미국의 저명한 복음주의 신학자 파커 J. 팔머는 "깨어짐을 삶의 불가피한 부분으로 받아들이는 것이야말로 삶의 온전함에 이르는 것"이라고 고백했습니다. 하지만 이 말은 반만 맞습니다. 깨어짐은 삶의 불가피한 부분이 맞지만, 그것을 인정한다고 삶의 온전함에 이르는 것이 아닙니다. 인정하고 하나님의 말씀 안에서 살아야 합니다.

하나님의 말씀을 믿고 내 삶에 적용해야 합니다. 그 말씀이 없이 누구도 '온전함'에 이를 수 없습니다. 그런 점에서 '온전함에 이르는 것'은 "내 삶을 하나님의 말씀 속에 두는 것"이라고 할 수 있습니다.

나는 지금도 하나님께 기도하는 시간 중 반은 눈물로 드립니다. 내 삶의 곤고함과 연약함을 하나님께서 살펴 주시기를, 긍휼히 여기시기를, 그리고 위로해 주시고 은혜를 더해 주시기를 간절히 기도드립니다. 그리고 나머지 반은 감사함으로 드립니다. 하나님께서 나를 온전하게 하셨고, 내 삶을 통해 하나님의 비전을 세우시고 또 이루실 것을 믿기 때문입니다.

나는 임상병리사이고 한의사입니다. 또 상담학 박사이고 선교 목사입니다. 그렇지만 그 모든 것은 나의 자랑이 아닙니다. 오히려 버려야 할 연약함입니다. 나는 하나님의 말씀으로 온전하게 된 하나님의 아들 차상기입니다. 내가 자랑할 것은 오직 이것 하나뿐입니다. 그 말씀이 오늘도 나를 일으켜 세우고 행복하게 만듭니다. 강하게 합니다.

이 책을 읽은 모든 분들이 자신의 연약함을 고백하여 도리어 그리스도의 말씀의 능력으로 강하게 되기를 진심으로 기원합니다.

차상기 드림